Saf Aklın Sınırları Dâhilinde Din

Immanuel Kant

İngilizceden Çeviren:
Suat Başar ÇAĞLAN

Saf Aklın Sınırları Dâhilinde Din

© LITERATÜRK academia 40

İnceleme – Araştırma 34

Bu kitap ve kitabın özgün özellikleri tamamen Nüve Kültür Merkezi'ne aittir. Hiçbir şekilde taklit edilemez.
Yayınevinin izni olmadan kısmen ya da tamamen kopyalanamaz, çoğaltılamaz.
Nüve Kültür Merkezi hukukî sorumluluk ve takibat hakkını saklı tutar.

2. Baskı, Şubat 2017

Editör: Doç.Dr. Bülent SÖNMEZ
Genel Yayın Yönetmeni: İsmail ÇALIŞKAN

ISBN 978-605-4336-72-2

T.C.
Kültür ve Turizm Bakanlığı
Yayıncı Sertifika No: 16195

Kapak Tasarım: Salih TİRYAKİ

Baskı Öncesi Hazırlık: Mehmet ATEŞ
mehmetates42@gmail.com

Baskı & Cilt: Şelale Ofset
Fevzi Çakmak Mh. Dizgi Cad. No: 22 Karatay/KONYA
Tel: +90.332.342 07 88
KTB S. No: 13361 - Basım Tarihi: ŞUBAT 2017

KÜTÜPHANE BİLGİ KARTI
- Cataloging in Publication Data (CIP) -

KANT, Immanuel
Saf Aklın Sınırları Dâhilinde Din
(Özgün Adı: Religion within the Limits of Reason Alone)

ANAHTAR KAVRAMLAR
- key concepts -
1. Din, 2. İnanç, 3. Din Eğitim

" LITERATÜRK academia ", Nüve Kültür Merkezi kuruluşudur.
nuvekultur.com
nuve@nuvekultur.com
romantikkitap@gmail.com

M. Muzaffer Cad. Rampalı Çarşı Alt Kat No: 35-36-41
Meram / KONYA Tel: 0.332.352 23 03 Fax: 0.332.342 42 96

Alemdar Mah. Himaye-i Etfal Sok. Aydoğmuş Han Nu. 7/G
Cağaloğlu / İSTANBUL Telefaks 0.212.511 37 86

Saf Aklın Sınırları Dâhilinde Din

Immanuel Kant

İngilizceden Çeviren:
Suat Başar ÇAĞLAN

SUNUŞ

Nicedir elimin altında bulunan ama hep yayınlanmasını beklediğim bir çalışma Kant'ın bu çalışması. Türkçede ilk defa yayınlanacak olan bu tercümenin kimi aksayan yönleri bulunmakla birlikte Kant'ın felsefesini bütüncül bir biçimde anlamada önemli bir katkı sunacağından kuşku duyulmamalıdır.

Metin büyük ölçüde İngilizceye dayanarak Türkçeleştirilmiştir. Ancak kimi kavramlar Kant felsefesi dikkate alınarak yeniden anlamlandırılmıştır.

Saf Aklı, Pratik Aklı ve Yargıgücünü kritik eden bir filozofun Din konusunda susmuş olması düşünülemezdi. Bu noktada Kant sağlam bir dinsel anlayışın zeminini kurmayı denemiş ve bu çalışmasıyla da bunu gerçekleştirdiğini düşünmüştür.

Kant'ın Din Anlayışı Bağlamında Sağlam Bir Dinsel Anlayış'ın Zemini

"Batı düşüncesi gerek Ortaçağ, gerekse Yeniçağ boyunca hep Kilisenin ekseni etrafında dönmüş durmuştur. Düşünce adamları Ortaçağda, Kilisenin doğrularını rasyonel temellere oturtma, Yeniçağda da kiliseden kurtulma yönünde hamleler yapmakla uğraşmışlardır. Bu hamleler farklı boyutlarda kendini göstermiştir. Kiliseyi reddetmekle birlikte Tanrıyı ve Din'i reddetmeyen yönelim ile her tür dinsel anlayışı toptan reddeden iki yönelim belirmiştir."[1]

---

[1] Sönmez Bülent, Modern Batı Düşüncesi Hıristiyanlık ve Din Algısı, s.15, İst. 2008

"Kant iki tutumun da sağlıklı olmadığının farkındadır ve bu iki tutumu da aşarak kendince bir üçüncü yol bulmayı denemiştir. Bu noktada Kant çağını aşan ender düşünürlerden biridir."

Batı felsefe hareketlerini anlamanın yolu biraz da bu hareketleri üreten sosyal şartları ve anlayışları kavramakla mümkün olacaktır.

Kant yaşadığı dönemde Kilise paradigmasının sağlıklı bir dinsel anlayıştan uzak olduğunu tespit eder ve diğer dinlerin varlığını da dikkate alarak sağlam bir dinsel anlayış için ortak bir zemin bulmayı ister. Onun bu çerçevede yaşadığı toplumun dinsel anlayışının üstüne çıktığını ve din fenomenine bütüncül bakmayı başardığını söyleyebiliriz.

O bütün insanların aynı dinsel anlayışa sahip oldukları kabulü ile insanları ayrıştıran dinsel anlayışlardan kurtulabilmenin yolunun ne olduğunu da bulmaya çalışmıştır.

Kant'ın öncelikli meselesi Kilisenin dogmalarını değerlendirmek olmuştur. Bu dogmaların başında insanın doğuştan günahkâr olduğu (asli günah) yargısı bulunmaktadır. Kant buradan kilisenin ürettiği doktrinin eleştirisine varır.

Kant ilk aşamada doğuştan günah doktrininden sıyrılmaya çalışır. Ona göre insan kötüye yönelimli ancak iyiye eğilimlidir. Yani insan kötüye eğilimli değil, ama kötülük yapma potansiyeline sahiptir. Bu noktada insanın asli olarak iyi olduğu; insanı sosyal koşulların kötü yaptığı şeklindeki tepkisel Romantik yaklaşımı da, insanın doğuştan günahkâr olduğu ve dünyaya ceza çekmek için geldiği anlayışını da kabul etmez. İnsanı, hayvanlık, insanlık ve kişilik diyebileceğimiz üç bölümde inceler. İnsan bu üç yönden oluşur. Hayvanlık yanı iyinin ve kötünün olmadığı yandır. İnsanlık yanı akılsal yandır ve burada en iyi şeyler de, en kötü şeyler de ortaya çıkabilir. Kötülük yapma potansiyeli bu yanındadır. Çünkü insan kötüyü de iyiyi de teorik düzlemde tercih edip yapabilir. Kişilik yanı ise artık insanın iyiyi tercih ettiği yandır. İnsanı kötü yapan sosyal koşullar değil, insanın teorik algılarıdır. İnsanın kişilik sahibi oluşu eğilimine uygun yaşayıp yaşamaması ile belli olur. Eğer insanda iyiye eğilim olmasaydı insani bir kişilikten söz edilemeyeceği gibi; iyi ve kötü diyebileceğimiz kavramlar da varolamazdı. Bu tasnifi ile Kant hem doğuştan günah doktrinini, hem de ona tepki olarak gelişen "insan doğuştan saf ve temizdir" yaklaşımını belli bir zemine oturtmuş olur.

Kant çözümlemelere girişirken iki şeyle karşı karşıyadır birincisi aklın sadece teorik çıkarsamalara indirgendiği materyalist bilim anlayışı, ikincisi ise dini ve değeri temsil ediyor görünen dinsel paradigma..

Kant iki tutumun da sağlıklı olmadığının farkındadır ve bu iki tutumu da aşarak kendince bir üçüncü yol bulmayı denemiştir. Bu noktada Kant çağını aşan ender düşünürlerdin biridir.

Her hakikati maddeye indirgeyen, deney ve gözlem dışında hakikat kabul etmeyen anlayış'la, insanlık tarihinde kesintisiz bir biçimde varolan değer sisteminin izah edilemeyişi, insanları ya bilimin, ya da dinin reddedilmesi gibi bir ikileme mahkûm etmekteydi. Kant ne bilimi, ne de insanlığın tarihsel birikimini reddedemeyeceğimizi biliyordu. Bu yüzden O, aklı salt teorik çıkarımlar yapan bir araç olarak görme tavrını aşarak pratik alanın da akılsal olduğunu ortaya koymaya çalıştı. Bu bağlamda bilim ile din arasında oluşan uçurumu kapatma yolunda önemli bir zemin kurdu. Sadece bununla da kalmadı; din olarak ifade edilen yaklaşım biçimini de sorgulamayı ihmal etmedi. Yani O, ne dinin getirdiklerini sorgulanamaz ve tartışılamaz olarak görerek bilimsel her tür çabayı dışlayanların, ne de dinsel alanın çok ayrı bir alan olduğunu; bu alanın sorgulanamayacağını iddia edenlerin safına düştü. O dinin teorik zeminde ifade edilemeyeceğini kabul etmekle birlikte, dinin getirdikleri hakkında konuşulamayacağı gibi bir yaklaşıma da varmadı. Dini bilimsel açıdan reddeden tavır ile, dini teorik alan dışında kabul ederek asla sorgulamaya imkân tanımayan iki tavrın dışında üçüncü bir tavır benimsedi. O dini tartışma dışı bırakmadı. Ancak her şeyi bilimle açıklayanların dini bilimsel olmadığından dolayı reddetme tavrını benimsemeyerek, dinin bizzat pratik akıl ile temellendirilmesi gerektiğinin altını çizdi. Ona göre din teorik akılla temellendirilemez ama bu, din diye ortaya konulan fenomenin hiç eleştiri konusu yapılamayacağı anlamına gelmez.

O halde sağlam bir dinsel anlayışın oluşmasında hem bilimin, hem de dinin yaklaşımlarının dışında bir zemin bulmak gerekiyordu. Bu zemin şartlarla, zamanla, anlık deneyimlerle belirlenen bir zemin değil, bütün bir insanlık tarihinde varolan ebedi ve mutlak bir zemin olmalıydı. Bu zemin ise koşulsuz ahlaksal zemindi. Dinin sıhhatini ölçecek yegâne zemin bu mutlak zemindi. O dinin sahih olup olmadığının ancak ahlak ile ortaya çıkarılacağını vurguladı. Çünkü bir insansal fenomeni değerlendirmek için elimizde sabit mutlak ve kesin ölçüler bulunmalıdır. Bu bağlamda deney ve gözleme dayalı teorik alan sağlam bir ölçü sunamaz bize. Bize sağlam bir ölçü sunacak olan evrensel olan, sabit olan zamanlarüstü olan, yani bütün insanlarda ortak olan ahlak yasasıdır. Kant'a göre bütün dinsel anlayışların asli zemini ahlaktır. Çünkü ahlak koşulsuz buyruğa dayanmaktadır. Sağlam bir din ise bu yüzden. ahlaka uygun olan dindir. Ahlaka uygunluk Kant'ın *insandaki iyiye yatkınlık* olarak tespit ettiği herkeste mevcut olan ahlaksal buyruğa uygunluktur.[2] İnsanda bu eğilim olmasa eğitimden de söz etmek mümkün değildir.

Özetle söylemek gerekirse Kant kendi döneminde dini deney ve gözleme dayalı olarak reddeden pozitivist anlayışa da; Dinin teorik alan ile izah edilemeyeceği gerçeğinden yola çıkarak dogmaları tartışılmaz ve ilişilmez kabul eden anlayışa da karşı çıkarak dinin sadece pratik akılla sağlamasını yapmayı deneyen bir üçüncü yol ortaya koymuştur.

Çünkü Kant'a göre "Felsefeler ya teoriktir ya da pratik. Teorik felsefe idrak edişin kurallarıdır; pratik felsefe ise özgür iradeyi hesaba katan davranış kurallarıdır."[3] Özgür iradeyi hesaba katan davranış kurallarının da pratikte bir akılsal zemini vardır.

Bülent SÖNMEZ
Yenişehir-DİYARBAKIR

---

[2] Bkz. İ. Kant, Eğitim üzerine, çev. Ahmet AYDOĞAN, s.41, İst. 2009
[3] Philosophia Practica Üniversalis,Yay.Gerd Gerhardt,Almc.dan çev. Oğuz Özügül, s.11, İst.1994

ÖNSÖZLER

BİRİNCİ BASKIYA ÖNSÖZ

Bugüne kadar ahlâk, sırf özgür olduğu için kendini akıl yoluyla koşulsuz yasalara bağlayan yetkin insanın kavrayışı üzerine temellendirildiğinden, ne insanın, hakkındaki görevini öğrenmesini gerektirecek kendi üzerinde başka bir Varlık olarak görülmesi, ne de uğruna görevini yerine getireceği yasa harici bir güdü olduğu fikirlerine ihtiyaç duyuldu. İnsan böyle bir ihtiyaca maruz kalmışsa bile, bu kendi suçudur; ve hal böyleyse, ihtiyacını kendi dışındaki hiçbir şeyle karşılayamaz: Çünkü kendi içinden ve kendi özgürlüğünden doğmayan hiçbir şeyin, ahlâkındaki eksikliği gidermesi mümkün değildir. İşte bu yüzden, ahlâk kendi içindir ve bir dine (ister nesnel, yani isteklere dair; ister öznel, yani yeteneğe [eylem becerisine] dair olsun) hiç de ihtiyaç duymaz; zira saf pratik akıl kendine yeter. Gereğince seçilmesi gereken ilkelerin evrensel meşruluğunun yalın formu sayesinde, kuralları tüm gayelerin (kendi koşulsuz olan) en üst düzey koşulu olarak bağlayıcı olduğundan, ahlâk ne görevin ne olduğunu bilmek, ne de görevin yerine getirilmesi uğruna zorlamada bulunmak adına, özgür iradenin[4] belirlenimine dair

---

[4] Ödev kavramı içinde belirleme temeli olarak (yasaya uygunluk bağlamında) sadece biçimsel saptama zeminiyle yetinmeyenler, birinin kendi rahatına yönelik öz-sevgide böyle bir temelin keşfedilemeyeceğini açık olarak belirtirler. Dolayısıyla geriye iki belirleyici zemin kalır: Birincisi, yani rasyonel olan, kişinin kendi mükemmelliği; diğeriyse, ampirik olan, yani başkalarının mutluluğudur. Şimdi, bunlardan ilkini zorunlu olarak eşsiz bir ahlâki belirleyici zemin (yani, yasaya koşulsuz uyan bir irade) olarak göz önünde bulundurmazlarsa – ve bu yorumlamayla bir çemberi açıklamaya girişmiş olurlarsa – iyileştirme becerisinin elverdiği ölçüde insanın doğal mükemmelliğini ve bu mükemmelliğin sanat ve bilimlerdeki yetenek, tat, bedensel hüner vs. gibi birçok türde olabileceğini göz önünde bulundurmak zorunda kalacaklardır. Ancak bütün bunlar, kullanımları (koşulsuz emreden tek şey olan) ahlâk yasasıyla çelişmediği sürece iyidir; dolayısıyla mükemmellik, bir gaye olarak kurulduğunda, ödev kavramlarının ilkesi olamaz. Aynı durum diğer insanların mutluluğunu amaçlayan gaye için de

herhangi bir maddi belirleyici temel, yani herhangi bir gaye gerektirmez. Tam tersine, bir görev söz konusu olduğunda, ahlâk her türlü gayeyi yok saymakta mükemmel bir beceriye sahiptir ve zaten böyle yapması gerekir. Böylelikle, örneğin, bir mahkemede tanıklık yaparken dürüst davranmam gerektiğini (ya da gerçekten dürüst davranabileceğimi), veyahut başka birinin emanetine göz kulak olurken bu ödeve sadık kalmam gerekip gerekmediği bilmem için, muhtemelen vereceğim beyanat aracılığıyla varmak isteyeceğim bir amaç aramaya hiç gerek yoktur, çünkü bunun nasıl bir gayeye hizmet ettiği hiçbir önem taşımaz; aslında, beyanı yasalara uygun şekilde talep edildiğinde, etrafına bakıp belli bir [son] gaye arayan kişi, tam da bu hareketiyle, hâlihazırda alçakça davranmış olur.

Ancak ahlâk kendi doğası gereği, istencin tespitinden önce gelecek herhangi bir gayenin temsilini gerektirmese de, böyle bir gayeyle zorunlu bir ilişki içinde olması son derece muhtemeldir. Fakat bu gaye onun temeli değildir, sadece bu gayeye uygun olarak edinilen ilkelerin kaçınılmaz sonuçlarının bir [toplamıdır]. Zira herhangi bir amaca [*Gegenstand*] yönelik hiçbir referansın bulunmadığı durumda, insanın içinde hiçbir irade belirlenimi bulunamaz, çünkü böyle bir belirlenimin arkasından herhangi bir sonuç gelemez ve sonucun temsilinin, iradenin belirlenim temeli ve önceden hedeflenen bir amaç olarak değil, iradenin yasa yoluyla belirlenimi (*finis in consequentiam veniens*) sonucunda kavranan bir amaç olarak kabul edilebilmesi gerekir. Bu tür bir amacı

---

geçerlidir. Zira bir eylem ilk olarak, başkalarının mutluluğuna yöneltilmeden önce, ahlâk yasasına uygunluğuyla ölçülmelidir. Demek ki, bu gayenin ortaya koyduğu gereksinim, sadece şartlı bir ödevdir ve ahlâki maksimler için yüce bir ilke görevi göremez.

olmayan ve tasarlanmış bir hedef için kendine kesin bir amaç öngörmeyen irade, nesnel ya da öznel olsun (yani görünürde hangisine sahipse, ya da sahip olmak zorundaysa), neye göre doğru değil, nasıl eylemde bulunması gerektiği konusunda bilgilendirilir, böylelikle de herhangi bir tatmine ulaşamaz. O halde, ahlâkın doğru tavır için bir amaç gerektirmediği doğrudur; özgürlüğün kullanımına dair resmi koşulu içeren yasa yeterlidir. Yine de ahlâkın içinden bir gaye çıkar; çünkü 'Bu davranışımızın sonucunda ne olacak?' ve hem eylemlerimizi hem de çekincelerimizi – bütünüyle bizim denetimimizde olmayabileceği kabul edilse de – bir amaç olarak neye yöneltmemiz gerektiği sorularını cevaplamamız gerekir: bunlar akla karşı kayıtsız sorunlar olamaz. Dolayısıyla amaç, sahip olmamız gereken tüm benzer gayelerin (ödevlerin) biçimsel koşulunu alıp, koşullu olan herhangi bir şeyi, sahip olduğumuz tüm gayelerin içinde (göreve itaatle orantılı bir mutlulukla) uyum içinde görevle birleştirmesidir – bu da, dünyada uğruna daha yüksek, ahlâki, son derece kutsal ve her şeye gücü yeten, en yüce iyinin iki unsurunu bir araya getirebilen o tek Varlıkla ulaştığımız, en yüce iyi fikridir. Ancak (pratik olarak bakınca) bu boş bir fikir değildir, çünkü bir bütün olarak alındıklarında tüm eylemlerimiz ve çekimserliklerimiz için bir tür son amaç düşünme konusundaki doğal ihtiyacımıza karşılık gelir, bu gaye akılla haklılaştırılabilir ve aklın yokluğu ahlâki karara ayak bağı olacaktır.

Ne var ki en önemlisi, bu fikrin ahlâktan ileri gelip, onun temeli olmamasıdır; bu amaç, biri tarafından kendininmiş gibi benimsenmesi, temel etik ilkeleri önceden varsayan bir amaçtır. Sonuç olarak, ahlâksallığın kendi için (kendileriyle uyumun, insanların ödevlerini çoğaltmamasına rağmen, onlara tüm amaçların birleştirilmesi açısında özel bir odak noktası sağlayan) tüm hususların nihai amacına dair bir kavram oluşturup oluşturmadığı, onun için bir kayıtsızlık konusu olamaz; çünkü nesnel, pratik gerçeklik, ancak bu şekilde özgürlükten doğan maksatlılıkla doğanın maksatlılığını birleştirecek hale getirilebilir; bu, muhtemelen vazgeçemeyeceğimiz bir birliktir. Ahlâki yasayı onurlandırarak, pratik aklın rehberliğinde, elinde böyle bir güç olsa, üstelik kendini de bir üyesi olarak içine yerleştireceği nasıl bir dünya yaratacağına dair düşüncenin kendi içinde ortaya çıkmasına izin veren (bunu yapmaktan kaçınması çok zordur) bir adamı ele alalım. Kendisine sadece seçme hakkı temin edilseydi, yalnızca en yüce iyi tarafından belirlenen seçimi yapmayacaktı; bunun yanında [böyle] bir dünyanın (ahlâk yasası mümkün olan en yüce iyinin bizim aracılığımızla gerçekleştirilmesini öngördüğünden) her bakımdan mevcut olmasını dileyecek, hatta bu fikre uygun olarak, kendi mutluluğu için ağır bir bedeli olsa bile bunu isteyecekti – çünkü fikrin taleplerine, aklın mutluluğu koşullandırırken ortaya koyduğu taleplere karşılık verebilecek düzeyde olmaması muhtemeldir. Buna bağlı olarak, bu yargıyı sanki başkası tarafından belirtilmiş, ama aynı zamanda kendine aitmiş gibi, tam bir tarafsızlıkla onaylayıp kabul etmeye zorlandığını hissedecektir; yine bu yargı vasıtasıyla, içinde ahlâki bir etki oluşan insan, görevlerinin bir sonucu olarak, bu görevler için bir son gayeyi kabul etme ihtiyacının kanıtını vermiş olacaktır.

Dolayısıyla ahlâk kaçınılmaz biçimde dine götürür, din aracılığıyla insanlığın[5] dışında, İradesi (yaratılışının da) ni-

---

[5] Eğer, "Bir Tanrı vardır, dolayısıyla dünyada bir en yüce iyi vardır" önermesi, salt ahlâktan (bir dogma olarak) türetilebilirse, bir sentetik apriori önerme olur: çünkü sadece pratik referans için kabul edilse bile, ahlâkın kapsadığı (ve seçme sorununu değil, sadece resmi yasaları önkoşul olarak gerektiren) ödev kavramının ötesine geçer ve so-

nuçta analitik olarak ahlâktan türetilemez. Ama böyle apriori bir önerme nasıl mümkün olabilir? Sırf tüm insanlar için ahlâki bir Kanun Yapıcı fikri, aslında genel ahlâki ödev kavramıyla özdeştir ve şu ana kadar bu mutabakata hükmeden önerme analitik olacaktır. Ancak O'nun var olduğunun bilgisi, böyle bir şeye dair salt olasılıktan daha fazlasını iddia eder. Bu sorunun çözümü için anahtarı, şahsen anladığımı düşündüğüm kadarıyla, ancak burada belirtebilirim ve geliştiremem. Bir gaye her zaman bir eğilimin, yani (pratik olarak hükmeden) yasanın bir saygı nesnesi olması gibi, birinin eylemi aracılığıyla bir şeye sahip olmak için duyulan aracısız açlığın nesnesidir. Tarafsız gaye (yani, sahip olmamız gereken gaye) bize salt akıl tarafından önerilenler gibidir. Kaçınılmaz olanı benimseyen ve aynı zamanda tüm diğer gayelerin yeterli koşulu olan gaye ise nihai gayedir. Rasyonel dünyevi varlıkların tarafsız nihai gayesi, onların kendi mutluluklarıdır (içlerinden her biri, duyusal nesnelere bağlı bir doğaya sahip olmaları dolayısıyla bu gayeyi taşır ve dolayısıyla herhangi biri için buna sahip olması gerektiğini söylemek saçma olacaktır) ve bu nihai amaç üzerine kurulu tüm pratik önermeler aynı zamanda hem sentetik, hem de ampiriktir. Ancak herkesin dünyadaki mümkün olan en yüce iyiyi nihai amacı haline getirmek zorunda olduğunu söylemek, saf akıl tarafından ortaya atılan sentetik, pratik ve apriori (ve gerçekten tarafsız olarak pratik) bir önermedir; zira böyle bir önerme bu dünyadaki ödevler kavramının ötesine geçer ve ahlâk yasalarında yer almayan, dolayısıyla analitik olarak onlardan türetilemeyecek bir sonuç eklemiş olur. Bu yasalar mutlak bir hâkimiyete sahip olduğundan, sonuç onların iradesine göre belirlenir; aslında, tikel bir eylem söz konusu olduğunda böyle bir sonucu hesaba katmaktan tamamen vazgeçilmesini gerektirirler; böylelikle de bize, ödevin öğüdünü ve ödevimizin yerine getirilmesine dair bir güdüyü inşa etmek gibi bir gaye (ya da nihai bir gaye) sunmadan ya da önermeden, en yüksek saygınlıktaki bir hedefi ödev haline getirirler. Eğer sadece, yasadaki salt aklın emri altına girecekse (ki böyle yapmaları gerekir) her insan yeterli güdüye sahip olabilmelidir. Ahlâki eylemlerinin ve çekimserliklerinin sonuçlarını, yani dünyanın akışının getirdiği sonuçları bilmeye neden ihtiyaç duysunlar ki? Dünyevi hayatın sonunda her şeyin bitmesine ve bu hayatta, mutluluk ile değerin asla buluşamayacak olmasına rağmen, ödevlerini yerine getirmeleri onlara yeter. Ve yine, insanın ve onun pratik akıl melekesinin kaçınılmaz sınırlamalarından biri (belki de tüm diğer dünyevi varlıkların da sınırlaması), her eylemde sonuca bakmak ve bu sayede kendisine gaye olarak hizmet edecek, aynı zamanda niyetinin saflığını kanıtlayacak olanı keşfetmektir – bu sonuç, uygulamada sonda gelse de (*nexu effectivo*), temsil ve niyet konularında (*nexu finali*) en başta gelir. İnsan, eğer kendisine doğrudan salt akılla sunulmuşsa, bu gayenin içinde sevebileceği bir şeyi arar; dolayısıyla kişide sadece saygı uyandıran yasa, bu sevgi hedefini bir zorunluluk olarak görmese de, belirleyici zeminleri arasına ahlâki amacını da dâhil ederek kendini onun adına genişletir. Yani, 'Dünyadaki mümkün en yüce iyilik, senin nihai amacın olsun!' önerisi, bizzat ahlâk yasası tarafından sunulan sentetik apriori bir tekliftir; hâlbuki pratik akıl onun içinde, kendini yasanın ötesine kadar uzatır. Bu yayılım, ahlâk yasasının insanın doğal kişilik özellikleriyle ilişki içinde ele alınmasından dolayı mümkündür; öyle ki buna göre, kişinin bütün eylemleri için, yasaya ek olarak bir amaç düşünmesi gerekir (bu, insanı deneyim nesnesi haline getiren bir özelliktir). Üstelik söz konusu genişleme (apriori sentetik olan teorik önermelerde olduğu gibi) ancak bu amacın, özgür bir iradenin deneyimi içindeki belirlenim zeminlerinin bilgisinin apriori ilkesini benimsemesiyle mümkündür. Bunun şartıysa, bahsi geçen deneyimin ahlaksallığın sonuçlarını kendi amaçları içinde ifşa ederek, dünyadaki ahlâk kavramına nedenselmiş gibi nesnel, ancak salt pratik bir gerçeklik vermesidir. Ancak bu noktada, ahlâk yasalarına sıkı sıkıya itaat, en yüce iyiye (bir amaç olarak) yol gösteren neden olarak düşünülecek olursa, insanın yetisi mutluluğa layık olmak için gerekli olanla dünyaya mutluluk getirmeye yetmediğinden, her şeye kadir olan ahlâki bir Varlığın dünyanın hükümdarı olarak kabul edilmesi ve söz konusu [dengenin] onun denetiminde gerçekleşmesi gerekir. Demek ki ahlâk, kaçınılmaz biçimde dine götürür.

hai amacı olan, aynı zamanda insanın da son nihai gayesi olabilen ve olması da gereken, daha güçlü bir ahlâki Kanun Yapıcı fikrine doğru uzanır.

Ahlâk, kendi yasasının kutsiyeti içinde en yüksek düzeyde bir saygı nesnesi buluyorsa, din düzeyinde nihai sebebi temsil ediyor demektir; bu sebep bahsi geçen yasaları birer tapınma nesnesi olarak tüketir ve dolayısıyla kendi görkemi içinde ortaya çıkar. Ancak idesi insanın kullanımına yönlendirildiğinde, her şey, en yüce bile, insanın ellerinde gitgide küçülür. Şu ana kadar sadece kendisi için saygı duyulmakta özgür olunduğu için hakikatten hürmet gösterilen ne varsa, ancak zorlayıcı yasalar aracılığıyla yetkin hale getirilebilecek o formlara uyum sağlamalıdır ve kendi rızasıyla kamu alanında herkesin eleştirisine açılan ne varsa, gücü, yani denetimi olan bir tenkite boyun eğmek zorundadır.

Bu arada, "Otoriteye itaat et!" emri de ahlâki olduğundan ve ödevin tüm emirlerine olduğu gibi, ona itaat de dine doğru çekilebileceğinden, kesin bir din kavramına adanmış, buna karşın sadece tek bir devlet düzenlemesi biçimindeki yasaya özen gösterip tüm geri kalanları görmezden gelerek değil, bir araya getirilmiş bütün [düzenlere] gösterilen birleşik bir dikkatle ispat edilen bilimsel incelemenin de bizzat bu itaatkârlığın bir örneğini sunması yerinde olur.

Şimdi, kitapların üzerinden geçen bir teolog, ya sadece ruhun refahına dikkat gösteren biri olarak, ya da bilimlerin refahına da dikkat gösteren biri olarak belirlenebilir; ancak ilk hâkim sadece ilahî bir hâkimdir; ikincisi ise aynı zamanda bir bilim adamıdır. Her türlü müdahaleye karşı, bilim gelişimi ve savunulması için (üniversite adı altındaki) kamu kurumunun üyesi olarak ikinciye emanet edildiğinden, birincinin, denetiminin bilim alanda herhangi bir rahatsızlık yaratmayacağı koşuluyla gerçekleştirdiği gaspı sınırlamak da ikinciye düşer. İki hâkimin de İncil'e bağlı teologlar olması durumunda, daha üstün olan denetim, bir üniversitenin üyesi olan ve bu teolojinin işleyişinden sorumlu fakülteye ait olan ikinciye mahsus kalır: zira üzerine düşülen ilk alana (ruhların refahına) bakınca, ikisinin de benzer yetkileri vardır; ancak, ikinci konu (bilimlerin refahı) göz önüne alınınca, teologun üniversitede bir akademisyen olarak becerisi, ona ortaya koyabileceği fazladan özel bir işlev sağlar. Bu kuraldan yola çıkarsak, şeylerin en sonunda, geçmişte (örneğin, Galileo zamanında) nasıllarsa o şekle dönmeleri gerekir; bu sırada İncil'e bağlı teolog da bilimlerin gururunu mütevazı bir hale sokmak ve kendini onlarla olan bağından kurtarmak için, bilfiil astronomiyi ya da dünyanın antik tarihi gibi başka bilim dallarını işgale kalkışacak ve -tehditkâr saldırılara karşı koyacak ne araçlara ne de çözümlere sahip olmadıklarını fark ederek, kendilerine dair her şeyi bir nevi vahşiliğe dönüştüren kabileler gibi- insan aklının tüm çabalarını yakalayıp zapt edecektir.

Ne var ki bilimler arasında, İncil teolojisinin üzerinde ve karşıtı bir felsefi teoloji vardır ve bu varlık başka bir melekeye emanet edilmiştir. Felsefi teoloji salt aklın sınırları içinde kaldığı sürece, ve savlarının onaylanması ve ifşa edilmesi tarihten, deyimlerden, tüm insanların yazdığı kitaplardan, hatta İncil'den, ama bu savları İncil teolojisine taşımadan, ya da İncil teolojisinin kamusal doktrinlerini – tanrısal olanın bir hakkıdır bu – değiştirmeden yararlandığı için, ona dair bilim dalının ulaştığı alan kadar genişleme özgürlüğüne kesinlikle sahip olması gerekir. Ve (ilahî biri olarak görülen) teologun sansür hakkı, filozofun kendi sınırlarını aştığı ve teolojinin alanına izinsiz girdiği gösterildiğinde, ya da durumun şüpheli bir hale gelmesi ve yazıda ya da filozofun kamuya açık başka bir söyleminde buna dair bir soru ortaya çıksa bile, teolog haksız çıkarılamamasına rağmen, üstün sansür hakkı ancak İncil'e bağlı teologa, kendi melekesinin bir üyesi gibi ait olur; çünkü refahın ikinci ilgi alanına, yani bilimlerin refahına özen göstermek üzere atanmıştır ve en az diğeri (ilahî olarak görülen teolog) kadar meşru bir biçimde bu göreve getirilmiştir.

Ve bu koşullar altında, nihai sansürün ya da denetimin ait olduğu meleke budur ve felsefi değildir; çünkü salt bu meleke bazı öğretiler bakımından ayrıcalıklıdır, öte yandan felsefi olanlar kendi öğretilerini özgürce ve açıkça soruşturur; dolayısıyla da ancak birincisi, kendine ait hakların ihlal edildiğine dair bir şikâyette bulunabilir. Ancak iki öğretinin bedenen birbirlerine yaklaşmasına ve felsefi melekenin kendi sınırlarını aşması kaygısına rağmen, buradaki kötülüğün sebebi olarak, filozofun kendi amaçları uğruna kullanmak adına İncil teolojisinden bir şeyler ödünç alması değil de, sadece onun için bir şey bıraktığı ve dolayısıyla kendi tasarrufunun onayladığından başka amaçlara doğru yöneldiği gösterilirse -hatta filozofun İncil'den ödünç aldıklarını çıplak akla, belki teolojisini memnun etmeyerek de olsa kullanmasına izin vererek- böyle bir izinsiz müdahaleye dair şüphe kolaylıkla önlenebilir. Çünkü İncil teolojisi kendi başına yardımcısız aklın öğretileriyle ciddi miktarda ortak noktaya sahip olduğunu, ayrıca, buna ek olarak, bunun çoğunun tarihsel ve filolojik bilime ait olduğunu ve adı geçen [disiplinlerin] denetimine tabi olduklarını yalanlamayı istemeyecektir.

Dolayısıyla, örneğin, haklar konusundaki felsefi öğretisi için Roma kanunnamesinden pek çok klasik ifadeyi ve formülü ödünç alan doğal haklar öğretmeninin, münasip hukukçular ve hatta hukuk mahkemeleri tarafından da bu şekilde kullanılmasını dilemediği sürece, – sıkça olduğu gibi, bu hakları Roma Hukuku yorumcularının anladığıyla mutlak olarak aynı anlamda uygulamaya geçirmese bile – sınırları izinsiz aştığını söyleyemeyiz. Zira bunlar onun uzmanlık alanına dâhil olmasa, tam tersine İncil teologunu ya da nizami hukukçuyu sayısız kez felsefinin alanına girmekle suçlayabilirdik; çünkü ikisinin de, ne akıldan ne de bilim söz konusuysa felsefeden feragat edemeyecekleri için, sadece karşılıklı yarar sağlamak adına felsefeden bazı şeyleri ödünç almaları gerekir. İncil teolojisi mümkün olan her noktada, dini şeyler konusunda akılla hiçbir işi olmadığını saptasaydı, hangi tarafın zararlı çıkacağını kolaylıkla görebilirdik; zira akla açıkça savaş açan bir din, uzun vadede ona direnmeyi başaramayacaktır.

Daha da ileri giderek, böyle bir kitapla ya da bir metinle (ya da türünde daha iyisi bulunabilirse başka bir taneyle), İncil teolojisinin akademik öğretiminin tamamlanması konusunda, bir nevi sonuca varma yoluyla dinin tamamen felsefi (ve bizzat İncil de dâhil olmak üzere her şeyden istifade eden) teorisi üzerine, adayın donanımını tamamlamak için gerekliymişçesine özel bir okumalar dizisi eklemenin faydalı olup olmadığını soracağım. Çünkü bilimler, her biri ilkin kendi kendine bir bütün oluşturduğu derecede, ayrışmadan tam bir yarar elde ederler ve böyle bir bütün oluşana kadar onlara bir arada incelemeye girişilemez. O halde, İncil teologunun filozofla aynı şeyleri düşünmesine, ya da filozofu duyması durumunda, onu reddetmeye mecbur olduğuna inanmasına izin verelim. Ancak bu durumda, filozofun kendisine çıkarabileceği tüm zorluklara karşı önceden silahlanıp önlem alabilir. Bu zorlukları gizlemek ya da gerçekten de onları dinsiz olmakla suçlamak, sınamaya gelmeyecek kadar önemsiz bir hiledir; öte yandan ikisini iç içe geçirmek – İncil teologu tarafından bakarsak, felsefeye sadece kısa süreli nadir bakışlar atmak – bütünlükten mahrum kalmak demektir, netice itibariyle sonunda hiç kimse bir bütün olarak din teorisine karşı nasıl bir duruş sergilediğini bilmemektedir.

Dinin (kısmen iyi, kısmen kötü eğilimlerle donatılmış) insan doğasıyla olan ilişkisini görünür kılmak için, takip eden dört denememde, iyi ve kötü ilkelerin ilişkisini, insanı etkileyen ve kendiliğinden var olan iki etkin neden olarak açıklıyorum. İlk denemem 1792 yılının Nisan ayında, *Berlinische Monatsschrift*'te daha önceden yayınlanmıştı; ancak bu çalışmanın, şimdi eklenen üç denemeyle birlikte, birincinin tamamen gelişimine hizmet eden konusuyla yakın bağından ötürü bu kitabın dışında bırakılamazdı.

Okurdan nüshalar üzerinde çalışanların çokluğunu ve yeniden gözden geçirmem için bana verilen çok kısa süreyi de göz önüne alarak, (benimkiyle aynı olmayan) ilk sayfaların imlasını hoş görmesini rica ediyorum.

İKİNCİ BASKIYA ÖNSÖZ

Bu Baskı'da, imla hataları ve geliştirilmiş az sayıdaki ifade dışında hiçbir şey değiştirilmemiştir. Artı (+) işaretiyle gösterilen yeni eklemeler, dipnot olarak belirtilmiştir.

Çalışmanın adını göz önünde bulundurarak (altında yatan niyeti gizlediğine dair şüpheler dile getirildiği için) şunu belirtiyorum: neticede, akıl dinin içindeki tarihselliği kavrayamazken, [tecrübelerime dayanarak] esin aklın salt dinini kesin olarak kucaklayabildiğinden, esine (vahiy), kendinden daha küçük olan aklın alanını da içine alan, daha geniş bir inanç olarak (yani birbirinin dışında olan değil, eşmerkezli iki çember olarak) bakabileceğim. (Yardımsız apriori ilkelerden yola çıkarak) salt aklın öğretmeni olan filozof, daha dar olan çemberin sınırları içinde kalmalı ve böyle yaparak, her tür tecrübeyi düşünmekten feragat etmelidir. Bu noktadan bakınca, bu esini bir tarihsel sistem olarak ahlâkî kavramların ışığında parça parça inceleyebilmek ve sonrasında dinin aynı saf rasyonel sistemine dönmediğini görmek adına, ikinci bir deney yapabilir, yani aklın salt dinini (kendine yeten bir sistem oluşturduğu ölçüde) dışarıda bırakarak belli bir sözümona esinden yola çıkabilirim. İkinci sistem, teorik bir bakış açısından (ve de pedagojik yöntemin tekno-pratik bakış açısından) değilse de ahlâkî ve pratik bir bakışla, kendine yetebilir ve uygun olabilir; zira (deneysel olan her şey alındıktan sonra geriye kalan) apriori rasyonel bir kavram olan hakiki din, aslında yalnızca bu [pratik ahlâkî] ilişki içinde geçerlidir. Eğer bu deney başarılı olursa, aklın Kutsal Kitap'la uyumlu olmakla kalmayıp, aynı zamanda onunla aynı şeyleri düşündüğünün ortaya çıktığını, bu yüzden (ahlâkî kavramların rehberliğinde) birinin takipçisi olanın, diğerine intibak etmekte başarısız olmayacağını söyleyebiliriz. Aksi takdirde, ya bir bireyin içinde iki dine sahip olmak gibi bir saçmalık, ya da bir dine ve bir külte sahip olmak gibi bir iddiada bulunacağız. Bir din ve bir kült iddiasında bulunduğumuz takdirdeyse, ikincisi (din gibi) kendi içinde bir amaca değil, sadece araç olarak bir değere sahip olduğundan, bu ikili sık sık birlikte sarsılıp sonunda kısa bir süreliğini birleşecek; ancak doğrudan, yağ ve su gibi, ister istemez birbirlerinden ayrılmaları gerekecek ve saf ahlâki olan (yani aklın dini) yukarıda kalacaktır.

İlk Önsöz'de dinin felsefi araştırmacısının böyle bir birleştirme, ya da birleştirme girişimi için her türlü hakka sahip olduğunu ve İncil teologunun şahsına münhasır haklarına izinsiz girmiş olmayacağını ifade etmiştim. Sonradan bu iddianın her iki konuda da bilgili bir kişi olan merhum Michaelis'in[6] Ahlâk kitabında (Bölüm I, s. 5–11) ortaya atıldığını ve tüm çalışması boyunca işlendiğini gördüm; o eserde, daha yüce olan meleke, İncil teologlarının haklarına dair hiçbir önyargı bulmuyordu.

Bu İkinci Baskıda, istediğim gibi, ünlü olan ya da olmayan kıymetli insanların elinizdeki kitap hakkındaki yargılarını dikkate alamadım, çünkü (tüm yabancı edebi zihinlerde olduğu gibi) bu yargılar bizim tarafımıza çok geç ulaşıyor. Bu durum, *Annotationes quaedam theologicae, etc.* adlı eserinde, kitabımı her zamanki alışıldık sağgörüsüyle ve en büyük teşekkürü hak eden çalışkanlığı ve adilliğiyle inceleyen, Tü-

---

[6] Johann David Michaelis (1717–1791); ünlü Oryantalist ve İncil bilgini; referans verilen kitap ölümünden sonra, 1792'de basılmıştır.

bingen'deki ünlü Hr. D. Storrë[7] için de kısmen geçerlidir. Ona bir cevap yazmayı düşünüyorum, ancak yaşım itibariyle soyut fikirler üzerinde çalışmanın getirdiği zorluklar yüzünden bir söz vermeye cesaret edemiyorum. Ancak *Neueste Kritische Nachrichten* dergisinin 29. sayısında[8] Greifswald'un kaleme aldığı ve araştırmacının kitap için yaptığı kadar kısa bahsedebileceği bir inceleme yazısı var. Çünkü ona göre, kitap benim kendime sorduğum bir sorunun yanıtından ibaret: "Dogmatiklerin kiliseye dair sistemi, kavramları ve öğretileri dâhilinde, salt (teorik ve pratik) akla göre ne kadar mümkün?" Bu deneme [iddiasına göre] onun [Kant'ın] sistemine dair bir bilgisi ya da kavrayışı olmayanları veyahut bahsi geçen sistemi anlamaya çalışmak için çaba göstermeyenleri ilgilendirmiyor – onlar tarafından yok bile sayılabilir. Dolayısıyla şu cevabı veriyorum: Bu kitabın içeriğini temel olarak anlamak için gerekli olan tek şey ortak bir ahlâktır ve *Pratik Aklın Eleştirisi* ile, hele hele teorik *Eleştiri* ile uğraşmaya hiç gerek yoktur. Örneğin, (meşruiyetlerine göre) ödeve uygun eylemlerdeki beceri olarak erdeme *virtus phänomenon*, (ahlâkiliklerinden dolayı) ödevden gelen böyle eylemlere direnen bir yaratılış olarak görülen aynı eyleme *virtus noumenon* denirse, bu ifadelerin kullanılmasının tek sebebi okullardır. Öte yandan sorun kendi içinde, başka sözcüklerle de olsa, çocuklara verilen en bilindik öğütlerde bile görülebilir ve kolaylıkla anlaşılabilir. Dini öğretiler arasında sayılan, ilâhi tabiata dair gizemler hakkında, kateşizme* bütünüyle po-

---

[7] Gottlob Christian Storrë (1746–1805); Tübingen'de Teoloji Profesörü ve sonradan Stuttgart saray vaizi. Kant'ı hedef alan *Annotationes* adlı eseri 1793 yılında yayımlandı, 1794'te ise Almanca'ya tercüme edildi.
[8] Bkz. 1793 yılının 29. sayısı, s. 225–229.
* Hıristiyanlıkta dini ritüellerin retorik olarak öğretilmesi işi.

pülermiş gibi ifşa edilen gizemler hakkında bu kadar çok şey söylenebilir; ancak herkes için anlaşılır hale geleceklerse, öncelikle ahlâki kavramlara dönüştürülmelidirler!

Königsberg, 26 Ocak 1794

İÇİNDEKİLER

SUNUŞ 5
Kant'ın Din Anlayışı Bağlamında Sağlam Bir Dinsel
Anlayış'ın Zemini 5
ÖNSÖZLER 11
BİRİNCİ BASKIYA ÖNSÖZ 11
İKİNCİ BASKIYA ÖNSÖZ 21

BİRİNCİ KİTAP
KÖTÜ İLKENİN İYİYLE BİRLİKTELİĞİ YA DA İNSAN DOĞASINDAKİ KÖKENSEL KÖTÜ ÜZERİNE

Kötü İlkenin İyiyle Birlikteliği ya da İnsan Doğasındaki
Kökensel Kötü Üzerine 31
I. İnsan Doğasındaki Özgün İyilik Eğilimi
(Yatkınlık-Prodisposition) Üzerine 38
II. İnsan Doğasındaki Kötülük Yönelimi Üzerine 42
III. İnsan, Doğası İtibariyle Kötüdür 46
IV. İnsan Doğasındaki Kötülüğün Kökeni Üzerine 56

GENEL İNCELEME 61
Özgün İyilik Eğiliminin/Yatkınlığının Gücünün Yeniden Tesisi
Üzerine 61

İKİNCİ KİTAP
İYİLİK VE KÖTÜLÜK İLKESİNİN İNSAN ÜZERİNDE HÂKİMİYET KURMA ADINA ÇATIŞMASI ÜZERİNE

BİRİNCİ BÖLÜM 81
İYİLİK İLKESİNİN İNSAN ÜZERİNDEKİ MEŞRU
EGEMENLİK TALEBİ ÜZERİNE 81
A. İyilik İlkesinin Kişileştirilmiş İdesi 81
B. Bu İdenin Nesnel Gerçekliği 83

C. Bu İdenin Gerçekliğine Karşı Koyan Zorluklar ve Çözümleri ... 88

İKİNCİ BÖLÜM 103
KÖTÜLÜK İLKESİNİN İNSAN ÜZERİNDEKİ MEŞRU
EGEMENLİK TALEBİ VE İKİ İLKENİN BİRBİRİYLE
ÇATIŞMASI ÜZERİNE 103

GENEL İNCELEME 109

ÜÇÜNCÜ KİTAP
İYİLİĞİN KÖTÜLÜK İLKESİ KARŞISINDAKİ ZAFERİ VE TANRI'NIN YERYÜZÜNDEKİ KRALLIĞININ KURULUŞU

BİRİNCİ BÖLÜM 122
DÜNYADA BİR TANRI KRALLIĞI KURULURKEN İYİLİK
İLKESİNİN ZAFERİNİN FELSEFİ HİKÂYESİ 122

   I. Etik Doğa Devleti Üzerine 122

   II. İnsan Etik Bir Devletin Üyesi Olmak İçin, Kendi Etik
      Doğa Devletini Bırakmak Durumundadır 124

   III. Bir Etik Devlet Kavramı, Etik Yasalar Altındaki
       Tanrı'nın Halkı Kavramıdır 125

   IV. Tanrı Halkı İdesi (İnsani Örgütlenmeyle) Ancak
       Bir Kilise Biçiminde Gerçekleştirilebilir 128

   V. Her Kilisenin Yapısı Daima, Kilise İnancı Diyebileceğimiz
      Tarihi (Vahyedilmiş) Bir İnançtan Doğar; Bu da En İyi
      Kitabı Mukaddes'te Kurulmuştur 130

   VI. Kilisesel İnanç En Yüce Yorumcusu Olarak Saf Dini
       İnanca Sahiptir 139

   VII. Kilisesel İnancın Adım Adım Saf Dini İnancın
        Ayrıcalıklı Egemenliğine Dönüşümü, Tanrı'nın
        Krallığının Gelişi Demektir 145

İKİNCİ BÖLÜM 157
İYİLİK İLKESİNİN DÜNYADAKİ EGEMENLİĞİNİN
SÜREKLİ TESİSİNİN TARİHSEL HİKÂYESİ 157
GENEL İNCELEME 173

DÖRDÜNCÜ KİTAP
İYİLİK İLKESİNİN HÜKÜMDARLIĞI ALTINDAKİ HİZMET YA DA SAHTE HİZMET ÜZERİNE YA DA DİN VE KİLİSENİN NÜFUZU ÜZERİNE

BİRİNCİ BÖLÜM 190
GENEL OLARAK DİNDEKİ TANRI HİZMETİ ÜZERİNE 190
BİRİNCİ KISIM 194
BİR DOĞAL DİN OLARAK HIRİSTİYANLIK 194
İKİNCİ KISIM 202
ÖĞRENİLMİŞ BİR DİN OLARAK HIRİSTİYANLIK DİNİ 202

İKİNCİ BÖLÜM 208
BASKICI BİR DİNDE TANRI'YA YAPILAN SAHTE HİZMET
ÜZERİNE 208
   1. Dini Yanılsamanın Evrensel Öznel Zemini Üzerine 209
   2. Dini Yanılsama Karşısındaki, Dinin Ahlâki İlkesi 211
   3. İyilik İlkesine Sahte Hizmette Bulunan Bir Yönetim
      Olması Açısından Kilise Nüfuzu Üzerine 217
   4. Bilincin İnanç Konularındaki Rehberliği Üzerine 230

GENEL İNCELEME 237

BİRİNCİ KİTAP

KÖTÜ İLKENİN İYİYLE BİRLİKTELİĞİ YA DA İNSAN DOĞASINDAKİ KÖKENSEL KÖTÜ ÜZERİNE

Kötü İlkenin İyiyle Birlikteliği ya da İnsan Doğasındaki Kökensel Kötü Üzerine

"Dünya kötünün boyunduruğundadır," şikâyeti dünyanın tarihi kadar, hatta eski sanat ve şiir kadar; aslında, tüm kurguların en eskisi olan papazlık dini kadar eskidir. Herkes dünyanın başlangıçta iyi olduğuna ve her şeyin bir Altın Çağ'da, ya da bir Cennet Bahçesi'nde başladığında hemfikirdir. Ancak bu mutluluğun bir rüya gibi yitip gittiğini ve kötülüğe (fiziksel kötülüğün daima beraberinde gittiği ahlâki kötülüğe) Düşüş'ün insanoğlunu hızla[9] daha beter hale getirdiğini; bu yüzden de şimdi (bu "şimdi", tarih kadar eskidir) son devirde yaşadığımızı, Son Gün'ün ve dünyanın yok oluşunun yakın olduğunu belirtirler. Hindistan'ın bazı bölgelerinde, dünyanın Hâkimi ve Yok Edicisi Rudra'ya (Siwa veyahut Siva olarak da geçer) hüküm süren Tanrı olarak tapınılır – dünyaya Güç Veren Vişnu, birkaç yüzyıl önce bitkin düşmüş ve Yaratıcı Brahma'dan miras aldığı en üstün yetkiden feragat etmiştir. Bununla karşılaştırılan iyimser inanç ise çok daha az etkili olmasına karşın, daha moderndir; aslında sadece filozoflar arasında, son dönemde ise özellikle eğitime ilgi duyan filozoflar arasında takipçiler bulabilmiştir – bu inanca göre dünya (neredeyse algılanamaz olsa da) değişmez biçimde diğer yönde, yani akla doğru ve kötüden iyiye doğru ilerlemektedir; en azından insan doğasın-

---

[9] *Aetas parentum, peior avis, tulit*
Nos nequiores, mox daturas
Progeniem vitiosiorem.
                              (Horatius)
...Babamızın soyu
Kendi atalarından,
Daha da beter battı kötülüğe,
Bize ise, doğrusunu söylemek gerekirse,
Daha da kötü bir nesil bıraktı.
            (Martin'in Tercümesinden)

da böyle bir hareket eğilimi keşfedilebilir. Ancak bu inançla (basit bir uygarlık ilerleyişi değil) ahlâki iyilik ve kötülük ima edilmeye çalışılırsa, bu kesinlikle deneyimden hareketle yola çıkan bir çıkarım değildir; tüm çağların tarihi buna karşı şiddetle haykırır. Farz edelim ki inanç, Seneca'dan Rousseau'ya kadar, ahlâkçının iyi niyetli bir varsayımdır ve içimizde bulunması mümkün olan o iyilik tohumunun -tabi eğer, insanın içindeki böyle doğal bir iyilik temeline güvenebilirsek- azimli büyüyüşü için cesaret vermeyi tasarlar. Şöyle diyelim: İnsanın doğası itibariyle (genellikle doğumundan itibaren) bedenin sesi olduğunu sorgusuz sualsiz kabul ettiğimize göre, ruhunun da aynı şekilde sağlıklı ve kötülükten muaf olduğunu varsaymamak için hiçbir sebep görünmez. O halde, iyiliğe dair içimizdeki ahlâki eğilime yardımcı olma niyetini taşıyan bizzat doğanın kendisi değil midir? Seneca'nın sözleriyle: *Sanabilibus grotamus malis, nosque in rectum genitos natura, si sanari velimus, adiuvat.*[10]

Fakat iki taraf da kendi deneyimlerini okurken yanılmış olabileceği için, en azından bir ortalama zeminin, yani bir tür olarak insanın ne iyi ne de kötü olabileceğinin, ya da her eylemde kısmen iyi kısmen kötü olarak birine daha çok yaklaşmış olması olanağına dair soru ortaya çıkar. Ne var ki bir insanı, eylemleri kötü (yasaya karşı) olduğu için değil, bu eylemlerin, içlerinden kişiye ait kötü maksimler bulunduğu varsayımını çıkarabileceğimiz türden olmaları sebebiyle kötü diye adlandırırız. Deneyim sırasında ve aracılığıyla, yasaya karşı gelen eylemleri ve (en azından kendi içimizde) bunların yasadışı olduklarının bilinciyle gerçekleştirildiğini göz-

---

[10] De ira, II, 13, 1: "Tedavi edilebilen hastalıklardan mustaribiz; tedavi edilmek istersek, sağlıklı doğduğumuzdan, doğa bize yardım edecektir."

Saf Aklın Sınırları Dâhilinde Din

lemleyebiliriz; ancak insanın maksimleri, hatta bazen kendisi, böyle gözlenebilir değildir; sonuç olarak, deneyim zeminine oturtulduğunda, eylemi gerçekleştirenin kötü biri olduğu yargısında bulunulamaz. O halde, bir insana kötü diyebilmek için, kötülüğünün bilincinde olarak gerçekleştirdiği birtakım kötü eylemlerden, ya da böyle tek bir eylemden yola çıkarak, altında yatan kötü maksimi görme; dahası, bu maksimden hareketle failin içinde, tüm tikel, ahlâki olarak kötü maksimlerin arasında başlı başına bir maksim olan temel bir zemin görme imkânına sahip olmak gerekir.

(Genelde olduğu gibi) Bir eylem temeli olarak özgürlüğün zıttı anlamına gelmesi durumunda, ahlâki açıdan iyi ya da kötü yüklemleriyle açıkça çelişecek olan doğa ifadesinde hemen bir zorlukla karşı karşıya kalmamak için, burada kastettiğimiz "insan doğasının," sadece insanın genel özgürlüğünün (tarafsız ahlâk yasaları çerçevesinde) uygulanmasına dair öznel bir zemin anlamına geldiğini belirtmemiz gerek. Bu zemin -ne karakterde olursa olsun- duyular için algılanabilir olan her eylemin zorunlu öncülüdür. Ancak bu öznel zemin yine de kendiliğinden bir özgürlük ifadesi [*Aktus*] olmalıdır (çünkü aksi takdirde, insanın ahlâk yasasına dair seçim gücünün kullanımı ya da suiistimali, o kişinin üzerine ne bir suç olarak atılabilir, ne de içindeki iyiliğin ya da kötülüğün ahlâki olduğu söylenebilir). Dolayısıyla, kötülüğün kaynağı ne iradeyi eğilim aracılığıyla belirleyen bir amaçta, ne de doğal bir dürtüde bulunabilir; bu kaynak yalnızca özgürlüğün kullanımına dair bir iradenin, yani bir maksim içindeki iradenin oluşturduğu kuralın içinde bulunabilir. Ancak şimdi insanın içindeki bu maksimi benimseme zeminini, bu öznel zemini sorgulamak, aksini sorgulamaktan daha caiz olmamalıdır. Bu zemin sonuç itibariyle başlı başına bir maksim değil de sadece doğal bir dürtü olsaydı, özgürlüğümüzün doğal sebepler tarafından gerçekleştirilecek belirlenim için bütünüyle kullanımını takip etmek mümkün olurdu. Hâlbuki bu, bizzat özgürlük kavramıyla çelişir. O halde, "insan doğası itibariyle iyidir", ya da "insan doğası itibariyle kötüdür" dediğimizde, bu sadece onun içinde iyi ya da kötü (yani yasaya karşı gelen) maksimlerin benimsenmesine dair nihai (bizim için anlaşılmaz) bir zemin[11] bulunduğu ve insan olarak kişinin bu zemine sahip olduğu anlamına gelir; buna bağlı olarak da kendi türünün karakterini ifade etmiş olur.

Dolayısıyla, insanı diğer muhtemel rasyonel varlıklardan ayıran (iyi ya da kötü) kişiliğin, onda doğuştan olduğunu söyleyebiliriz. Yine de böyle yaparak, (kötüyse) suçu ya da (iyiyse) itibarı sahiplenmesi gerekenin doğa olmadığına, insanın bizzat bunun faili olduğu yönünde bir tutum almış oluruz. Ancak maksimlerimizi benimsemeye dair, başlı başına özgür olması gereken nihai zemin, tecrübeyle açığa çıkan bir olgu olamayacağı için, insanın içindeki (o ya da bu maksimin ahlâk yasasına nazaran benimsenmesinin nihai öznel zemini olarak) iyi ya da kötünün sadece bu anlamda doğuştan olarak tanımlanabileceği, (doğuma kadar giden en erken) deneyimdeki her özgürlük kullanımından önce gelen bir zemine yerleştirildiği ve böylelikle -doğumun onun sebebi olması gerekmese de- doğumdan itibaren insanda mevcut olduğu fikrine varılır.

---

[11] Ahlâki maksimlerin benimsenmesinin nihai öznel zemininin anlaşılmaz olduğu düşüncesi, şuradan açıkça anlaşılabilir: bu benimseme özgür olduğundan, zemini (örneğin, neden iyi değil de kötü bir maksimi seçmiş olduğum) herhangi bir doğal dürtüde değil, yine bir maksimin içinde aranmalıdır. Şimdi bu maksimin de bir zemine sahip olması gerektiğinden ve maksimler haricinde özgür seçime dair herhangi bir belirleyici zemin öne sürülemeyeceğinden ve de sürülmemesi gerektiğinden, yeniden ve durmadan, hatta nihai zemine bile ulaşamadan, öznel belirleme zeminleri dizisine dönüyoruz.

Saf Aklın Sınırları Dâhilinde Din

İnceleme

Yukarıda sunulan iki hipotez arasındaki çelişkinin temelinde ayrıştırıcı bir önerme yatar: İnsan (doğası itibariyle) ahlâki olarak ya iyi, ya da kötüdür. Ne var ki, bu ayrımın geçerli olup olmadığı; ve birilerinin, insanın doğası itibariyle ikisi de olmadığını, başkalarınınsa bazı açılardan iyi, bazı açılardan kötü, yani aynı anda her ikisi birden olduğunu iddia edip etmeyeceği soruları hemen akla gelir. Deneyim, iki uç arasındaki orta noktayı fiilen destekler gibidir.

Hâlbuki ister eylemler (*adiophora*) isterse insani kişilikler hakkında olsun, ahlâki bir araç olan herhangi bir şeyden bahsetmekten mümkün olduğunca kaçınmak, etik için genellikle büyük sonuçlar doğurur; zira böyle bir belirsizlikte tüm maksimler kesinliklerini ve durağanlıklarını kaybetme tehlikesiyle karşı karşıya kalır. Bu katı düşünme biçiminde belli bir taraf tutanlar genellikle "rigoristler" tutucular (azarlama anlamına gelmek üzere tasarlanmış, ancak aslında öven) olarak adlandırılır; karşıtlarına ise özgür düşünceliler ya da serbest fikirliler denir. Serbest fikirliler ise fark etmezciler diyebileceğimiz tarafsız serbest fikirliler, ya da bağdaştırmacılar diyebileceğimiz ittifakçı serbest fikirliler olmak üzere ikiye ayrılır.[12]

---

[12] İyi = a dersek, bunun çapsal karşıtı iyi-değil olacaktır. Bu ikincisi, ya bir iyilik temelinin yokluğunun, = 0, ya da iyinin karşıtının pozitif zemininin varlığının, = -a sonucudur. İkinci durumda iyi-değil, olumlu kötü olarak da adlandırılabilir. (Haz ve acı konusunda da benzer bir orta terim vardır: haz = a, acı = -a ise, ikisinin de bulunmadığı durum, yani kayıtsızlık = 0 olacaktır.) Şimdi, içimizdeki ahlâk yasası iradeyi harekete geçiren bir güç olmasaydı, ahlâki iyi (iradenin yasayla uzlaşısı) = a, iyi-değil ise = 0 olurdu; iyi-değil ise, sırf ahlâki bir motive edici gücün yokluğunun sonucu olarak, = a' 0 olurdu. Ne var ki bizde, yasa güdüleyici bir güç olduğundan, = a'dır; dolayısıyla iradenin bu yasayla uzlaşısının bulunmaması (sıfıra eşit olması) yalnızca iradenin gerçek ve çelişkili bir belirleniminin, yani, -a'ya eşit olan yasa ihlalinin, başka bir deyişle, kötü iradenin sonucu olabilir. O halde, bir eylemin ahlâksallığını yargılama ölçütü olan iyi ve kötü yaratılış (maksimlerin içsel ilkesi) arasında bir ara zemin yoktur.

Immanuel Kant

Rigorist tanımlamaya[13] göre, söz konusu sorunun cevabı, ahlâk için büyük önem taşıyan şu gözlemde yatar: İrade özgürlüğü, içinde bir güdünün bir eylem niyetini belirleyebilmesi için, birey tarafından maksimi içinde bulundurmasını (kendini yöneteceği kuralla uyumlu genel bir kural haline getirilmesini) gerektiren bütünüyle benzersiz bir tabiata sahiptir; her ne olursa olsun, bir güdü ancak bu şekilde iradenin (yani, özgürlüğün) mutlak kendiliğindenliğiyle bir arada var olabilir. Ancak aklın yargısı dâhilindeki ahlâk yasası,

---

Ahlâki olarak kayıtsız eylem (*adiaphoron morale*) sadece doğal yasalardan kaynaklanan eylemdir, dolayısıyla özgürlük yasası olan ahlâk yasasıyla herhangi bir ilişki içinde bulunmaz; zira böyle bir eylem kesinlikle ahlâki açıdan anlamlı bir olgu değildir ve bu bakımdan ne buyruk, ne yasaklama, ne de izin (yasal ayrıcalık) ortaya çıkar, ya da gereklidir.

[13] Profesör Schiller, ahlâktaki erdem ve vakar üzerine yazdığı ustalıklı tezde (Thalia, 1793, Bölüm III), zorunluluğu böyle, yanında manastıra özgün bir düşünce tarzı taşıyarak temsil etmeye karşı çıkarak. Ne var ki, en önemli ilkeler açısından aynı görüşte olduğumuz için, birbirimize kendimizi daha iyi açıkladığımız durumda, burada bir anlaşmazlık olduğunu kabul edemeyeceğim. Ödev idesinin vakarının asıl sebebine gelince, bunu erdemle bir araya getiremediğimi açıkça ifade etmeliyim. Çünkü ödev idesi, erdemle tamamen çelişkili duran mutlak bir zorunluluğu içerir. Ahlâk yasasının (Sina hakkındaki yasanıki gibi) görkemi (ne reddeden bir dehşet, ne de laubaliliğe davetiye çıkaran bir cazibe) korkuyla karışık saygı aşılar; ve bu durumda, hükümdar bizim içimizde bulunduğundan, bir kulun hükümdarına duyduğuna benzeyen bu saygı, bizi her güzellikten daha çok aşka getiren kendi yazgımızın yüceliğine dair bir his uyandırır. Erdem de, yani ödevimizi yerine getirmek için sağlam bir zemine oturan mizaç da, sonuçları içinde doğanın ve sanatın dünyada başarabileceği her şeyin ötesinde lütufkârdır; ve insanlığın heybetli resmi, bu karakterde gösterildiği gibi, gerçekten de erdemlerin katılımına ve hizmetine izin verir. Ama tek konu ödev olduğunda, saygılı bir mesafeyi korurlar. Dahası, bir yere girebildiği durumda, erdemin bütün dünyaya saçacağı mutlu sonuçları düşünürsek, ahlâki olarak yönlendirilen aklın (hayal gücünün araçlarıyla) duyusallıkları da kullanıma soktuğunu [görürüz]. Herkül ancak canavarları yendikten sonra –kıymetli kız kardeşler Müzlerin titreyerek çekildiği işleri yaptıktan sonra – Musagetes, yani Müzlerin lideri olabildi. Venüs Urania'nın hizmetçileri, ödevi belirleme işine karışır karışmaz ve eylemlerin kaynağını buradan hareketle sağlamaz Venüs Dione'nin nazarında ahlâksız oldular.
Şimdi birisi çıkıp da, Erdemin estetik karakteri ve tabiatı nedir, cesaretli ve dolayısıyla neşeli midir, yoksa korku dolu ve üzgün müdür diye sorarsa, cevap verme gerekliliği neredeyse yoktur. Bu son kölece düşünce yapısı, yasaya duyulan gizli bir kin olmadan ortaya çıkamaz. Ve ödevini yerine getirirken mutlu olan (sadece bununla ilgili bir farkındalık sayesinde kendinden olmayan) bir kalp, erdemli yaratılıştaki özgürlüğün – hatta tövbekâr bir günahkârın kendi kendine duyduğu azaptan değil (genellikle sadece sağgörünün kuralını ihlal ettiği için manevi bir pişmanlıktan ibaret olan çok belirsiz bir haletiruhiye) gelecekte daha iyi eylemlerde bulunmaya dair sağlam kararlılıktan doğan takvanın özgünlüğünün – bir işaretidir. O halde, iyi ilerlemeyle teşvik edilen bu karar, ister istemez neşeli bir haletiruhiyeye sebep olur; bu ruh hali olmadan da insan asla iyiye duyulan aşka kavuştuğundan, yani maksimini kendi bünyesine kattığından emin olamaz.

Saf Aklın Sınırları Dâhilinde Din

kendi içinde bir güdüdür ve onu ilke edinen kişi ahlâki olarak iyidir. Şimdi bu yasa, yasaya gönderme yapan bir eylemin vuku bulduğu bir durumda bir kişinin iradesini belirlemiyorsa, seçimini etkileyen karşıt bir güdü olmalıdır; ayrıca, hipotez gereği, bu durum sadece bir insanın (kötü bir insan olması durumunda) bu güdüyü ilke edinmesi (ve dolayısıyla ahlâk yasasından sapması) halinde ortaya çıkacağından, sonuçta ahlâk yasası bağlamındaki tasarrufu asla kayıtsız, asla ne iyi ne de kötü değildir.

İnsan bazı bakımlardan ahlâken iyi, aynı zamanda diğer açılardan ahlâken kötü olamaz. Bir bakıma iyi olması demek, ahlâk yasasını ilke olarak bünyesinde bulundurması demektir; o halde maksimi, ödeve itaat etmeyi gerektiren, özü itibariyle tek ve tümel ahlâk yasasına üzerine temellendiği için tümel olacağından, aynı anda başka bir konuda kötüyse, aynı zamanda sadece tikel olacaktır; ama bu bir çelişkidir.[14]

Burada, doğuştan gelen doğal bir yapı olarak iyi ya da kötü bir mizaca sahip olmak, bunun sahibi insan tarafından elde edilmediği, ya da failinin o olmadığı anlamına gelmez; daha ziyade, zamanında edinilmediğine (gençliğinden beri hep iyi ya da kötü olduğuna) işaret eder. Niyet, yani ilkelerin benimsenmesinin nihai öznel zemini, tek bir tane olabilir ve tümel olarak bütün özgürlük kullanımını ilgilendirir. Fa-

---

[14] Erdem üzerine söylenebilecek her şeyi tüketen antik ahlâk filozofları, yukarıda bahsedilen iki soruya temas etmekten geri kalmamışlardır. İlkini şu şekilde ifade ederler: Erdem öğrenilmeli midir? (İnsan, doğası itibariyle erdeme ve kötülüğe kayıtsız mıdır?) İkincisini şöyle ortaya koyarlar: Birden fazla erdem var mıdır? (Bu şekilde insan bazı açılardan erdemli, diğer konularda ahlâksız olabilir mi?) İki soruya da son derece katı bir kesinlikle olumsuz cevap verdiler ve haklıydılar da; zira erdemi, aklın idesi (insanın olması gereken) olarak düşünüyorlardı. Ancak bu ahlâki varlık, yani bize göründüğü haliyle, ya da deneyimin bize ifşa ettiği haliyle insan üzerinde ahlâki bir yargıda bulunmak istersek, iki soruya da olumlu cevap verebiliriz; çünkü bu durumda onu salt aklın standardına göre (ilahi bir mahkemede) değil, ampirik standarda göre (insan olan hakimin huzurunda) yargılamış oluruz. İlerleyen bölümlerde bu konu daha ayrıntılı işlenecektir.

kat bu niyet de, kendisine atıfta bulunabilmemiz için, özgür bir seçimle edinilmiş olmalıdır. Ne var ki öznel zemin ya da bu benimsemenin nedeni (hakkında araştırma yapmamız kaçınılmaz olsa da) daha fazla bilinemez; zira aksi takdirde bu niyeti bünyesinde bulundurması gereken başka bir maksim, kendi içinde bir zemini bulunması gereken bir maksim kanıt gösterilecektir. O halde söz konusu ya da daha ziyade nihai zeminini, zamanındaki herhangi özgün bir iradi eylemden türetemeyeceğimize göre, (aslında mizacın zemininin özgürlükte bulunmasına karşın) kendisine doğası itibariyle ait olan bir özgür irade biçimi olarak adlandırırız. Dahası, hakkında "Doğası itibariyle iyidir ya da kötüdür" dediğimiz insan, tek bir birey olarak değil (çünkü bu durumda bir insan doğası itibariyle iyi, diğeriyse kötü olur), bütün bir ırk olarak anlaşılacaktır; böyle söyleme hakkını bulmamız, ancak bir antropolojik araştırmanın hiç kimseyi dışarıda bırakmayacak şekilde, bu karakterlerden birinin insanda doğuştan olduğunu onaylamamız için herhangi bir bulgu vermediğini ve dolayısıyla bu atfedişin tüm ırk için geçerli olduğunu göstermesi durumunda kanıtlanabilir.

I. İnsan Doğasındaki Özgün İyilik Eğilimi (Yatkınlık-Prodisposition) Üzerine

Bu eğilimi işlev bakımından, insanın sabit karakteri ve yazgısı içindeki unsurlar olarak üç bölüme ayırmak yerinde olacaktır:

1-İnsanın yaşayan bir varlık olarak edindiği hayvanlık eğilimi;

2-İnsanın yaşayan, aynı zamanda rasyonel bir varlık olarak edindiği insanlık eğilimi;

Saf Aklın Sınırları Dâhilinde Din

3-İnsanın rasyonel, aynı zamanda mesul bir varlık olarak edindiği kişilik eğilimi.[15]

1. İnsanoğlunun hayvanlık eğilimi aklın hiçbir şekilde talep edilmediği fiziksel ve tamamen mekanik öz-sevgi genel başlığı altına konabilir. Üç katmanlıdır: İlk olarak, kendini koruma için; ikinci olarak, cinsel dürtü aracılığıyla türün üremesi ve bu şekilde atası olunan zürriyetin korunması için; üçüncü olarak ise diğer insanlarla topluluk oluşturmak, yani toplumsal dürtü için. Bu üç gövdeden her tür kötülük elde edilebilir (ancak söz konusu kötülükler bizzat kök olan bu eğilimden doğmazlar). Doğanın kabalığından ileri gelen kötülükler olarak anılabilir ve doğal amaçlardan en fazla saptıklarında, açgözlülük ve sarhoşluk, (diğer insanlarla iliş-

---

[15] Buna öncekilerin kavramında kapsanıyormuş gibi bakamayız, dolayısıyla özel bir eğilim olarak ele almamız gerekir. Çünkü bir varlığın akla sahip olduğu düşüncesi, kesinlikle, bu aklın, sırf evrensel yasalar olarak şart koşulacak maksimlerin uygunluğunu açıklayarak, başlı başına "kılgısal (pratik)" olmak amacıyla iradeyi koşulsuz belirleme yetisine kavuşturulduğu anlamına gelmez; en azından şimdiye kadar gördüklerimiz kadarıyla. Dünyadaki en rasyonel ölümlü varlık hâlâ, seçimini belirlemek için arzu nesnelerinden doğan belli güdülere ihtiyaç duyabilir. Gerçekten de, sadece içindeki güdülerin toplamını değil, bu şekilde belirlenen amaca ulaşmayı da ilgilendiren her şey üzerine en rasyonel tefekkürü yapabilir ve bunu, böyle bir şeyin, başlı başına bir güdü, hatta en yüksek güdü olduğunu iddia eden mutlak zorunlu ahlâk yasası olduğundan şüphe bile duymadan yapar. Bize içimizde verilmiş olmasa, asla herhangi bir muhakemeyle onu bir varoluşa seyreltmememiz ya da irademizle uzlaştırmamamız gerekirdi; yine de bu yasa, bize irademizin tüm diğer güdüler (özgürlüğümüz) tarafından belirleniminden bağımsızlığını ve aynı zamanda, tüm eylemlerimizin sorumluluğunu bildiren tek yasadır.
1 Bir yönelim (Bağlı olma) gerçekten de sadece bir zevki arzulama eğilimidir ve bu haz bir kez tecrübe edilince, öznenin içinde bir eğilim olarak ortaya çıkar. Dolayısıyla tüm vahşi ulusların sarhoş edicilere yönelimi vardır; zira içlerinden birçoğu sarhoşluktan habersiz olsa ve sonuçta herhangi bir sarhoş edici madde için arzu duymasa da, onlara bir örneğini sunmanız durumunda içlerinde neredeyse söndürülemez bir ihtiras ortaya çıkar.
Arzu nesnesine aşinalığı varsayan meyil ile yönelim arasında halen kişinin hakkında bir kavrayışa sahip olmadığı (hayvanlardaki yapıcı dürtüler, ya da cinsel dürtü gibi) bir şeyi yapma isteğini hissetme ya da bunun tadını çıkarma gibi bir içgüdü vardır. Eğilimin ötesinde, arzu melekesinde, tutkuda (duygulanım değildir bu, çünkü duygulanım haz ve acı hisleriyle ilgilidir) daha öte, insanın kendi üzerindeki egemenliğini dışarıda bırakan bir eğilim, yani bir nihai evre vardır.

kide) şehvet düşkünlüğü ve vahşi kanunsuzluk gibi hayvanca kötülükler olarak adlandırılabilirler.

2. İnsanlık eğilimi fiziksel olan, yine de (bir aklın gereksinildiği) karşılaştırma yapan genel bir öz-sevgi başlığı altına konabilir; yani, kendimize mutlu ya da mutsuz dememizin tek sebebi başkalarıyla karşılaştırma yapmamızdır. Bu özsevgiden, başkalarının düşüncesine göre değer kazanma eğilimi ortaya çıkar. Bu, özünde sadece bir eşitlik arzusudur, kendinden üstün birine izin vermemek, diğerlerinin de bu üstünlüğe varmaması için sürekli dikkat içinde olmaktır; ancak sonunda üstünlüğü yavaş yavaş diğerlerinin ötesine geçerek kendi eline almak adına haklı çıkarılamaz bir açgözlülük ortaya çıkar. Bu ikili kıskançlık ve rekabetçilik eğilimi üzerinden, bize ait değil diye gördüğümüz herkese karşı gizli veyahut açık bir düşmanlıktan gelen çok büyük kötülükler ortaya konabilir – ne var ki bu kötülükler, bir kökten çıkar gibi kendi doğalarından kaynaklanmaz; bilakis, bize karşı kin dolu bir üstünlük kazanmak için canla başla çabalayanlar tarafından içimizde oluşturan eğilimlerdir; buradaki amaç ise, diğerlerinin üzerinde bir konum sahibi olmak uğruna, kendimiz için bir önlem ölçütü edinebilmektir. Zira aslında doğa, salt kültürel bir kışkırtma olarak böyle (kendi içinde karşılıklı sevgiyi dışarıda bırakmayan) bir rekabet fikrini kullanmak isterdi. Dolayısıyla bu eğilimden kaynaklanan kötülükler, kültürün kötülükleri olarak tanımlanabilir; örneğin, kıskançlık, nankörlük, kincilik vs. gibi en yüksek kötülük düzeyinde (yani insana dair olanın ötesine geçen azami bir kötülük idesi haline geldiklerinde), bunlara şeytani kötülükler denebilir.

Saf Aklın Sınırları Dâhilinde Din

3. Kişilik eğilimi, ahlâk yasasına kendi içinde yeterli bir irade güdüsü olarak saygı duyma yetisidir.[1] O halde, ahlâk yasasına duyulacak basit saygı adına içimizde bulunan bu yeti, ahlâki bir his olur ve hem kendi içinde, hem de kendisi aracılığıyla, iradeyi hareket ettirici bir güç olmanın ötesinde, doğal eğilim için bir gaye yaratmaz. Bu da ancak özgür iradenin böyle bir ahlâki hissi kendi maksimi içinde bulundurmasıyla mümkün olacağından, böyle bir iradeye sahip olmak iyi bir karaktere işaret eder. Özgür iradenin tüm karakterleri gibi, bu iyi karakter de sadece elde edilebilen bir şeydir; ne var ki olanağı, doğamızda bulunan ve içinden hiçbir kötülüğün çıkarılamayacağı bir eğilimin var olmasını gerektirir. Ahlâk yasası idesini, kendisinden ayrılmayan şeyi de göz önünde bulundurarak, bir kişilik eğilimi olarak adlandırmamız doğru olmayacaktır; o bizzat kişiliktir (son derece anlaksal biçimde düşünülmüş insanlık idesidir). Ancak bu bağlamda, maksimlerimizi harekete geçirici bir güç olarak benimsemek için gerekli öznel zemin, kişiliğimize yardımcı görünür; böylelikle de ilerlemesini sağlama bakımından, eğilim adını hak eder.

Söz konusu üç eğilimi, olanaklılık koşulları bağlamında göz önüne alırsak, ilkinin akıl gerektirmediğini, ikincisinin pratik, ama tam da bu nedenle diğer güdülere hizmet eden bir akıl üzerine temellendiğini ve yalnızca üçüncüsünün, başlı başına pratik olan akla, yani koşulsuz olarak yasalar dayatan akla dayandığını görürüz. Tüm bu eğilimler olumsuz biçimde (yani ahlâk yasasıyla çelişmedikleri düzeyde) sadece iyi değildir; aynı zamanda iyiye doğru giden eğilimlerdir (yasanın gözlenmesini engellerler). Özgündürler, çünkü insan doğasının olanaklarına bağlıdırlar. İnsan gerçekten de ilk ikisini kendi amaçlarına karşıt olarak kullanabilir, ama ikisini de söküp atamaz. Bir varlığın eğilimleri dendiğinde, sadece onun için zorunlu olan oluşturucu unsurları değil, varlığı varlık yapan bu unsurların birleşimlerinin formlarını da anlarız. Böyle bir varlığın olanağı için zorunlu olarak gerekiyorlarsa özgündürler; varlığın onlarsız da var olması mümkünse olumsaldırlar. Sonuç olarak, şunu belirtelim ki, bizim bahsettiklerimiz, sadece arzu melekesine ve iradenin işleyişine doğrudan göndermede bulunan eğilimlerdir.

II. İnsan Doğasındaki Kötülük Yönelimi (Propensity) Üzerine

Yönelimden (*propensio*) anladığım, bir eğilimin/yatkınlığın (alışıldık bir ihtiras, *concupiscentia*) olasılığının, insanoğlunun genel olarak sorumlu olduğu yükümlü olduğu ölçüdeki öznel zeminidir. Yönelimi* (propensith), eğilimden (yatkınlıktan) ayıran olgu, gerçekten de doğuştan olabilmesine rağmen, bu şekilde temsil edilmemesinin gerekmesidir; zira aynı zamanda (iyiyse) sonradan edinilmiş, ya da (kötüyse) insan tarafından kendisine getirilmiş gibi görülebilir. Ancak burada, sadece hakiki yatkınlıktan, yani ahlâkî kötüden bahsediyoruz. Çünkü böyle bir kötü ancak özgür iradenin bir belirlemesi olabileceğinden ve irade ancak maksimleri aracılığıyla iyi ya da kötü olarak değerlendirilebileceğinden, bu kötülük yöneliminin, maksimlerin ahlâk yasasından sapma olasılığının öznel zeminine dayanması gerekir. O halde, bu yönelimin tümel olarak insanoğluna ait olduğu (ve dolayısıyla ırkın karakterinin bir parçası olduğu) düşünülebiliyorsa, insanın içinde bulunan doğal bir kötülük yönelimi olarak adlan-

---

* Buradaki temayül "heves", özenti, düşkünlük olarak da anlaşılabilir. (Neiguns)

Saf Aklın Sınırları Dâhilinde Din

dırılabilir. Ek olarak, iradenin bu doğal yönelimden kaynaklanan, ahlâk yasasını maksim olarak benimsemeye ya da benimsememeye dair yeterliliğinin ya da yetersizliğinin, iyi ya da kötü kalplilik olarak adlandırılabileceğini söyleyebiliriz.

Bu kötülük yetisi kendi içinde üç ayrı düzeye ayrılabilir: İlk olarak, insan kalbinin, benimsenen maksimlerin ifası konusundaki genel zayıflığı, yani, insan doğasının kırılganlığı vardır; ikinci olarak, ahlâkdışı ve ahlâki güdüleyici sebepleri (iyi niyetle ve iyilik maksimleri temelinde yapılsa bile) birbirine karıştırma yönelimi, yani, katışıklık; üçüncü olarak ise, kötülük maksimlerini benimseme yönelimi, yani insan doğasının ya da insan kalbinin kötülüğü/günahkârlığı.

Birincisi: İnsan doğasının zayıflığı (*fragilitas*) bir Havari tarafından bile şikâyet olarak "Yapacak olduğumu yapmıyorum!" şeklinde ifade edilir; yani irademin maksimi için bu iyiyi (yasayı) benimsiyorum, ama ideal kavranışında (*in thesi*) tarafsız ve karşı konulmaz bir güdü olan bu iyi, maksime uyulacağı zaman öznel (*in hypothesi*) olarak (eğilime göre) daha zayıftır.

İkincisi: İnsan kalbinin katışıklığı (*impuritas, improbitas*), maksimin, amacına (yasanın amaçlanan ifasına) bakılınca gerçekten iyi, hatta uygulama için yeterince güçlü olmasına rağmen, saf ahlâki olmamasına dayanır; demek ki, olması gerektiği gibi, her şeye yeten güdü olarak sırf yasayı benimsememiştir: bilakis, ödevin gereklerini yerine getirecek iradeyi belirlemek için genellikle (belki de her zaman) bunun ötesindeki başka güdülere ihtiyaç duyar; başka bir deyişle, ödevin gerektirdiği eylemler sırf ödevin kendisi için yerine getirilmez.

Üçüncüsü: İnsan kalbinin kötülüğü (*vitiositas, pravitas*), ya da başka bir ifadeyle yozlaşması (*corruptio*) iradenin, ahlâki olmayan güdülerin çıkarı için ahlâk yasasından doğan güdüleri yok sayan maksimlere yönelimidir. Buna aynı zamanda insan kalbinin sapkınlığı (*perversitas*) denebilir, çünkü özgür bir iradenin güdüleri içindeki [önceliğe dair] etik düzenle ters düşer ve içinde yasaya göre iyi (yani, meşru) bir davranış bulunsa bile, düşünce tarzı söz konusu sebepten ötürü (ahlâki mizaç bağlamında) kökten yozlaşmıştır; dolayısıyla insan kötü olarak adlandırılır.

Burada geçen kötülük yöneliminin (davranış bakımından) genel olarak insana, hatta en iyi insanlara bile atfedildiği belirtilecektir; insanoğlundaki kötülük yöneliminin evrensel olduğu, ya da, aynı kapıya çıkacak şekilde, insan doğasının içine işlediği kanıtlanacaksa, durum bu olmalıdır.

Ne var ki davranışın ahlâk yasasına uygunluğu söz konusu olduğunda, iyi ahlâklı (*bene moratus*) bir insanla, ahlâken iyi bir insan (*moraliter bonus*) arasında fark yoktur – en azından, birinin her zaman ya da hiçbir zaman yasaya tek ve en yüce güdüsü olarak sahipken, diğerinin buna her zaman sahip olması durumu hariç, aralarında bir fark olmaması gerekir. Birincisi için şöyle denebilir: Yasaya harfi harfine itaat eder (yani, davranışı yasanın emrine uyar); ancak ikincisi için şöyle denebilir: Yasaya, ruhuna uygun olarak itaat eder (ahlâk yasasının ruhu, yasanın kendi içinde bir güdü olarak yeterli olmasına dayanır). (Bu inanca ait olmayan her şey, düşünce tarzı bakımından bir günahtır). Çünkü yasaya uygun davranma iradesini belirlemek için, bizzat yasanın haricindeki diğer güdüler (örneğin hırs, genel olarak özsevgi, kabul, sempati gibi nazik bir içgüdü bile) de gerekli

Saf Aklın Sınırları Dâhilinde Din

olduğu zaman, bu sebeplerin yasayla çakışması tamamen tesadüfîdir, zira yasaya karşı çıkışı aynı derecede kışkırtırlar. O halde, iyiliği bakımından bireyin tüm ahlâki değerinin hesaplanması gereken maksim, yasaya karşıdır; insan ise tüm iyi eylemlerine rağmen yine de kötüdür.

Yönelim kavramını tanımlamak adına aşağıdaki açıklamaya da ihtiyaç vardır. Her yönelim ya fiziksel, yani doğal bir varlık olarak insanın iradesine ait, ya da ahlâkidir, yani ahlâki bir varlık olarak insanın iradesine aittir. İlk anlamda ahlâki kötülüğe yönelim yoktur, çünkü böyle bir yönelimin özgürlükten doğması gerekir. Herhangi bir – ister iyilik, ister kötülük için olsun – özgürlük kullanımına (duyusal dürtülerde temellenen) dair fiziksel yönelim ise çelişki demektir. Dolayısıyla da kötülük yönelimi sadece iradenin ahlâki yeterliliğinin özünde bulunabilir. Fakat kendi eylemlerimiz haricindeki hiçbir şey ahlâken kötü (yani, kötülüğün atfedilme yetisine sahip) değildir. Öte yandan, yönelim kavramı denince, tüm eylemlerden önce gelen ve dolayısıyla kendisi eylem olmayan, iradeye dair öznel bir belirleyici zemini anlıyoruz. Bu nedenle, "eylem" sözcüğünü her ikisi de özgürlük kavramıyla uzlaştırılabilecek iki anlamda almak mümkün olmasaydı, basit bir kötülük yönelimi kavramında bir çelişki bulunacaktı. "Eylem" ifadesi genel olarak, iradenin (yasayla uyumlu ya da yasaya karşıt) en yüce maksim aracılığıyla benimsediği özgürlük uygulaması anlamına da gelebilir; eylemlerin (maddi olarak, yani istem nesneleri bakımından düşünülünce) bizzat, söz konusu maksimle uyumlu olarak yerine getirildiği bir özgürlük uygulaması olarak da anlaşılabilir. O halde kötülük yönelimi birinci anlamda (*peccatum originarium*) bir eylemdir; ama aynı zamanda ikinci anlamda tüm yasadışı davranışların formel zeminidir. İkinci anlamda alınınca, maddi olarak düşünüldüğünde yasayı ihlal eder ve kötü (*peccatum derivatum*) olarak adlandırılır; (bizzat yasanın içinde bulunmayan güdülerden çıkan) ikinci ihlalden sürekli olarak sakınılabilse bile, ilk ihlal değişmeden kalır. İlki anlaksal harekettir, tüm zamansal koşullardan ayrı olarak salt aklın araçlarıyla kavranabilir; ikincisiyse duyusal harekettir, ampiriktir ve zaman dâhilinde verilir (*factum phänomenon*). İlki, özellikle de ikinciyle kıyaslandığında, basit bir yönelim ve doğuştan olarak adlandırılır. Çünkü [ilk olarak] kökten sökülüp atılamaz (zira böyle bir kökten söküp atma için en yüce maksimin iyiliğe ait olması gerekir – hâlbuki bu yönelimdeki en yüce maksim hâlihazırda kötü olarak varsayılmıştır), ancak asıl sebebi, içimizde bulunan ve tam da bu en yüce maksimin kötülüğünden kaynaklanan yozlaşmaya, kendi eylemimiz olmasına rağmen, doğamıza ait herhangi bir temel özelliğe atfettiğimiz haricinde bir neden atfedemeyecek olmamızdır. Şimdi, yukarıda söylenenlerden yola çıkarak, bu bölümde ilk önce ahlâki kötülüğün üç kaynağını neden duyusallığın temas ettiği (algılama gücüsü olarak görülen) alanlarda değil de, özgürlük yasalarına göre, benimsemenin nihai zeminiyle ya da maksimlerimizin usulüyle ilgilenen alanlarda aradığımız anlaşılabilir.

III. İnsan, Doğası İtibariyle Kötüdür

Vitiis nemo sine nascitur. – Horatius

Yukarıda söylenenler göz önünde bulundurulunca, İnsan kötüdür önermesi, ancak insanın ahlâk yasasının bilincinde olduğu, bununla beraber yasadan belli (zaman zaman) sapmaları benimsediği anlamına gelebilir. Doğası itibariyle kö-

Saf Aklın Sınırları Dâhilinde Din

tüdür, ama bu, kötülüğün tür olarak insana istinat edilebileceği anlamına gelir; yani böyle bir niteliğin, türünün (yani, genel olarak insanın) kavramından çıkarılabilir demek değildir— çünkü o zaman zorunlu olur. Fakat bunun yerine, söz konusu nitelik, insanı hakkında deneyim aracılığıyla bildiklerimizden başka şekilde yargılayamayacak olmamızdan, ya da kötülüğün öznel olarak her insan için, hatta en iyiler için bile zorunlu olduğu varsayımından elde edilebilir. Yani söz konusu yönelimin başlı başına ahlâken kötü, ancak yine de doğal bir eğilim değil, insana atfedilebilen bir şey olarak düşünülmesi gerekir; sonuç olarak ise yasaya aykırı olan iradi maksimlere dayanması gerekir. Üstelik özgürlük uğruna bu maksimlerin başlı başına olumsal, bir nevi koşul olduğu düşünülmelidir. Öte yandan bu koşul, tüm maksimlerin nihai öznel zemininin bir şekilde iç içe geçtiği ve bir bakıma bizzat insanlığın içine kök salmış söz konusu kötülüğün evrenselliğiyle örtüşmeyecektir. Bunu doğal bir kötülük yönelimi olarak adlandırabildiğimiz için, ayrıca, sonuç itibariyle daima bundan insanın kendisini sorumlu tutmamız gerektiğinden, daha da ileri giderek insan doğasındaki kökten ve doğuştan (yine de kendimize kendimizin getirdiği) bir kötülük olduğunu söyleyebiliriz.

Böylesine yozlaşmış bir yönelimin gerçekten de insanın içine kök salması gerektiği düşüncesinin, insanların eylemlerinin deneyimi tarafından önümüze konan çarpıcı örneklerin çokluğu göz önüne alındığında, formel olarak kanıtlanması gerekmez. Örneklerimizi çeşitli filozofların rakipsiz biçimde insanın doğal iyiliğini keşfetme umudunda oldukları durumdan, ya da sözümona doğa devletinden derleyeceksek, tek ihtiyacımız olan şey, bu hipotezi Yeni Zelanda'nın Tofoa şehrindeki ve Navigator Adalarındaki tahriksiz, zulüm dolu cinayet dramalarının sahneleriyle, ayrıca Kuzeybatı Amerika'nın geniş çorak düzlüklerindeki (Kaptan Hearne'nin anlattığı) bitmek bilmez zulümle, aslında hiçbir ruhun en küçük bir yarar sağlamadığı bir zulümle karşılaştırmamız gerekir.[16] Ayrıca bizi böyle bir düşünceden kurtarmak için gerekenden çok daha fazla barbarlık ayıbına sahibiz. Buna karşın, insan doğasının (eğilimlerinin daha bütünlüklü bir biçimde gelişebileceği) uygar bir devlette daha iyi bilinebileceği görüşüne meyil göstersek, insanlığa karşı uzun, kasvetli bir ithamlar ayinine kulak vermemiz gerekir. Söz konusu ithamlar şöyle sıralanabilir: En yakın arkadaşlıkta bile gizli yalanlar, öyle ki en iyi arkadaşların bile karşılıklı güvenine duyulan inanca bir sınırlama, ilişkideki basiretin evrensel bir maksimi addedilir. Birinin borçlu olduğu kişiye duyduğu öfke ki, parayı veren buna daima hazırlıklı olmalıdır; her şeye rağmen "en iyi arkadaşlarımızın talihsizliklerinde, o kadar da canımızı sıkmayan bir şey vardır" ifadesine imkân veren candan bir iyi dilek; ayrıca herkes için geçerli bir durumda kötü olan insana iyi demekten hoşnut olduğumuzdan, erdem kisvesi altında gizlenmiş birçok başka günah ve kötülük, üstelik bunları gizlemeyenlerin günahlarına dair bir şey söylememek. Bunlarla birlikte başka kötülüklere kapılmamak uğruna gözlerimizi insanların davranışlarından baş-

---

[16] Dolayısıyla Arathapescaw Yerlileriyle Dog Rib Yerlileri arasında sürekli olarak alevlenen savaş, taarruzdan başka bir amaç içermez. Vahşilerin düşüncesine göre, savaştaki cesaret en yüce erdemdir. Uygar bir devlette bile bu cesaret bir hayranlık nesnesidir ve cesaretin tek değer olduğu bu meslekte özel bir ilgi görmenin temelidir; ayrıca bu durum rasyonel bir sebepten yoksun değildir. Çünkü bu kişinin bir şeye (örneğin onura) sahip olması ve onu yaşamın kendisinden daha değerli bir amaç haline getirmesi, ayrıca onun yüzünden her türlü bireysel çıkardan feragat etmesi gerekir, bu da onun doğal yaratılışındaki kesin bir asalete delalet eder. Yine de zafer kazananların, tek kendi üstünlükleri olan ve başka herhangi bir erek olmadan gerçekten tatmin duydukları bu intikamcı yok edişe dair, görkemli edimleriyle (katliamlarıyla, amansız kırımlarıyla ve benzerleriyle) böbürlendiği konuda rahatsızlık duyarız.

ka yöne çeviren, kültüre ve uygarlığa ait (ve içlerindeki en saldırgan olan) yeterince kötülük, yani insanlardan kaçış vardır. Ama hâlâ yetinmiyorsak, uygar ulusların barbarca doğa devletini (savaşa sürekli hazır olan devleti), üstelik de asla ayrılmayı kafalarına koymadıkları bu devleti elde etme bağlamında birbirlerine karşı durduğu uluslararası durumun üzerinde tuhaf biçimde şekillenmiş, dolayısıyla da her ikisinin birleşimi olan bir devlet düşünmemiz gerekir. İşte o zaman devlet denen büyük toplumların temel ilkelerinin – kamusal beyanlarıyla doğrudan çelişen, ama asla bir kenara bırakılamayan ve henüz hiçbir filozofun ahlâkla uzlaştıramadığı o ilkelerin – farkına varırız. Ayrıca (söylemesi üzücü olsa da) hiçbir filozof, aynı zamanda insan doğasıyla uyum içinde olabilecek daha iyi ilkeler önerememiştir. Sonuç olarak, halkların ittifakı üzerine kurulu ebedi bir barış devleti, yani bir dünya-cumhuriyeti umudu taşıyan felsefi milenyum, tıpkı tüm insan ırkının ahlâki gelişmesinin tamamlanmasını bekleyen teolojik milenyum gibi, kaba bir fantezi olarak evrensel biçimde alaya alınmıştır.

Şimdi bu kötülüğün zemini (1) çoğunlukla yapıldığı gibi, insanın duyumsal doğasına ve bu doğadan kaynaklanan doğal eğilimlere oturtulamaz. Çünkü bunların kötülükle doğrudan ilişkili olmamasının (daha ziyade ahlâki mizacın kendi gücüyle ortaya koyabildiği fırsattan, yani erdemden yararlanmalarının) yanı sıra; var olmalarının sorumlusu olarak da biz gösterilmemeliyiz (gösterilemeyiz, zira içimize nakşedilmiş olduklarından, failleri biz değiliz). Ne var ki, öznenin ahlâkına etki ettiği için, özne içinde özgürce eyleyen bir varlık olarak bulunacak olan ve kişiyi suçlu görmemize – bu yönelimin irade içinde, bizleri insanda doğası itibariyle bulunduğunu söylemeye zorlayacak kadar derin kök salmış olması gerçeğine rağmen – olanak vermesi gereken kötülük yöneliminden sorumlu tutulabiliriz. Bu kötülüğün zemini (2) – akıl zaten kendisinin olan yasanın yetkisini yok edebilirmiş, ya da buradan kaynaklanan zorunluluğu inkâr edebilirmiş gibi, ki bunlar imkânsızdır – ahlâken meşru bir aklın yozlaşması içinde de temellendirilemez. Birinin hem kendini özgür eyleyen bir varlık olarak, hem de böyle bir varlığa mahsus yasadan (ahlâk yasasından) muaf düşünmesi, böyle bir yasa olmadan (çünkü doğa yasalarına göre, belirlenim, özgürlük olgusu tarafından dışarıda bırakılır) işleyen bir neden tasavvur etmekle eşdeğer olacaktır; bu da kendi içinde bir çelişkidir. O halde, insanın içindeki ahlâki kötülüğün zeminini ararken, duyusal doğanın çok az yer tuttuğunu görürüz; zira özgürlükten doğabilecek güdüler alındığı zaman, insan salt hayvani bir varlığa indirgenmiş olur. Öte yandan, ahlâk yasasından muaf bir akıl, bir bakıma habis bir akıl (tamamıyla kötücül bir irade) çok daha fazlasını teşkil eder; zira bu durumda yasaya karşı gelmek (hiçbir güdü yoksa irade de belirlenemeyeceğinden) kendi başına bir güdü olarak kurulacaktır; dolayısıyla özne de şeytani bir varlık haline getirilecektir. Bu sıfatların ikisi de insana uygulanabilir değildir.[17]

---

[17] Sadece insanoğlunun çoğunlukla bizden gizlenen içsel eğilimlerinin fenomenleri olmaları bakımından bunların tarihini araştırırsak, doğanın, uluslara ait olmaktan ziyade kendisine dair olan bir amaca doğru belli bir makinevari hareketinin farkına varınız. Her bir devlet, fethetmeye umma cesaretini gösterebildiği bir komşu devlet bulunduğu sürece, kendini böyle bir fetihle genişletme ve böylelikle bir dünya-monarşisi, içinde (sonuç itibariyle) her türlü özgürlüğün, erdemi, tadı ve eğitimiyle birlikte yitip gitmek zorunda olduğu bir yönetim biçimi kurma isteğiyle yanıp tutuşur. Yine de (içinde yasaların gitgide güçlerini yitirdiği) bu canavar, tüm komşularını yuttuktan sonra, nihayet kendi kendine çözülür ve isyanlar, ihtilaflar yüzünden daha küçük devletlere bölünür. Bu küçük devletler, bir uluslar kümesi (özgür federe uluslardan oluşan bir cumhuriyet) oluşturmak için çabalamak yerine, her şeye baştan başlar, her biri kendi için eylemde bulunur ve bu yüzden savaşın (insanoğlunun başındaki o belanın) durması sağlanamaz. Savaşın gerçekten de evrensel bir otokrasi denen o mezar (veyahut her bir devletteki despotizmin zayıflamasını hızlandırma için var olan bir konfederasyon olarak bile) kadar, çaresi bulunmaz şey olmamasına rağmen, eskilerden birinin söylediği gibi, savaş yok ettiğinden daha fazla kötü insan yaratır.

Saf Aklın Sınırları Dâhilinde Din

Fakat insan doğasındaki bu kötülük yöneliminin mevcudiyeti, insan iradesinin zaman içinde yasaya gerçekten karşı koyduğuna dair ampirik kanıtlarla ortaya çıkarılsa bile, böyle kanıtlar bize ne o yönelimin, ne de bu karşı koyma zemininin özsel karakterini gösterir. Çünkü bu karakter daha ziyade özgür (ve dolayısıyla kavramı ampirik olmayan) iradenin, (benzer şekilde, kavramı salt entelektüel olan) bir güdü olarak ahlâk yasasıyla ilişkisiyle ilgili olduğu için, kötülük kavramı aracılığıyla kötülüğün özgürlük (zorunluluk ve sorumluluk) yasaları altında mümkün olduğunca ve apriori olarak kavranmalıdır. Bu kavram aşağıdaki manada geliştirilebilir.

İnsan (en kötüsü bile) herhangi bir maksim altında, ahlâk yasasını bir isyan anlamında (itaate karşı çıkarak) reddetmez. Bilakis yasa, insanın ahlâki yaratılışı aracılığıyla kendisini karşı konulmaz biçimde ona dayatır ve karşı koyan herhangi bir güdü yoksa, kişi yasayı iradesinin yeterli belirleyici zemini olarak en yüce maksiminin içinde benimseyecek; yani, ahlâken iyi olacaktır. Ancak aynı derecede masum bir doğal eğilim aracılığıyla, duyusal doğasının güdülerine bağlı hale de gelir ve onları da maksimi içinde (öznel öz-sevgi ilkesi uyarınca) benimser. İkincisini, (sonuçta kendi içinde bulunan) ahlâk yasasını düşünmekle uğraşmadan iradenin belirlenimine tamamen yeterli gelecek şekilde maksim olarak belirlerse, ahlâken kötü olacaktır. Şimdi, doğal olarak her ikisini de maksimine dâhil ettiğinden; ayrıca, kendi içlerinde iradeyi belirlemeye yeterli olmaları durumunda, ikisini de bulacağından, maksimler arasındaki farkın sadece iki güdü (maksimlerin içeriği) arasındaki fark anlamına gelmesi halinde, yani konunun sadece güdünün destekleyeceğinin yasa mı yoksa duyusal dürtü mü olduğu sorusuna gelmesi halinde, insan aynı anda hem iyi hem kötü olurdu: Hâlbuki bu (Giriş bölümünde de gördüğümüz gibi) bir çelişkidir. Sonuç olarak iyi bir insanla kötü bir insan arasındaki ayrım, (maksimlerinin içeriğinin değil de) maksimlerinin bünyesine kattıkları güdülerin arasındaki farkla belirleniyor olamaz; tam aksine, bu ayrımın itaate (yani maksimin biçimine), yani iki güdüden hangisini diğerinin koşulu haline getirdiğine bağlı olması gerekir. Netice itibariyle, insan (en iyi insan bile) ancak maksimi olarak benimsediği güdülerin ahlâki düzenine ters hareket ettiği zaman kötüdür. Aslında, ahlâk yasasını öz-sevgi yasasıyla birlikte benimser; yine de bu ikilinin eşit düzeyde kalamayacaklarını ve içlerinden birinin, diğerini üstün koşul olarak görüp ona boyun eğmek zorunda kaldığını fark ettiğinde, öz-sevgi güdüsünü ve bu güdünün eğilimlerini, ahlâk yasasına itaatin koşulu haline getirir; oysa tam aksine, öz-sevgi güdüsünün tatmini için en üst koşul olarak ahlâk yasasının, tek güdü olarak iradenin tümel maksimi içine katılmış olması gerekir.

Yine de, maksimi içinde bulunan ve aracılığıyla ortaya çıkan güdülerin etik düzenine karşı çıksa bile, bir insanın eylemleri, doğru temel ilkelerden doğmuşçasına, yasayla uyum halinde olduklarının kanıtlanmasını sağlayabilirler. Bu durum, akıl genel olarak maksimlerin birliğini, ahlâk yasasının doğasında var olan bir birliği, mutluluk adı altındaki, başka türlü sahip olamayacakları bir maksim birliğini, eğilimin güdülerine bahşetmek için kullandığında ortaya çıkar. (Örneğin, temel bir ilkel olarak benimsendiğinde, doğruluk bizi yalanlarımızı birbirine uydurma kaygısından ve onların sürüngen kıvrımlarıyla sarılmaktan kurtarır.) Bu durumda ampirik karakter iyidir, ama anlaksal karakter hâlâ kötüdür.

Saf Aklın Sınırları Dâhilinde Din

Şimdi, insan doğasında böyle bir yönelim var ise, insanın içinde kötüye karşı doğal bir yönelim var demektir; ayrıca, bu yönelimin eninde sonunda özgür olan ve dolayısıyla suçlanabilecek bir iradenin içinde aranması gerektiğinden, ahlâki olarak kötüdür. Bu kötülük köktendir, çünkü tüm maksimlerin zeminini yozlaştırır; üstelik doğal bir yönelim olduğundan, insani güçler tarafından kesilip atılamaz, zira bu kökünü kurutma işi ancak iyi maksimler aracılığıyla gerçekleşebilir ve tüm maksimlerin nihai öznel zemini yozlaşmış varsayıldığında söz konusu olamaz; yine de aynı zamanda onun üstesinden gelmek mümkün olmalıdır, çünkü eylemlerinde özgür bir varlık olan insanın içinde bulunur.

O halde, insan doğasının ahlâksızlığına, kötülüğü güdülerimiz gibi maksimimiz içinde kötü olarak benimseme adına, sözcüğü en sert anlamında alıp ona kötülüğü benimsemeye dair bir niyet (maksimlerin öznel ilkesi) diyecek değiliz (bu şeytani olurdu); bunun yerine onu yüreğin kötülüğü olarak tanımlamalıyız. Sonuç olarak da, takip eden şey nedeniyle, söz konusu kötülüğe kötü kalp denecektir. Böyle bir kalp, genel olarak iyi bir iradeyle birlikte var olabilir: insan doğasının zayıflığından ve kendi için seçtiği ilkelere riayet etmek için yeterli gücü bulamamasından doğar, katışıklığıyla birleşince, ahlâkî kıstas alarak güdüleri (iyi niyetli eylemlerin güdülerini bile) birbirinden ayırma yetisini kaybeder; sonuçta, en uç noktaya varılmışsa, sadece bu eylemlerin yasayla ne kadar bağdaştığını gözetir ve tek güdüleyici kaynak olarak yasadan derlenmiş olmalarıyla ilgilenmez. Bu durumda, arkasından her zaman yasadışı bir eylem ya da buna dair bir yönelim, yani bir kötülük yönelimi gelmese de, ödev yasasına riayet bakımından (erdem bakımından) böyle bir kötülüğün var olmadığını belirleyen düşünme biçimi -bu durumda maksimdeki

53

motive edici güçlere değil de, sadece yasanın hükmünün ifasına dikkat gösterildiği için- bizzat insan kalbindeki kökten kötülük olarak adlandırılmayı hak eder.

Doğuştan gelen ve insanın içinde ilk uygulanabilir özgürlük dışavurumlarından bu yana bulunduğu söylenebilecek; bununla beraber özgürlükten doğmuş olması ve dolayısıyla itham edilebilmesi gerektiği için suç (*reatus*) diye adlandırılan bu suç, kasıtsız bir kabahat (*culpa*) olması bakımından onun ilk iki aşaması (zayıflık ve katışıklık) dâhilinde yargılanabilir; ancak üçüncüdeki yargılanma sebebi kasti bir suç (*dolus*) olması ve karakterinde insan kalbinin belli bir sinsiliğini (*dolus malus*) göstermiş olmasıdır. Bu sinsilik kendi iyi ve kötü yaratılışı bakımından kendini kandırır ve davranışının kötü sonuçlar doğurmaması durumunda -ki böyle maksimlerle doğurması muhtemeldir- niyetinden ziyade yasanın gözünde haklı çıkarılmaya kafa yorar. (Kendi gözünde vicdanlı olan) Bunca insanın, yasayı hesaba katmadan ya da en azından yasayı en yüce etken olarak görmeden bulundukları bir davranış sırasında, sırf iyi talihleri sayesinde kötücül sonuçları aradan çıkardıkları zaman duydukları vicdani huzur da buradan ileri gelir. Hatta başkalarına yük olduğunu gördükleri suçlardan muaf olduklarını hissederek, kendilerini övgüye değermiş gibi bile gösterebilirler; ne payeyi görmesi gerekenin talih olup olmadığını, ne de bunu olsa olsa en içteki doğaları içinde keşfedebilecekleri bir düşünce yapısı yoluyla keşfedip keşfedemeyeceklerini sorgularlar. Ne aksi takdirde benzer kötülükleri yapmış olup olmayacaklarını; ne de beceriksizlik, niyet, eğitim ve hem zamana hem de yere dair koşullar (yani itham edilemeyecek konular) birini cezp etmese, onları bu kötülüklerin yolundan kurtarmış olup olmayacağını araştırırlar. Kendimizi aldatmamıza yol açan ve

Saf Aklın Sınırları Dâhilinde Din

içimizde hakiki bir ahlâki niyet kurmamıza engel olan bu irtikâp, dışa doğru yayılmaya devam ederek yanlışlığa ve başkalarını kandırmaya kadar varır. Buna kötücüllük denmeyecekse bile, en azından değersizlik ismini hak eder ve (bir insanın ne olarak görülmesi gerektiğine dair yargıda bulunmak için gereken ahlâki yetiyi devre dışı bıraktığı ve sorumluluğun hem iç hem de dış niteliğini tamamen belirsiz hale getirdiği takdirde) ırkımızdaki çarpıklık lekesini oluşturan, insan doğasının kökten kötücüllüğü içindeki bir unsurdur. Kökünü kurutamadığımız sürece, diğerleri gibi iyilik tohumunun da gelişmesine engel olur.

Bir zamanlar, Britanya Parlamentosunun bir üyesi tartışmanın hararet içinde, "Herkesin uğruna kendini sattığı bir fiyatı vardır" diye haykırmıştı. Bu (herkesin kendi cevabını vermesi gereken bu söz) doğruysa, yani bir ayartıyla çökertilemeyecek hiçbir erdem yoksa ve iyi ya da kötü ruhun bizi ele geçirmesi, sadece hangisinin daha iyi bir teklif yaptığına ve tutarı daha vaktinde ödediğine bağlıysa, havarinin şu sözleri evrensel olarak tüm insanlar için doğru hale gelir: "Hepsi günahın emrindeler – (yasanın ruhu dâhilinde) adil olan kimse yok; hayır, tek bir kişi bile yok."[18]

---

[18] Ahlâken yargıda bulunan aklın cezaya çarptırılmasına dair bu cümlenin özel kanıtı, onun sadece deneyim sayesinde onaylanmasını içeren bu bölümden ziyade bir öncekinde bulunabilir. Ne var ki deneyim hiçbir zaman yasayla ilişkili özgür iradenin en yüce maksimi, anlaksal bir eylem olarak her türlü deneyimden önce gelen bu maksim içindeki kötülük kökenini açığa çıkaramaz. Dolayısıyla da, en yüce maksimin tek olmasından ötürü, ayrıca kendisini ilişkilendirdiği yasanın da tekliğiyle birlikte, insanoğlunun saf entelektüel yargısı için, iyi ile kötü arasındaki bir aracı dışlama kuralının niye temel bir kural olarak kalması gerektiğini anlayabiliriz; yine de, duyusal davranış (fiili performans ve ihmal) üzerine kurulu ampirik yargı için, bu iki uç arasında bir aracı olduğu kuralı öne sürülebilir – bir tarafta her türlü eğitimden önce gelen olumsuz bir kayıtsızlık aracı, diğer yandan kısmen iyicil kısmen de kötücül olan olumlu bir araç, bir karışım. Ne var ki bu olumlu araç insanoğlunun görünüş bakımından ahlâkiliği üzerine bir yargıdan ibarettir ve nihai bir yargı söz konusunda, yerini ilk araca bırakmalıdır.

IV. İnsan Doğasındaki Kötülüğün Kökeni Üzerine

Bir köken (bir ilk köken) bir sonucun, ilk nedeninden, yani, aynı türden başka bir nedenin sonucu olmayan bir nedenden türetilmesidir. Akıldaki ya da zamandaki bir köken olarak düşünülebilir. Akıldaki köken anlamında alırsak, sadece sonucun var olmasına riayet edilir; zamandaki kökende ise, riayet onun oluşunadır, dolayısıyla da ilişkisi, bir eylemin zaman içindeki ilk nedeniyle olan ilişkisi gibidir. Ahlâki kötülük durumunda doğru olduğu gibi, bir sonuç, özgürlük yasaları altında bağlı olduğu bir nedene atfedilirse, iradenin bu sonucun üretilmesine dair belirlenimi zaman içindeki değil, sadece rasyonel temsildeki belirlenim zeminine bağlıymış gibi düşünülür; böyle bir sonuç önceki herhangi bir durumdan türetilemez. Yine de, kötü bir eylem dünyadaki bir olay gibi doğal nedenine atfedildiğinde, bu tür bir türetme daima gereklidir. Bu yüzden, bunun gibi özgür eylemlerin (doğal nedenlermişçesine) zamansal kökenini araştırmak bir çelişkidir. Sonuç itibariyle, insanın ahlâki karakterinin zamansal kökenini araştırmak da, olumsalmış gibi düşünüldüğü sürece bir çelişkidir, zira bu karakter özgürlük uygulamasının zeminine işaret eder; bu zemin (genel olarak özgür iradenin belirleyici zemini gibi) salt rasyonel temsillerin içinde aranmalıdır.

Ne var ki insanın içindeki ahlâki kötülüğün kökeninin oluşumu hakkında, bu kötülüğün ırkımızın tüm üyeleri ve nesillerinden çıktığına ve yayıldığına dair tüm açıklamalar içinde en uygunsuz olanı, bunu bize ilk ebeveynlerimizden miras kalmış gibi tanımlamaktır; zira insan ahlâki kötülük hakkında, ancak şairin iyilik hakkındaki şu sözlerini söyleyebilir: *genus et proavos, et quae non fecimus ipsi, vix ea nostra*

Saf Aklın Sınırları Dâhilinde Din

puto.¹⁹ Yine de belirtmemiz gerekir ki, bu kötülüğün kökenini araştırırken, başlangıçta (*potentia* içindeki *peccatum* gibi) ayrı bir yönelimi ele almayız; bunun yerine dikkatimizi belli eylemlerin içsel olanağına dair fiilî kötülüğe – eğer kötülük yapılacaksa, iradenin içinde yer alması gerekene – yöneltiriz.

Kötücül eylemlerin rasyonel kökenini araştırırken, her bir kötücül eyleme, birey bu duruma bir masumiyet halinden dosdoğru düşmüş gibi bakılmalıdır. Çünkü önceki tavrı ne olursa olsun, hangi doğal nedenlerin etkisi altında olursa olsun ve bu nedenler onun ister içinde ister dışında bulunuyor olsunlar, eylemi yine de özgürdür ve söz konusu nedenlerden hiçbiri tarafından belirlenmez; dolayısıyla her zaman iradesinin özgün bir kullanımı olarak değerlendirilebilir ve değerlendirilmelidir. Zamansal koşullar ve engeller ne olursa olsun, bu eylemden kaçınması gerekir; zira dünyadaki hiçbir neden yüzünden özgürce hareket eden bir varlık olmayı bırakmış olamaz. Bir adam hakkında, yasaya aykırı eski özgür edimlerinden doğan sonuçların kaydedildiğini söylemek adilane olur; ama bu sadece insanın, bu sonuçların

---

19 (Üniversitelerde) "Daha üst fakülte" denen üç tanesi, bu kötülük aktarımını, her biri kendi uzmanlık alanında, miras alınan bir hastalık, miras kalan bir borç ya da miras kalan bir günah olarak açıklayabilir. (1) Tıp Fakültesi bu kalıtsal kötülüğü, kimi natüralistlerin, bizim içimiz dışında bir yerde, hatta diğer hayvanlarda (bu özel familyada) bile rastlanmadığından, ilk ebeveynlerimizin içinde var olması gerektiğine bilfiil inanmalarından dolayı, bir nevi bağırsak solucanını açıklar gibi açıklayacaktır. (2) Hukuk Fakültesi bu kötülüğe, ilk ebeveynlerimizin bize bıraktığı mirasa sahip çıkmamızın yasal sonucu [bir veraset] olarak bakacaktır, ne var ki bu miras ağır hak yitirmelerle çevrilidir (çünkü doğmak, dünyevi mülkü bizim sürekli varoluşumuz için gerekli oldukları derecede kullanımını miras almaktan başka bir şey değildir). Dolayısıyla ödemeyi (kefareti) yapmamız ve sonunda yine de (ölüm nedeniyle) bu mülkü bırakmak zorundayız. Yasal adalet ne kadar da adil! (3) Teoloji Fakültesi bu kötülüğe ilk ebeveynlerimizin cezaya çarptırılan bir isyanın düşüşüne kişisel bir katılım olarak bakacaktır ve bu arada bizim bizzat o zaman mı (şimdi böyle yapmış olduğumuzun bilincinde olmasak bile), yoksa şimdi, bir isyan kuralı altında (bu dünyanın prensi olarak) dünyaya gelerek mi katıldığımızı belirlemesi üzerine, onun iyiliklerini ilahi Hükümdarın en yüce komutasına tercih ederiz ve kendimizi özgür kılmaya yetecek inanca sahip olmayız; bu nedenle onun akıbetini bilfiil paylaşmamız gerekir.

özgür olup olmadığını belirleme sürecinde bulunma ihtiyacı olmadığını söylemek demektir, zira sonuçların nedeni olan kesin özgür eylemin içinde, onu sorumlu tutmaya yetecek zemin vardır. Bir adam belli bir zamana dek yaklaşan (kötülük gerçekten de alışkanlık ya da huy haline geldiği için) özgür edime ne kadar ait olursa olsun, onun ödevi sadece [geçmişte] daha iyi olmak değildi, şimdi kendini daha iyi hale getirmek de ödevidir. Bu doğrultuda davranmak onun gücü dâhilinde olmalıdır ve böyle yapmadığı takdirde, kendisine (özgürlükten ayrılmayan) iyilik eğilimi bahşedilmişken, bir masumiyet halinden çıkıp kötülüğe adım attığı kadar, eylem anındaki başkasına yüklenebilirliğe de elverişli ve maruz hale gelir. Dolayısıyla, bir araştırma aracılığıyla yönelimi, yani suçu maksim olarak benimseyişimizin genel öznel zeminini – eğer varsa – nerede olursa olsun belirleyeceksek, ediminin zamansal kökenini değil, ancak rasyonel kökenini araştırabiliriz.

Yukarıda anlatılanlar, Kutsal Kitapların kullandığı temsil türüyle son derece uyumludur. Kutsal Kitaplarda insan ırkının kötülüğünün kökeni, [zamansal] bir başlangıca sahipmiş gibi gösterilir ve bu başlangıç bir anlatı içinde sunulmuştur. Söz konusu anlatıda, onun özünün, zamanda önce gelme bakımından (zaman unsuruna bakmadan) öncelikli olarak düşünülmesi gerekir. Buna göre, kötülük, esas temeli olarak kendisine yönelik bir yönelimle başlamaz; böyle olsaydı, kötülüğün başlangıcının kaynağı özgürlükte bulunamazdı; bilakis, kötülük günahtan başlar (bu da, ilahi bir emir olarak ahlâk yasasının ihlali demektir). İnsanın her tür kötülük yönelimi öncesindeki hali, masumiyet hali olarak adlandırılır. Ahlâk yasası insanoğlu tarafından, tıpkı saf olmayıp tutkula-

Saf Aklın Sınırları Dâhilinde Din

rı tarafından cezp edilen her varlık için olması gerektiği gibi, bir yasaklama olarak anlaşıldı (Tekvin II, 16-17). Bunun üzerine ahlâk yasasına yeterli bir güdü (koşulsuz iyi ve hakkında hiçbir şüphe duyulamayacak tek güdü) olarak hemen uymak yerine, insan sadece şartlı olarak (yani, yasayı ihlal etmedikleri sürece) iyi olabilecek başka güdüler aradı (Tekvin III, 6). Sonra bunu, ödev yasasına ödev olarak değil de, gerekli olması halinde, başka amaçlar bağlamında riayet etmek için – eğer biri, eyleminin bilinçli bir şekilde özgürlükten kaynaklandığını düşünüyorsa – kendi maksimi yaptı. Bunun üzerine tüm diğer güdülerin etkisini dışarıda bırakan buyruğun yalınlığını sorgulamaya başladı; ardından yanıltmaca aracılığıyla, yasaya itaati sadece bir (öz-sevgi ilkesine bağlı) aracın şartlı kişiliğine indirgedi;[20] son olarak davranış maksiminin içine, yasadan doğan güdünün yerine duyusal dürtüsünün egemenliğini getirdi – böylelikle günah ortaya çıktı (Tekvin III, 6). *Mutato nomine de te fabula narratur*. Tüm bunlara bakınca, günlük eylemlerimizin aynı şekilde olduğu ve dolayısıyla "Âdem'le birlikte herkesin günah işlediği" ve hâlâ da işlemekte olduğu açıktır; bizde suça karşı doğuştan biri yönelim olduğu varsayılırken, zaman bakımından göz önüne alınınca, ilk insanın içinde böyle bir yönelim değil de masumiyet bulunduğu varsayımı hariç. Dolayısıyla onun adına ihlal, günaha düşme olarak adlandırılır; ama bizim için günahın, hâlihazırda doğamızda bulunan ve doğuştan

---

[20] Birisinin maksiminde, egemenlik aynı zamanda kendi içinde yeterli ve iradenin diğer tüm belirleyici zeminlerinden üstün bir güdü olarak yasaya bahşedilmiyorsa, ahlâk yasasına gösterilen tüm itibar bir ikiyüzlülük eylemi olur. Bunu yapma yönelimi manevi bir aldatma, yani ahlâk yasasının yorumlanması sırasında birinin kendini kandırması ve yasanın zarar görmesidir (Tekvin, III, 5). Aynı şekilde, İncil (Hıristiyanlıkla ilgili bölümü) kötülüğün (içimizde bulunan) failini başlangıçtan beri bir yalancı olarak adlandırır ve bu şekilde insanı, içindeki başlıca kötülük zemini gibi görünen husus bakımından betimler.

gelen kötülükten kaynaklandığı söylenir. Ne var ki bu yönelim, kötülüğü zaman içindeki başlangıcı bakımından açıklamaya kalkışmak istiyorsak, hayatımızın önceki dönemlerindeki, aklı kullanmanın henüz gelişmediği döneme, dolayısıyla da doğuştan olarak adlandırılan bir (doğal bir zemin olarak) kötülük yönelimine -kötülüğün kaynağına- geri giderek, her bir kasti ihlalin nedenlerini araştırmamız gerektiğinden daha fazlasını söylemez. Ama hâlihazırda aklını kullanmak için tam bir yetkiye sahip olarak betimlenen ilk insanın durumundaki kötülüğün sebeplerinin izini sürmek ne zorunludur ne de uygulanabilirdir, çünkü aksi takdirde bu temelin (kötülük yönelimi) onun içinde yaratılması gerekirdi; dolayısıyla da günahı doğrudan masumiyetten doğmuş gibi izah edilir. Ne var ki, bir ahlâki karakterin olumsal mevcudiyetini açıklamak istiyorsak, kaçınılmaz olsa da, sorumlu tutulacağımız bir ahlâki kişiliğin kökenini zaman içinde aramamız gerekir (ve belki de bu yüzden Kutsal Kitap, bizim zayıflığımıza uygun olarak, kötülüğün zamansal kökenini böyle betimlemiştir).

Fakat irademizin, maksimleri içindeki daha aşağı güdüleri yücelten bu sapkınlığının rasyonel kökeni, yani, iradenizin kötülük yönelimi, bizim için anlaşılmaz olarak kalır, çünkü bu yönelim bizim yararımıza indirgenmelidir ve sonuç itibariyle, tüm maksimlerin bu nihai zemini, [temeli olarak] kötü bir maksimin benimsenmesini de içerecektir. Kötülük sadece ahlâken kötü olandan doğar (sırf doğamızdaki sınırlamalardan değil); yine de asıl eğilim (insan bir yozlaşmadan sorumlu tutulacaksa, bizzat kendinden başka kimsenin yozlaştırmış olamayacağı eğilim) iyiliğe eğilimdir; o halde bizim için, içimizdeki ahlâki kötünün başlangıçta ortaya

Saf Aklın Sınırları Dâhilinde Din

çıkmış olabileceği herhangi bir makul zemin yoktur. İncil, tarihi anlatısı içinde bu kavranamazlığı, insanoğlunun kötülüğüne dair daha isabetli bir belirlenimle birlikte şöyle dile getirir.[21] Dünyanın yaratılışı sırasında kötülüğe bir yer bulur, ancak bu insanın değil, başlangıçtan beri daha yüce olan bir kaderin ruhu içindedir. Dolayısıyla tüm kötülüklerin ilk başlangıcı bizim için kavranamazdır (çünkü bu kötülük ruha nereden gelmiştir?); ama insan kötülüğe sadece ayartılmayla düşmüş olarak gösterilir ve bu yüzden (özsel iyilik eğilimi bakımından bile) temelde yoz değil, daha ziyade halen bir gelişme yetisine sahip, yani ayartıcı bir ruhun aksine, tensel baştan çıkarılmanın, suçun hafifletilmesi olarak görülemeyeceği bir varlıktır. O halde, yozlaşmış bir kalbe rağmen iyi bir iradeye sahip olan insan için, ayrıldığı iyiliğe geri dönme umudu saklı kalır.

GENEL İNCELEME
Özgün İyilik Eğiliminin/Yatkınlığının Gücünün Yeniden Tesisi Üzerine

İnsan ahlâki anlamda iyi ya da kötü neyse, ya da ne olacaksa, bunu kendi yapmalı ya da buna kendi başına dönüşmelidir. İki durum da özgür seçiminin bir sonucu olmalıdır; çünkü aksi takdirde bundan sorumlu tutulamaz ve ahlâki

---

[21] Burada yazılanlar Kutsal Kitapların çıplak aklın alanının sınırları ötesinde yatan tefsiri niyetine okunmamalıdır. Tarihi bir hikâyenin, anlamının her tür tarihsel kanıt haricinde kendi içinde doğru olması koşuluyla, sadece yazarın niyeti mi, yoksa salt bizim yorumumuz mu olduğuna karar verilmeden ahlâki kullanıma sunulmasını açıklamak mümkündür; üstelik aksi takdirde tarihsel bilgimize yararsız bir ilave olarak kalacak olan bir metni, iyileşme adına ilerletici bir şey haline getirmenin tek yolu budur. Nasıl anlaşılırsa anlaşılsın, bize daha iyi insanlar olma yolunda yardımı dokunmayacak bir soru ya da onun tarihsel görünüşü üzerine, ayrıca böyle bir yardımda bulunabileceği tarihsel bir kanıtla keşfedilmemiş ve dolayısıyla gerçekten de onsuz kavranması gereken gereksiz bir tartışmaya girmemeliyiz. Tüm insanlar için geçerli olan herhangi bir içsel etki taşımayan bu tarihi bilgi, her bir kişinin terbiye edici olarak bulması durumunda elinde tutacağı adiyaforya sınıfına dâhildir.

bakımdan ne iyi ne de kötü olabilir. İnsan yaratıldığında iyidir, dendiğinde, bu en fazla şu anlama gelebilir: "İyilik için yaratılmıştır ve insanın içindeki asli eğilim iyilik eğilimidir; dolayısıyla, fiilen hâlihazırda iyi demek değildir ve eğiliminde bulunan güdüleri maksim (tamamıyla özgür seçimine bırakılması gereken [bir eylem]) haline getirmesi veyahut getirmemesine bağlı olarak, iyi ya da kötü olmasının sebebi kendisidir" anlamındadır. Onun iyi, ya da daha iyi olabilmesi için birtakım doğaüstü işbirliklerinin gerekli olduğu kabul edilirse ve bu işbirliği tamamen engellerin kaldırılmasından ya da bizzat pozitif yardımlardan oluşsa bile, insan ilk olarak bu işbirliğini hak edecek değere ulaşmalı ve bu yardımı ele geçirmelidir (bu da az bir iş değildir). – Yani, söz konusu olumlu güç artışını maksimi yapması gerektiği anlamına gelir, zira yalnızca bu şekilde iyilik ona isnat edilebilir ve iyi bir insan olarak bilinebilir.

Doğası itibariyle kötü bir insanın kendini nasıl iyi bir insan haline getireceği bizim kavrayışımızın tamamen üstündedir; çünkü nasıl olur da kötü bir ağaç iyi bir meyve verebilir? Ancak önceki bilgilerimize dayanarak, aslen iyi (eğilimi açısından iyi) olan bir ağaç kötü bir meyve verdiği[22] için ve (kişinin, bunun özgürlükten kaynaklandığını hatırladığı sürece) iyiden kötüye düşüş, kötüden iyiye geri yükselişten daha anlaşılır olmadığından, bu yükseliş olasılığı yalanlanamaz. Çünkü düşüşe rağmen, daha iyi insanlar haline gelmemiz uyarısı ruhlarımızda durmadan çınlar; işte bu yüzden, yapabildiklerimiz kendi içinde yetersiz olsa da, böyle-

---

[22] Eğiliminde iyi olan ağaç, yine de hakikatte iyi değildir; zira böyle olsaydı, kesinlikle kötü bir meyve vermezdi. Bir insan, sadece içine işlemiş olan, ahlâk yasasına sadakat güdüsünü maksimi haline getirdiğinde iyi biri olarak adlandırılabilir (ya da bir ağaca ancak bu durumda bütünüyle iyi bir ağaç denebilir).

Saf Aklın Sınırları Dâhilinde Din

likle ancak kendimizi daha yüksek, bizim için anlaşılmaz bir yardıma teslim etsek de, bunun bizim gücümüz dâhilinde olması gerekir. Gerçekten de en başından beri, ne söküp atılabilen ne de yozlaştırılabilen bir iyilik tohumunun tüm saflığıyla durduğunu varsaymak gerekir; ve bu tohum kesinlikle, tüm maksimlerimizin ilkesi olarak alındığında, kötülüğün esas sebebi haline gelen öz-sevgi[23] olamaz.

O halde, içimizdeki asli iyilik eğiliminin yeniden tesisi, kayıp bir iyilik güdüsünü elde etmek değildir, çünkü ahlâk

---

[23] *Öz-sevgi.* Bütünüyle farklı iki anlama gelebilecek sözcükler, sıklıkla en açık alanlarda bile bir kanaat varmayı geciktirirler. Genel olarak aşk için olduğu gibi, öz-sevgi de iyi irade aşkı ve iyi haz aşkı (*benevolentiae et complacentiae*) olarak ikiye ayrılabilir ve ikisi de (aşikâr olduğu gibi) rasyonel olmalıdır. Birincisini birisinin maksimi olarak benimsemek doğaldır (kim onun daima kendisiyle iyi geçinmesini istemez ki?); ayrıca bir taraftan bu amaç en büyük ve en daimi refahla uyum içindekilerden seçilirken, diğer yandan, mutluluğun bileşenlerini teminat altına almak için en uygun araçlar tercih edildiği sürece, bu durum rasyonel. Akıl burada sadece doğal eğilimin hizmetçisi görevindedir; bu gibi zeminler üzerinde edinilen maksim, ahlâksallığa kesinlikle bir göndermede bulunmaz. Ne var ki, bu maksimin iradenin koşulsuz ilkesi olmasına izin verilince, ahlâka karşı hesaplanamayacak kadar büyük bir düşmanlığın kaynağı haline gelir.
Bir kişinin içindeki rasyonel bir iyi haz aşkı iki şekilde anlaşılabilir: ilk olarak, doğal eğilimin (bu amaca bu maksimleri takip ederek ulaştığımız kadarıyla) doyumunu amaçlayan, hâlihazırda bahsettiğimiz maksimler açısından kendimizden hoşnut olduğumuz anlamına gelir; o halde aşkla, iradenin kişiyle olduğu gibi özdeştir: tıpkı iş tahminleri doğru çıkan bir tüccarın, bu işlemler sırasında kullandığı maksimlere dair iyi sezgilerinden zevk alması gibi, biri diğerinden haz alır. İkinci anlamda alırsak, bir kişinin kendi içindeki koşulsuz (davranışsal sonuçların başarısına ya da başarısızlığına bağlı olmayan) iyi haz olarak öz-sevgi maksimi, sanki bu durum sadece maksimlerimizin ahlâk yasasına riayet etmesiyle mümkünmüş gibi, böyle bir hoşnutluğun içsel ilkesi olacaktır. Ahlâka kayıtsız olmayan hiç kimse, içindeki ahlâk yasasıyla uygun düşmeyen maksimlerin bilincine vardığında, kendinden zevk alamaz, kendisinden duyduğu acı tatminsizlikten kaçamaz. Bu, birinin eylemlerinin sonuçlarından geldiği söylenebilecek diğer mutluluk sebeplerinin iradenin güdüleri tarafından aldatılmasını engelleyen rasyonel öz-sevgi olarak (dolayısıyla da erişilebilir bir mutluluk olarak) adlandırılabilir. Ahlâkî öz-sevgi ifadesinin kullanımı böyle bir çemberin etrafında dolaşarak sırf bu koşulla sınırlanmışken, bu, yasa için kendisinden bir saygıya işaret ettiğinden, neden rasyonel öz-sevgi ifadesini kullanarak açık anlayışı yok yere zorlaştırmak gereksin ki? (Zira kendisini sadece, yasa için iradesinin en yüksek güdüsüne hürmet etmenin maksimi olduğunu bilen bir ahlâkî üslupla sevebilir.) Doğamız itibariyle duyusallık koşullarına bağlı varlıklar olduğumuzdan, ilk ve koşulsuz olarak mutluluk için can atarız. Yine, aynı doğamız (ya da istiyorsak bunu genel anlamda doğuştan gelen olarak ifade edebiliriz) itibariyle akıl ve özgürlük bahşedilmiş varlıklar olduğumuzdan, bu mutluluk bizim için birincil olmaktan uzaktır; aslında ne maksimlerimizin koşulsuz bir amacıdır; daha ziyade bu amaç mutluluğa değer olmaktır, yani tüm maksimlerimizin ahlâk yasasına uygunluğudur. Mutluluk isteğinin yasa koyan akılla bağdaşabileceği tek nesnel koşul budur – tüm ahlâkî ilkeler onun içinde bulunur; ve ahlâkî düşünce yapısı, bu hükümler haricindeki hiçbir arzuyu barındırmayan yaratılışın içinde yer alır.

yasasını gözeterek ortaya çıkan güdüyü asla kaybedemedik ve böyle bir şey mümkün olsaydı, onu asla yeniden elde edemezdik. Bundan dolayı, telafi demek, bu yasanın saflığının tüm maksimlerimizin en yüce zemini olarak tesis edilmesidir, bu sayede diğer güdülerle basit bir bağlantı içinde olmayacaktır ve elbette, koşulları olarak bu tür (eğilimlere) bağımlı kılınmayacak, bunun yerine, bütün saflığıyla, kendi içinde iradenin belirlenimine yeten bir güdü olarak benimsenmesi gerekecektir. Hakiki iyilik, birinin ödevini, sırf ödevin kendisi yerine getirirkenki maksimlerinin kutsiyetidir. Bu saflığı maksim olarak benimseyen insan gerçekten de bu edimi sebebiyle henüz kutsal değildir (zira maksimle edim arasında büyük bir boşluk vardır). Bununla beraber, kutsiyete giden sonsuz gelişim yoluna girmiştir. Birinin ödevini yerine getirmeye dair kesin kararı alışıldık hale geldiğinde, buna yasaya uygunluğun erdemi de denir; böyle bir uyumluluk erdemin ampirik karakteridir (*virtus phinomenon*). Buradaki erdemin değişmez maksimi, yasaya uygun hareket etmektir ve iradenin böyle davranmak için gereksindiği güdülerin nerede geldiğinin bir önemi yoktur. Bu anlamda erdem yavaş yavaş elde edilir ve bazı insanlar için, bireyin davranışının sürekli yenilenmesi ve maksimlerinin güçlenmesiyle, eğilimden günaha, yani zıt bir eğilime geçtiği (yasayı inceleyerek geçen) uzun bir alıştırma dönemi gerektirir. Çünkü bunun olması için bir fikir değişimi değil, sadece bir eylemler değişikliği gereklidir. Bir insan ödevine itaat maksimlerinin, tüm maksimlerin en yüce zemininden, yani bizzat ödevden doğmadıklarında bile güvenilir olduğunu hissediyorsa, kendini erdemli addeder. Örneğin ölçüsüz bir kişi, sağlık uğruna itidale, yalancı biri itibar için dürüstlüğe, adil

Saf Aklın Sınırları Dâhilinde Din

olmayan biri huzur ya da menfaat uğruna hakkaniyete dönebilir ve buna başka örnekler de eklenebilir – hepsi o çok değerli mutluluk ilkesiyle uyum içindedir. Ancak bir adam sadece meşruiyet bakımından değil, ahlâken de iyi (Tanrı'yı memnun eden biri) olacaksa, yani akli karakteri (*virtus noumenon*) bakımından kendisine erdem bahşedilecekse ve bir kişi, bir şeyin ödevi olacağını bilerek, bizzat ödevin temsili haricinde bir güdüye gereksinim duymuyorsa, bu, maksimlerin temelinin katışıklı olduğu orandaki salt sürekli yenilenmeyle ortaya çıkamaz; insanın yaratılışındaki bir devrimle (yaratılışının kutsiyeti maksimine dair incelemeyle) gerçekleştirilmesi gerekir. Sanki yeniden yaratılmış gibi, ya da yüreği değişmişçesine, sadece bir nevi yeniden doğuşla yeni bir insan olabilir (Yuhanna III, 5; ayrıca karşılaştırma için bakınız Tekvin I, 2).

Ama bir insan maksimlerinin zemini itibariyle yozsa, nasıl olur da bu devrimi kendi güçleriyle gerçekleştirip kendi kendine iyi bir insan haline gelebilir? Zira ödev bize bunu emreder ve ödev yapamayacağımız bir şeyi talep etmez. İnsanın, düşünce tarzında bir devrime gerek duyduğu, dolayısıyla bunu yapabilecek yetiye de sahip olduğu, ama (düşünce tarzının yoluna engeller koyan) duyusal doğası için ancak aşamalı bir ıslahın olası olduğunu söylemezsek, burada herhangi bir uzlaşma bulmak mümkün olmayacaktır. Yani, eğer bir insan tek bir değişmez kararla, kendisini kötü bir insan yapan maksimlerinin en yüce zeminini tersine çevirirse (dolayısıyla yeni bir insanı bir bakıma giyinmiş olursa), ilkesi ve düşünce tarzı bakımından iyiliğe duyarlı bir öznedir; fakat ancak sürekli çalışma ve gelişme sonucunda iyi bir insan olur. Yani, iradesinin ve iradesinin istikrarının en yüce maksimi olarak benimsediği ilkenin saflığı ışığında, kendini kötüden iyiye giden sürekli gelişim için (zor da olsa) iyi yolda bulmayı umabilir. Çünkü kalbin (iradenin tüm maksimlerinin zemininin) anlaksal zeminine girebilen ve bu sonsuz ilerleme kimin için, yani Tanrı için bir birlik haline gelmişse, onun gerçekten iyi (Tanrı'yı hoşnut eden) biri olduğu anlamına gelir; ve böyle bakıldığında, söz konusu değişim bir devrim olarak görülebilir. Ama kendilerini ve maksimlerinin gücünü ancak zaman içinde duyusal doğalarına karşı kazandıkları egemenlik üzerinden değerlendirebilen insanların yargısı içinde, bu değişim ancak, iyiye doğru giden sürekli bir mücadele, dolayısıyla da kötülük yöneliminin, yani sapkın düşünce tarzının aşamalı bir yenilenmesi olarak görülebilir.

Buradan hareketle, insan alışıldığı gibi, soruna başka türlü yaklaşıp kötülüklere karşı bir bir savaşarak ortak kökenlerine inemese de, ahlâki zorunluluğunun gelişimi eylemlerinin ıslahında değil, düşünce yapısının değişiminde ve yeni bir karaktere dayanmasında başlar. En büyük sınırlamalar altındaki insan bile, ödeve uygun düşen eyleme duyulan saygıdan etkilenme yetisine sahiptir – bu saygı düşüncede tecrit edildikçe büyür ve öz-sevgi yoluyla davranış maksimini etkileyebilecek diğer güdüleri aşar. Çocuklar bile uygunsuz güdülerdeki en küçük bir katışıklığın izini tespit yetisine sahiptir; çünkü bu şekilde motive edilen bir eylem, onların gözünde bir anda tüm ahlâki değerini kaybeder. Bu iyilik eğilimini yetiştirmenin en iyi yolu, bizzat iyi insanların örneklerini kanıt göstermek ve genç ahlâk öğrencilerinin, bu iyi insanların davranışlarını harekete geçiren fiili güdülerin temelindeki çeşitli maksimlerin katışıklığını yargılamalarına izin vermektir. Böylelikle eğilim aşamalı biçimde bir düşünce tarzına dönüşür ve

Saf Aklın Sınırları Dâhilinde Din

ödev, sırf kendisi için, onların kalplerinde kayda değer bir öneme sahip olmaya başlar. Fakat bir öğrenciye, gerektirdiği büyük fedakârlıklara rağmen erdemli eylemlere hayranlık duymasını öğretmek, onun ahlâki iyiliğe duyduğu hissi korumakla birbirine uyuşmaz. Çünkü bir insan asla bu kadar erdemli olamaz, ortaya koyabileceği bütün iyi halen onun basit ödevidir ve ödevini yerine getirmek, ancak ortak ahlâki düzende olanı yapmaktır, dolayısıyla da kesinlikle hayranlık uyandırmayı hak etmez. Bilakis böyle bir sözde hayranlık, ödeve itaat eden bir eylemde bulunmak olağanüstü ve övgüye değer bir şeymiş gibi, ödev hissimizin azaltılmasıdır.

Yine de ruhumuzda, layıkıyla gözlediğimiz zaman en yüce hayranlıkla bakmaktan kendimizi alıkoyamadığımız ve hayranlık uyandırması sadece meşru değil, yüceltici de olan bir şey vardır; bu da içimizdeki asli ahlâki eğilimin kendisidir. Kendimize şu soruyu sorabiliriz: İçimizde bulunan ve sayesinde, bunca ihtiyaç nedeniyle doğaya daima bağlı kalan bizleri, (içimizdeki) hakiki bir niyet idesi aracılığıyla, aynı zamanda bu ihtiyaçların, onları hiçbir şey saymayacak kadar üzerine çıkacak kadar yücelten, ayrıca onları yasaya – aklımızın kadir olarak, ancak vaatler ya da tehditler dile getirmeden emir vermesini sağlayan bir yasaya – karşı koyma pahasına yerine getirmeye kalktığımızda (dünyayı arzulanmaya değer kılacak tek şeyin bu olmasına rağmen), bizleri de mevcudiyete layık değilmişiz gibi gösteren şey nedir? Bu sorunun gücünü her insan, en alçak yetilere sahip olanlar bile, en derinden hissetmelidir – her insandan kasıt, ödev idesini özünde bulunduran kutsiyetin önceden öğretildiği, ancak henüz, bu yasadan her şeyden önce doğan özgürlük kavramını sorgulayacak kadar aşama kaydedememiş olanlardır[24]: ve bu yasanın, ilahi bir kökenden haber veren büyük anlaşılmazlığı, mecburen ruha göre, hatta onu yüceltme noktasında davranmak zorundadır ve insanın, ödevin kendisinden talep edebileceği fedakârlık ne olursa olsun, buna duyacağı saygıyı güçlendirir. Çoğunlukla, insanın içindeki bu ahlâki yazgının yüceliği hissini kışkırtmak, ahlâki hisleri uyandırma yöntemi olarak özel bir övgüyü hak eder. Çünkü böyle yapmak, irademizin maksimlerindeki güdüleri ters çevirmeye dair doğuştan yönelimimizin tam tersine çalışır ve maksimlerin kendisine göre benimseneceği nihai koşul olarak baktığı yasaya gösterilecek koşulsuz saygı biçiminde, insan kalbindeki, güdüler içindeki asli ahlâki düzenin, dolayısıyla da tüm saflığı içindeki iyilik eğiliminin yeniden tesisine yönelir.

---

[24] İradenin özgürlüğü kavramı, içimizdeki ahlâk yasası bilincinden önce gelmez, irademizin, koşulsuz bir buyruk olarak yasa tarafından saptanabilirliğinden yapılan çıkarsamayla elde edilir. Kendi kendimize kesinlikle ve aracısız biçimde, sapkınlığa karşı sıkı bir kararlılıkla, ne kadar büyük olursa olsunlar tüm güdülerin aracılığıyla üstün gelme gücüne sahip olup olmadığımızı sorarak kısa süre için buna kani olabiliriz (*Phalaris licet imperet, ut sis falsus et admoto dictet periuria tauro*). Herkesin, böyle bir durumun ortaya çıkması halinde, kararlılığı bakımından sarsılıp sarsılmayacağını bilemeyeceğini kabul etmesi gerekir. Yine de, ödev koşulsuz bir biçimde emreder: azmine sadık kalmak zorundadır; buradan hareket böyle yapma yetisine sahip olmak zorunda olduğu, dolayısıyla da iradesinin özgür olduğu sonucuna varır. Yanıltıcı bir tavırla, bu anlaşılmaz yönelimi son derece anlaşılırmış gibi gösterip, sanki zorluk bunu – sonuç olarak kimse için anlaşılır olamayacak – özgürlükle bağdaştırmakmış gibi, determinizm (iradenin içsel kendi kendine yeten zeminler tarafından belirlendiği savı) adını kullanarak bir nevi yanılsama yaratırlar; öte yandan bizim anlamak istediğimiz ama asla anlayamayacağımız şey, gönüllü eylemlerin (artık gücümüz dâhilinde olmayan) geçmişteki belirlenim zeminlerini ortaya koyan pre-determinizmle, gerçekleştiği anda eylemin de, zıttı gibi, öznenin gücü dâhilinde olması gerektiğini varsayan özgürlük arasında nasıl bir uzlaşı yaratılacağıdır.

Özgürlük kavramının zorunlu bir Varlık olarak Tanrı ile uzlaştırılması, hiçbir zorluk doğurmaz: çünkü özgürlük (herhangi bir zeminle belirlenmeyen) eylemin olumsallığında, yani (Tanrı'nın, eylemleri özgür olarak adlandırılacaksa, eşit derecede iyilik ve ya kötülük yapma yetisine sahip olduğunu savunan) determinizmde değildir; özgürlük daha ziyade mutlak kendiliğindenliktedir. Böyle bir kendiliğindenlik için tehlike oluşturan tek şey pre-determinizmdir [ön-belirlenimcilik], bu düşünceye göre eylemin belirleyici zemini geçmiş zamandadır. Sonuç olarak, şu anda eylem benim egemenliğimde değil doğanın ellerinde olduğundan, karşı koyamayacağım biçimde belirlenmişimdir; ancak Tanrı için herhangi bir zamansal kesit düşünülebilir olmadığından, bu zorluk ortadan kalkar.

Saf Aklın Sınırları Dâhilinde Din

Ama birinin kendi çabaları aracılığıyla gerçekleşen bu yeniden tesis, insan için tüm iyilikler bakımından uygunsuz olan doğuştan yozlaşma postulatıyla çelişmiyor mu? Evet, elbette; hele böyle bir yeniden tesisin düşünülebilirliği, yani bizim içgörümüzdeki olanağı söz konusuysa. Bu, zaman içindeki bir olay (değişim) olarak görülebilecek ve bu bağlamda, aynı zamanda karşıtı da ahlâk yasaları altındaki özgürlükle mümkünmüş gibi açıklanacak, doğa yasaları çerçevesinde zorunlu olan her şey için geçerlidir. Çünkü ahlâk yasası artık iyi insanlar olmamızı emrettiğinde, daha iyi insan olabilecek durumda bulunmamız gerektiği kaçınılmazdır. Doğuştan kötülük postulatı, ahlâki dogmatik teolojide bir işe yaramaz, zira bu teolojinin ahlâki hükümleri aynı ödevleri içinde taşır ve içimizde kışkırtılmaya karşı doğuştan bir meyil olsun ya da olmasın, özdeş bir güçle devam eder. Ahlâki disiplinde bu postulatın söyleyeceği başka şeyler de vardır, ancak o da şundan fazlası değildir: içimize aşılanmış iyilik eğiliminin ahlâki gelişimi içinde, bizim için doğal bir masumiyetten değil, iradenin asli ahlâki eğilime karşı gelen maksimleri benimsemedeki kötülüğünü varsayarak yola çıkabiliriz ve bu [kötülüğe dair] yönelim silinip atılamadığından, ona karşı durmak bilmeyen bir karşı hareketle işe başlamamız gerekir. Bu bizi sadece kötülükten iyiliğe giden ve durmaksızın devam eden bir gelişime götürdüğünden, sonuç olarak kötü bir insanın yaratılışının iyi bir insanın yaratılışına dönüşmesi, onun, ahlâk yasasına uygun tüm maksimleri benimsediği en yüce manevi zemindeki, artık kendisi değiştirilemez hale gelen bu yeni zeminde (yeni kalpte) yapacağı değişiklikte bulunabilir. Ne var ki insan, ister aracısız bir bilinçlilik yoluyla, ister şimdiye kadar sürdüğü hayatın sağladığı kanıtlar yoluyla olsun, doğası itibariyle böyle bir devrim hakkında itikada varamaz; çünkü kalbin derinlikleri (maksimlerinin öznel ilk zemini) onun için anlaşılmazdır. Yine de kendi çabalarıyla buraya giden ve kendisine esasen gelişmiş bir yaratılış olarak gösterilen bir yola varmayı umut edebilmelidir, çünkü iyi bir insan olmak zorundadır ve ancak bizzat yerine getirdiği görülerek kendisine isnat edilenlerin erdemi sayesinde ahlâki bakımdan iyi yargısını kazanır.

Şimdi söz konusu kendini geliştirme umuduna karşı ahlâki bir yeniden inşa işi için doğası itibariyle gönülsüz olan akıl, doğal yetersizlik bahanesi altında, bütün küçültücü (içlerinde mutluluk ilkesinin yanlış biçimde, O'nun buyruklarının baş koşulu olarak Bizzat Tanrı'ya atfedildiği) dini fikirleri davet eder. Ancak bütün dinler; iyilik (sadece ibadetle) kazanma çabası olanlar ve ahlâki dinler, yani, iyi hayat sürme dinleri olarak bölümlenebilir. Birincisinde, insan ya Tanrı'nın kendisini, daha iyi bir insan olmak zorunda kalmadığı durumda da (günahlarını affederek) ebedi mutluluğa taşıyabileceğine, ya da bunu imkânsız görüyorsa, rica etmekten başka bir şey yapmasına gerek kalmadan, Tanrı'nın kendisini kesinlikle daha iyi biri yapabileceğine inanır. Öte yandan, her şeyi gören bir Varlığın gözünde, rica etmek istemekten daha fazla bir şey olmadığı için, bu gerçekte hiçbir şey yapmamak anlamına gelecektir; zira ilerleme yalnızca bir istekle elde edilebilseydi, her insan iyi olurdu. Ama ahlâki dinde (ve gelmiş geçmiş tüm yaygın dinler arasında, muhtemelen sadece Hıristiyanlık ahlâki bir dindir), her bir kişinin daha iyi bir insan olma adına içindeki güç kadar çaba göstermesi gerektiği ve daha iyi bir insan olmak için, ancak doğuştan gelen yeteneğini (Luka XIX, 12–16) gömmeyip asli iyi eğiliminden faydalanırsa, kendi gücü dâhilinde olmayanın yukarıdan gelen işbirliğiyle destekleneceği gibi basit bir ilke vardır. İnsan için bu işbirliğinin nerede meydana geldiğini bilme zorunluluğu da yoktur. Aslında, belli bir zaman-

Saf Aklın Sınırları Dâhilinde Din

da nasıl meydana geldiği ifşa edilse bile, farklı insanların farklı zamanlarda, üstelik de tam bir dürüstlükle, bundan farklı kavrayışlar oluşturmaları muhtemelen kaçınılmaz olacaktır. İlke burada bile geçerlidir: "Tanrı'nın, kendi kurtuluşu için ne yaptığını ya da ne yapıyor olduğunu bilmek herkes için elzem ve dolayısıyla da zorunlu değildir;" fakat insanın bu yardıma layık olmak için ne yapması gerektiğini bilmesi elzemdir.

Bu Genel İnceleme, bu çalışmanın her bir Kitabındaki eklenen ve (1) Erdem Çabası, (2) Mucizeler, (3) Gizemler ve (4) Erdemin Yolları başlıklarını taşıyabilecek dört taneden ilkidir. Bu konular bir bakıma, salt aklın sınırları dâhilindeki din için bir yan çalışmadır; doğrudan bu konuya ait değillerdir; ama sınırları bununla belirlenir. Ahlâki gereksinimini tatmin etmedeki yetersizliğinin bilincinde olan akıl, bu açığı kapatma yetisine sahip gösterişli fikirlere doğru uzanır, ne var ki bunu yaparken söz konusu fikirleri kendi alanının bir uzantısı olarak benimsemez. Akıl bu fikirlerin amaçlarının olanağını ya da gerçekliğini tartışmaz; sadece bunları düşünce ve eylem maksimlerinin bünyesine katar. Hatta şuna inanır: doğaüstü olanın anlaşılmaz ülkesinde, kendisine açıklayabileceğinden daha fazlası varsa ve aklın ahlâki yetersizliğinin giderilmesi için zorunluysa, bu, bilinmese bile, onun iyi niyeti için elde edilebilir olacaktır. Akıl buna (bu doğaüstü tamamlamanın olanağını göz önünde bulundurarak) mütefekkir denebilecek bir imanla inanır; zira kendini bir bilgi biçimi olarak beyan eden dogmatik iman, ona ikiyüzlü ve küstah görünür. O halde, (ahlâki uygulama bağlamında) kendi içinde kendi için ödün vermediği zorlukları gidermek, bu zorlukların aşkın sorulara gönderme yaptığı durumlarda, sadece bir yan-çalışmadır (*parergon*). Bu ahlâksal-aşkın idelerden kaynaklanan zarara gelince, onları dine sunmaya çalıştığımızda, yukarıdaki dört sınıfın sırasıyla dizilmiş olan sonuçlar şunlardır:

1-Hayali manevi deneyimle (erdem çabasıyla) ilgilidir, sonucu ise bağnazlıktır; 2-Sözümona harici deneyimle (mucizelerle) ilgilidir, sonucu batıl inançtır;

3-Doğaüstü olanlara dair sözde bir anlayışın aydınlatılmasıyla (gizemlerle) ilgilidir, sonuç açıklama, yani "ustaların" aldatmacasıdır;

4-Doğaüstü olan üzerinde işlemde bulunmak için yapılan şüpheli girişimlerle (erdemin yollarıyla) ilgilidir, sonucu ise sihirdir – kendi sınırlarının ötesine geçen bir aklın kesin sapkınlıklarıdır ve aynı sapkınlık, ahlâklı olmak (Tanrı'yı memnun etme) için desteklendiği sanılan amaç için de geçerlidir.

Ancak özellikle mevcut tezin Birinci Kitabındaki bu Genel İncelemeye dair bir şeyler söylersek, erdem çabalarına bize yardım etmeleri için davette bulunmak da bu sapkınlıklardan biridir ve kendi sınırları içinde kalacaksa, aklın maksimleri bünyesine katılamaz; aslında doğaüstüne dair hiçbir şey buraya dâhil edilemez, çünkü çok basit bir biçimde, burada aklın her türlü kullanımından vazgeçilmiştir. Zira bu şeyleri teorik olarak (doğal iç nedenler değil de erdem çabaları olarak göstererek) tanımlamanın bir yolunu bulmak imkânsızdır, çünkü neden ve sonuç kavramını kullanımımız, deneyime dair konuların, dolayısıyla da doğanın ötesine geçemez. Üstelik bu fikrin pratik bir uygulamasının varsayımı da tamamen kendiyle çelişir. Çünkü bu fikrin ortaya konması, bir şeyi (tikel bir amaç adına) becermek için yerine getirmek zorunda olduğumuz iyiye dair bir kuralı önkoşul olarak varsayacak, bununla beraber, bir erdem çabasını beklemek tam tersi, yani iyinin (ahlâki iyinin) bizim değil başka birinin edimi olduğu anlamına gelecek ve dolayısıyla da el-

Saf Aklın Sınırları Dâhilinde Din

de edilmesinin tek yolu hiçbir şey yapmamak olacak, bu da kendisiyle çelişecektir. Bu yüzden, erdem çabasını anlaşılmaz bir şey olarak kabul edebiliriz, ama onu ne teorik ne de pratik kullanım için maksimlerimize dâhil edemeyiz.

İKİNCİ KİTAP

İYİLİK VE KÖTÜLÜK İLKESİNİN İNSAN ÜZERİNDE HÂKİMİYET KURMA ADINA ÇATIŞMASI ÜZERİNE

Ahlâki bakımdan iyi hale gelmek demek, türümüze aşılanmış iyilik tohumunun herhangi bir engelle karşılaşmadan büyümesine izin vermek değildir; içimizde mağlup edilmesi gereken etkin ve muhalif bir kötülük nedeni de mevcuttur. Antik ahlâkçılar arasında, düsturları olan ve (Yunancada ve Latincede) hem cesaret hem de değer manasına gelen, dolayısıyla da bir düşmanın mevcudiyetini varsayan erdem aracılığıyla bu gerçeğe dikkat çekenler kesinlikle Stoacılardı. Bu bağlamda erdem ismi asil bir isimdir ve (yakın zamanlarda "Aydınlanma" sözcüğü için olduğu gibi) sık sık göz göre göre yanlış kullanılmış ve alaya uğramış olması ona herhangi bir zarar veremez. Zira sadece cesaret talebinde bulunmak, onu aklımıza sokmak adına yarı yolu almak demektir; öte yandan, kendisine tamamen güvensizlik duyması gereken ve dışarıdan yardım bekleyerek vakit geçiren (ahlak ve dinde) tembel ve ödlek düşünce tarzı, bir insanın tüm güçleri için rahatlatıcıdır ve kişiyi bu yardıma bile layık olmayan bir hale getirir.

Yine de o cesur adamlar [Stoacılar] düşmanlarını başkalarıyla karıştırmışlardı: çünkü onu sadece, kendini herkesin idrakine apaçık sunan başıbozuk doğal eylemlerde aramamak gerekir; bilakis, o bir bakıma aklın arkasına gizlenen, dolayısıyla da gitgide tehlikeli hale gelen görünmez bir düşmandır. Salt dikkatsizlik yüzünden ortaya çıkan eğilimler tarafından kandırılmaya izin veren deliliği, ruhu yok eden ilkeleriyle[25] gizliden gizliye yaratılışın temelini çöker-

---

[25] Bu filozoflar evrensel ahlâki ilkelerini insan doğasının itibarından, yani (eğilimlerin gücünden bağımsızlık anlamında) özgürlüğünden türettiler ve başlangıç olarak daha iyi ya da daha asil bir ilke kullanmaları mümkün değildi. Sonra ahlâk yasalarını doğrudan, ahlâki bakımdan tek başına yasama yapan ve bu yasalar aracılığıyla kayıtsız şartsız buyurabilen tek şey olan akıldan türettiler. Böylelikle her şey son derece doğru biçimde – nesnel olarak kuralı gözeterek ve öznel olarak güdüye referansla – tanım-

ten kötülüğe (insan kalbinin kötülüğüne) karşı çağırmak yerine, deliliğe karşı erdemi çağırdılar.

Doğal eğilimler kendi içlerinde düşünüldükleri zaman iyidir, yani, bir ayıbın konusu değildir ve söz konusu eğilimlerin kökünü kazıma çabası sadece beyhude değil, aynı zamanda zararlı ve kusurlu da olabilir. Birbirleriyle çatışmaları yerine, evcilleştirilmeleri ve mutluluk adı verilen bir bütünlük içinde uyumlu hale gelmeleri sağlanabilir. Bunu başaran akla artık sağgörü denir. Ancak sadece ahlâk yasasının aleyhinde olan, kendi içinde kötüdür, mutlak ayıptır ve tamamen imha edilmesi gerekir; yalnızca hakikati öğreten, özellikle de onu fiili uygulamaya koyan akıl bilge ismini hak eder. Buna karşılık gelen kötülük gerçekten de delilik olarak adlandırılabilir, ama bu sadece aklın, sapkınlıktan korktuğu zaman değil, kendini karşısında silahlanacağı ve aynı zamanda söz konusu sapkınlığa (tüm ayartılarıyla birlikte) tepeden bakabilecek kadar güçlü hissettiğinde mümkün olabilir.

---

landı. Ancak bunun için bir şart gerekliydi: söz konusu yasaları tereddüt etmeden maksimlerine dâhil etmesi için, birinin insana yozlaşmamış bir irade atfetmesi gerekiyordu. Şimdi hatalarının bulunduğu yer tam da bu sonraki önkoşuldu. Çünkü dikkatimizi ahlâki durumumuza ne kadar erken yöneltirsek yöneltelim, bu durumun artık bir *res integra* olmadığını ve işe, kötülüğü hâlihazırda girmiş bulunduğu kaleden (ki onu maksimlerimizin içine katmamış olsak, asla buraya giremezdi) dışarı atmakla başlamamız gerektiğini anlarız; yani, bir insanın yerine getirebileceği ilk gerçekten iyi eylem, eğilimlerinde değil ayartılmış maksiminde ve dolayısıyla bizzat özgürlüğünün içinde bulunan kötülüğü terk etmektir. Bu eğilimler sadece kendilerine karşı koyan iyi maksimin ifasını zorlaştırır; oysa asıl kötülük, bir insanın bu eğilimler tarafından sapkınlık için ayartıldığında onlara karşı direnmek istememesidir – yani hakiki düşman gerçekten de bu yaratılıştır. Eğilimler genel anlamda (ister iyi ister kötü olsunlar) sadece temel ilkelerin rakipleridir; ve şimdiye kadar [Stoacıların] o alicenap ahlâk ilkesi, birinin temel ilkelerin rehberliğinde olmasına izin vermeye dair başlangıç dersi (eğilimlerin genel bir disiplini) olarak kıymetlidir. Ancak şimdiye kadar ahlâki iyiliğin özellikli ilkelerinin maksimler olarak mevcut olması gerektiğinden, ama mevcut olmadıklarından, bu mevcudiyetin, erdemin savaşması gereken başka bir rakibin aracılığıyla gerçekleştiğini varsaymamız gerekir. Böyle bir rakibin yokluğunda, Kilisedeki Pederin söylediği gibi tüm erdemler azametli ahlâksızlıkla değildir; buna karşın kesinlikle azametli zayıflıklar olacaklardır. Çünkü isyanın genellikle bu şekilde bastırıldığı doğru olsa bile, isyanın kendisi yenilgiye uğratılmış ve yok edilmiş olmaz.

Bu yüzden Stoacı, insanın ahlâki mücadelesine sadece ödevi yerine getirmek için alt edilmesi gereken engeller olan eğilimleriyle çatışma olarak baktığında, ihlal sebebini sadece insanın bu eğilimlerle savaşmayı boşlamasının içine yerleştirdi, çünkü hiçbir özel ve pozitif ilkeyi (kendi içinde kötülüğü) kabul etmedi. Yine de bu boşlama kendi başına sadece doğanın bir hatası değil, aynı zamanda ödeve karşıt da (ihlal de) olduğundan, dolayısıyla söz konusu neden yine (bir döngünün içinde tartışmayacaksak) eğilimlerde değil, iradeyi özgür irade olarak belirleyenin içinde (yani eğilimlerle uyum içinde olan, maksimlerin ilk ve en içteki zemininde) aranabileceğinden, bir açıklama temelini -kaçınılmaz ama nahoş temelini- daima anlaşılmayacak kadar karanlık[26] bulan filozofların, iyiliğin gerçek düşmanını, çatışmaları gerektiğine inandıkları şeyle nasıl karıştırdıklarını rahatlıkla anlayabiliriz.

Bu yüzden bir Havari'nin, dışımızdaki bir varlık ve gerçekten de kötü bir ruh olarak sadece bizim üzerimizdeki fiilleriyle bilinen ve temel ilkeleri yok eden bu görünmez düş-

---

[26] Ahlâk felsefesinin çok yaygın varsayımlarından birine göre, insanın içindeki ahlâki kötülüğün varlığı, bir yandan onun duyusal doğasını harekete geçirme kaynaklarının gücüyle, öte yandan rasyonel dürtülerinin (yasaya saygısının) acizliğiyle, yani zayıflıkla açıklanabilir. Fakat bu durumda içindeki ahlâki iyiliğin (ahlâki yaratılışının) daha kolay bir açıklamaya imkân vermesi gerekir, çünkü birini, diğerini kavramaktan bağımsız olarak kavramak düşünülemez. Bu noktada, aklın bir yasaya dair yalın ide aracılığıyla, kendine karşı koyan tüm güdüleyici güçleri denetim altında tutma yeteneği tamamen anlaşılmaz olarak kalır; dolayısıyla, duyusal doğanın güdüleyici güçlerinin nasıl olup da böyle bir otoriteyle buyuran aklı üzerinde egemenlik kurduğu da anlaşılmazdır. Çünkü tüm dünya yasanın talimatlarıyla uyum içinde sürecek olsaydı, her şeyin doğal düzene göre meydana geldiğini söylememiz gerekirdi ve hiç kimse neden hakkında bunca soru sormayı düşünmezdi.
[Kant'ın İncil alıntılarından bazıları, bu da dâhil olmak üzere, Luther'in tercümesinin sadık birer röprodüksiyonu değildir. Metinde, böyle farklılıkların olduğu yerlerde, mümkün olduğunca King James versiyonunun dilini kullanarak Kant'ın sözcüklerinin birebir çevirisini verdik; ayrıca bir dipnotta Kant'ın aklından geçmiş gibi görünen metnin King James versiyonunun tamamını verdik. Bkz. Efesliler VI, 12: "Çünkü biz tene ve kana karşı değil, prensliklere, bu dünyanın karanlığının hükümdarlığına karşı koyan güçlere, yüce yerlerdeki ruhsal sapkınlığa karşı savaşıyoruz."] (Editör)

manı temsil etmesi şaşırtıcı değildir: "Et ve kana (doğal eğilimlere) karşı değil, prensliklere ve güçlere – kötü ruhlara – karşı savaşıyoruz." Bu, bilgimizi duyular dünyasının ötesine yaymak için değil, sadece bizim için kavranamaz olanın kavrayışının pratik uygulamasını açık hale getirmek için kullanılmış bir ifade gibidir. Üstelik bizim için pratik değeri söz konusu olduğu derecede, baştan çıkaranı içimize mi yoksa dışımıza mı yerleştireceğimiz aynı şey haline gelir; zira suç, kendisiyle hâlihazırda gizli bir ittifak içine girmiş olmasak, bizi doğru yoldan asla saptıramayacağından, ikinci durumda ilkindekinden bir parçacık bile daha az dokunmaz.[27] Bu konuya iki bölümde bütünüyle değineceğiz.

---

[27] Ahlâki iyiliği ahlâki kötülükten ayırırken, cennetle yeryüzü arasındaki fark gibi değil, cennetle cehennem arasındaki fark gibi açıklamak, Hıristiyan ahlâkbiliminin bir özelliğidir. Bu temsil mecazî ve aslında rahatsız edici olsa da, anlamı bakımından felsefi olarak daha az doğru değildir. Yani bizim iyiliğe ve kötülüğe, birbiriyle sınırdaş olan ve (daha çok ya da daha az parlak olan) küçük adımlarla birbirlerinin içinde kaybolan, ışığın ve karanlığın diyarları olarak bakmamızı engeller; bunun yerine bu ülkeleri ölçülemeyecek büyüklükte bir uçurum tarafından birbirinden ayrılmış gibi temsil ettirir. Birini bu ya da öteki ülkenin kulu haline getirebilecek temel ilkelerin tamamen başka olması, ayrıca biri ya da diğeri için bir bireye uyan kişilik özellikleri arasındaki yakın ilişki kavramına eşlik eden tehlike, bu – bir korku unsuru içermesine karşın, bir yandan da oldukça yüceltici olan – temsil yöntemini haklılaştırır.

BİRİNCİ BÖLÜM
İYİLİK İLKESİNİN İNSAN ÜZERİNDEKİ MEŞRU EGEMENLİK TALEBİ ÜZERİNE

A. İyilik İlkesinin Kişileştirilmiş İdesi

Tam bir ahlâki mükemmelliğe ulaşmış insanoğlu (genel olarak rasyonel dünyevi varoluş), dünyayı ilahi bir buyruğun nesnesi ve yaratılışın amacı haline tek başına getirebilendir. Böyle bir mükemmelliğin ilk koşul olduğu durumda, En Yüce Varlığın iradesine uygun olarak, doğrudan sonuç mutluluktur. Bu yüzden insan sırf Tanrı'yı memnun etmek adına "ebediyen O'nun içinde olduğunu" söyledi; onun idesi tam olarak Tanrı'nın varlığından çıkar; zira insan yaratılmış bir şey değil, O'nun babalık ettiği tek Oğludur, "Tüm diğer şeylerin olmasını sağlayan ve kendisi olmadan, yaratılan hiçbir şeyin var olamayacağı Söz'dür (Buyruktur)" (çünkü ahlâki kaderinin ışığı altında bakıldığında onun için, yani dünyadaki rasyonel varoluş için, her şey yapılmıştı). "O, Kendi görkeminin parlaklığıdır." "Tanrı onun içinde dünyayı sevdi" ve sadece onun içinde ve onun yaratılışının benimsenmesiyle bizler "Tanrı'nın oğulları olmayı" umabiliriz vs.

Şimdi, insan olarak bu ahlâki mükemmellik ülküsüne, yani tüm saflığı içindeki ahlâki yaratılışın ilk-örneğine yükselmek bizim evrensel ödevimizdir – ve bu bağlamda, aklın hararetli öykünmemiz için bize ifşa ettiği idenin kendisi bize güç verebilir. Ama sırf bu fikrin sahipleri olmadığımız ve bu fikir insanın içinde, biz insan doğasının onu kabul etme yetisine nasıl sahip olacağını idrak etmeden yerleştiği için, söz konusu ilk-örneğin bize gökyüzünden geldiğini ve insanlığımıza hükmettiğini söylemek daha yerinde olur (çünkü insanın doğal kötülük aracılığıyla kendi içindeki kötülüğü bir yana bırakıp kutsiyet ülküsüne yükseldiğini anlamak, kutsiyetin insanoğluna indiğini ve kendi içinde kötü olmayan insanlığa egemen olduğunu anlamaktan daha az mümkündür). Dolayısıyla, kutsal olmasına ve bunun sonucu olarak herhangi bir acı çekmekle yükümlü olmamasına rağmen, ilk-örneğimiz olarak görülen bu tanrısal-zihinli kişinin, dünyadaki iyiliğin ilerlemesini sağlamak adına en büyük acıları üstlendiğini açıklarsak, onun bizimle böyle bir bağlantısına, Tanrı'nın Oğlu'nun küçük düşürülmesi gibi bakılabilir. Bunun aksine, tamamen aynı yaratılışı üzerine almasına rağmen asla suçtan arınmış olmayan insanoğlu, kendisini geride bırakabilecek acılara, hangi yoldan gelirlerse gelsinler, gerçekten hak edilmişler gibi bakabilir; sonuç olarak böyle bir ideyle, bu ide onun için bir ilk-örnek görevi görmesine rağmen, yaratılış bakımından bir bütünleşmeye layık olmadığını düşünmesi gerekir.

Tanrı'yı memnun eden bu insanlık ülküsünü (dolayısıyla da isteklere ve yönelimlere maruz kalan dünyevi bir varlıktaki böyle bir ahlâkî mükemmellik ülküsünü), kendimize ancak sadece tüm insani ödevlerden kurtulmayı ve hem ahlâkî hükümler hem de örnekler aracılığıyla iyiliği etrafına mümkün olduğunca yaymayı isteyen değil, aynı zamanda, en büyük cazibeler tarafından ayartılmış olmasına rağmen, dünyanın iyiliği ve hatta düşmanları için her tür derdi, en aşağılayıcı ölümü bile göze almayı dileyen bir kişinin idesi olarak temsil edebiliriz. Çünkü insan, ahlâkî niyetininki gibi bir gücün derecesine ve kuvvetine dair kavramı kendi kendine ancak engellerle etrafı sarılmış halde tesis edebilir; bu durumda bile en şiddetli saldırıların karşısında muzaffer kalır.

O halde insanoğlu, bu (insan doğasının Kendi üstüne almış gibi temsil edildiği düzeyde) Tanrı'nın Oğlu'na duyduğu pratik iman sayesinde Tanrı gözünde kabul edilebilir (dolayısıyla da kurtarılmış) olmayı umabilir. Başka bir deyişle, o, yalnızca o, temelleri sağlam bir güven bahşedildiği için, kendini böyle bir ahlâki yaratılışın bilincinde olan ilahi rızaya layık değilmiş gibi görmeme; benzer ayartılar ve ıstıraplar altında (bunlar söz konusu idenin mihenk taşı haline geldiği sürece), insanlığın ilk-örneğine yoldan sapmadan sadık kalacağına ve inançlı öykünmesi aracılığıyla örneğine uyacağına inanma yetkisine sahiptir

B. Bu İdenin Nesnel Gerçekliği

Pratik bakış açısından, bu ide kendi hesabına tamamıyla gerçektir, çünkü ahlâki-yasa koyan aklımızın içinde bulunur. Ona uymamız gerekir; sonuç itibariyle böyle yapabiliyor olmalıyızdır. Başlangıçta, (boş kavramlarla yanıltılma tehlikesini savuşturacaksak) doğanın kavramları söz konusu olduğunda mutlak elzem olduğu gibi, insanın bu ilk-örneğe uyma imkânını kanıtlamak zorunda kalsaydık, iradmizin koşulsuz ve buna karşın yine de yeterli bir belirleyici zemininin yetkisini ahlâk yasasına vermekte bile tereddüde düşmemiz gerekirdi. Zira yasaya uygunluğa dair yalın idenin irade için, kişisel kazanımlardan kaynaklanan anlaşılabilir tüm güdülerden daha güçlü olmasının nasıl mümkün olabileceği ne akılla anlaşılabilir, ne de şimdiye kadar tecrübeye dayanan örneklerle kanıtlanabilmiştir. İlkine gelirsek, yasa şartsız ve sınırsız emreder; ikincisi söz konusu olduğunda ise, bu yasaya koşulsuz bir itaati kabul eden bir tek birey bile var olmamış olsa da, böyle biri olmanın nesnel gerekliliği eksilmemiş ve apaçık olarak kalacaktır. O halde, Tanrı'yı ahlâkî bakımdan hoşnut eden bir kişinin idesini ilk-örneğimiz haline getirmek için ampirik bir örneğe ihtiyacımız yoktur; bu ilk-örnek olarak zaten aklımızın içinde mevcuttur. Üstelik birisi, belli bir bireyi söz konusu ideyle uyumlu böyle bir örnek olarak benimsemek adına, onu taklit edebilmek için gördüğünden daha fazlasını, yani, bütünüyle lekesiz ve istenebilecek en yüksek övgüye değer bir yaşam biçiminden daha fazlasını talep ederse; ayrıca inanç için elzem bir delil olarak, bu bireyin mucizeler gerçekleştirmiş ya da gerçekleşmesini sağlamış olması gerektiğini iddia ederse, tüm bunları talep eden kişi kendi ahlâkî inançsızlığını, yani, erdeme inanç duymaktan yoksun olduğunu itiraf etmiş olur. Bu, mucizelere dayanan (ve salt tarihsel olan) hiçbir inancın onaramayacağı bir eksikliktir. Çünkü sadece, aklımızın içinde yatan idenin pratik geçerliliğine sahip bir inanç ahlâkî değere sahiptir. (Elbette, sadece bu ide, iyilik ilkesinin muhtemel etkileri olarak bu mucizelerin doğruluğunu tesis edebilir; ama asla kendi doğrulanırlığını ondan türetemez.)

Sırf bu nedenle bir tecrübenin, içinde böyle [ahlâken kusursuz] bir insan örneğinin temsil edildiği durumda (en azından, herhangi bir salt dışsal tecrübeden, manevi ve ahlâkî bir yaratılışa dair kanıtları umabildiğimiz ya da talep edebildiğimiz ölçüde) mümkün olması gerekir. Yasaya göre her insan kendi kişiliği içinde bu idenin bir örneğini gerçekten de tesis etmelidir; ilk-örnek işte bu nedenden ötürü daima aklın içinde mukimdir; bunun sebebi de dış tecrübenin ona uygun olmamasıdır; çünkü dışsal tecrübe, yaratılışın içsel doğasını açığa vurmaz, yalnızca onun hakkında, üstelik sağlam bir kesinliğe de dayanmayan bir çıkarsamaya izin verir. (Çünkü bir insanın içsel tecrübesi bile, kendisi göz önünde alındığında, icra ettiği maksimlerin temelinin, ya da bu maksimlerin saflığının ve durağanlığının son derece kesin bilgisini kendini gözleme yoluyla elde etmesini sağlayamaz.)

Şimdi gerçekten de, böylesine hakiki tanrısal zihinli bir insanın belli bir dönemde adeta gökyüzünden yeryüzüne indiği ve öğretileri, davranışları ve çektiği acılar aracığıyla insanlığa Tanrı'yı hoşnut eden birinin, dışsal tecrübede bulunabilecek (çünkü unutulmamalıdır ki, böyle bir kişinin ilk-örneği ancak kendi aklımız içinde aranabilir) en mükemmel örneğini bizzat verdiği doğru olsaydı; ayrıca, tüm bunlar aracılığıyla, insan ırkındaki bir devrime etki ederek yeryüzünde ölçülemeyecek kadar müthiş bir ahlâki iyilik yaratsaydı bile, onun doğanın babalık ettiği bir insandan başkası olduğunu varsaymak için bir sebebimiz olmazdı. (Aslında, doğanın oğlu olan insan kendini, içinde tam da böyle bir örnek oluşturma zorunluluğunda hisseder.) Bu elbette, doğaüstü biçimde doğmuş olabileceğini kesin olarak inkâr etmek değildir. Ancak bu, dışavurumda vücut bulduğunu fark ettiğimiz ilk-örneğin, eninde sonunda (sadece doğal insanlar olmamıza karşın) kendi içimizde aranması gerektiğinden, doğaüstü olmasının bize pratik olarak hiçbir yarar sağlamayacağı anlamına gelir. Ve ilk-örneğin insan tinindeki mevcudiyeti, onun doğaüstü kökenine tikel bir birey için varlığını kabul etme varsayımını eklemesek bile, yeterince anlaşılmazdır. İnsan doğasının tüm zayıflıklarının üzerindeki böylesine kutsal bir insanın yükselişi, görebildiğimiz kadarıyla, örnek alacağımız böyle bir kişi idesinin benimsenmesini bilakis engelleyecektir. Çünkü Tanrı'yı bireysel olarak hoşnut etmenin doğasının, tıpkı kendimiz gibi aynı ihtiyaçlarla, dolayısıyla aynı kederlerle ve aynı eğilimlerle, dolayısıyla aynı ihlal için aynı kışkırtıcılarla çevrili olduğu anlamında görülmelidir; ne var ki onun, iradesinin çabayla değil doğuştan elde edilen değişmez saflığı derecesinde insanüstü görünmesine izin verilmesi, kendi payına her tür ihlali tamamen imkânsız hale getirecektir. Bu durumda doğal insana olan uzaklığı sonsuz büyüklükte olacaktır ve böyle ilahi bir kişilik artık insana örnek gösterilemez. İnsan şöyle diyecektir: Benim de kusursuz kutsiyette bir iradem olsaydı, kötülüğün tüm ayartılarının içime girmesi engellenirdi; ben de yeryüzündeki kısa bir hayattan sonra bir anda gökyüzü krallığının ebedi görkeminin katılımcısı olacağıma dair en bütünlüklü içsel teminata sahip olsaydım, tüm kederleri, ne kadar acı olurlarsa olsunlar, hatta en rezil ölümü bile sadece memnuniyetle değil, aynı zamanda neşeyle karşılardım. Çünkü görkemli ve çok yakın olan netice gözlerimin önünde olurdu. Elbette bu ilahi kişiliğin ebediyetten gelen tüm itibarın ve mutluluğun fiili sahibi olduğu (ve onları elde etmek için başlangıçta böyle ıstıraplara ihtiyaç duymadığı), ayrıca kendi isteğiyle, tamamen değersiz olanlar, hatta düşmanları uğruna, onları ebedi azaptan kurtarmak için bu itibar ve mutluluktan vazgeçtiği düşüncesi –işte bu düşünce– yüreklerimizde hayranlık, aşk ve minnettarlık uyandırmalıdır. Benzer şekilde, böylesine mükemmel bir ahlâk ölçütüyle uyum içindeki tavır idesi, bizim için birebir taklit etmemiz gereken bir model olacaktır. Yine de kendisi, bize ne taklidimizin bir örneğiyle, ne de bunun sonucunda bizim için böylesine saf ve yüce olan ahlâki bir iyiliğin elverişliliğinin ve ulaşılabilirliğinin bir kanıtı olarak açıklanamaz.[28]

Demek ki, tamamen insan olmasına rağmen böyle ilahizihinli bir öğretmen yine de (öğretilerinde ve tavırlarında) kendinden dürüst biçimde, iyilik ülküsünün kendi içinde vücut bulmuş biri gibi bahsedemez. Bunları söylerken, ancak eylemlerinin kuralı haline getirdiği niyetine anıştırma yapmış olacaktır; bu niyeti başlı başına görünür kılamadı-

---

[28] Bireysel bir varlığın eylemlerinde, bu kişiyi ya da dışavurumunu insani olarak temsil etmeden, kayda değer herhangi bir ahlâki değer düşünemiyor olmamız gerçekten de insan aklının bir kısıtlaması ve ondan ayrılmaz bir şeydir. Bu sadece, böyle bir değerin kendi içinde (kato alhqeian) bu şekilde koşullu olduğunu göstermez. Göstermek istediği, duyularüstü nitelikleri bizim için anlaşılır hale getireceksek, doğal var oluşlarla bir analojiye başvurmamız gerektiğidir. Böylelikle felsefi bir şair, varlıkların ahlâki sınıflandırmasında insana, kendi içindeki kötülük yönelimiyle savaşmak zorunda olduğu ve tam da bu gerçek sonucunda söz konusu yönelimi yönetebilme gücüne sahip olabileceği için, doğalarındaki kutsiyet nedeniyle doğru yoldan sapma ihtimalinin ötesine yerleştirilmiş olan gökyüzü sakinlerinden daha yüce bir yer verir:
*"Dünya tüm kusurlarıyla
Daha iyidir iradesiz melekler ülkesinden."* (Haller)
Kutsal Kitaplar da, Tanrı'nın insan ırkına duyduğu sevginin düzeyini anlayabilmemiz için, O'na seven bir varlığın bulunabileceği en yüksek fedakârlığı, hak etmeyenlerin bile mutlu olması için yapılan bu fedakârlığı ("Çünkü Tanrı dünyayı öyle çok seviyordu ki...") atfettiklerinde, bu temsil biçimine uyum sağlarlar; öte yandan biz her şeye gücü yeten bir Varlığın, Kendi mutluluk durumuna dair bir parçayı neden feda edebileceğini, ya da neden Kendisini böyle bir mülkiyetten yoksun bırakacağını rasyonel olarak anlayamayız. Analojinin şematizmi öyledir ki (bir açıklama aracı olarak) ondan vazgeçemeyiz. Ancak onu nesnel bir belirlenimin şematizmine dönüştürmek insanbiçimcilik olur; bu da (dindeki) ahlâki bakış açısından en zararlı sonuçlara sahiptir.
Bu noktada aklıma gelmişken, duyusaldan duyularüstü olana yükseliş sırasında, şematize etmeye (duyusal bir şeyle yapılan analoji yardımıyla bir kavramı anlaksal hale getirmek) gerçekten de izin verilebilirken, bizim bu analoji aracılığıyla öncekini ele geçirmenin aynı zamanda sonrakine atfedilmesi gerektiği sonucunu çıkaramayacağımızı (dolayısıyla da kavrayışımızı genişletemeyeceğimizi) belirtmeme izin verin. Böyle bir çıkarım imkânsızdır, çünkü çok basit biçimde, bir kavramı kendimiz için anlaksal hale getirme (bir örnekle destekleme) adına bir şemaya mutlak ihtiyaç duyduğumuzdan, bu şemanın nesnenin kendi yüklemi olarak ona ait olması gerektiği sonucuna varan tüm analojilere doğrudan karşı çıkacaktır. Sonuç olarak, şöyle diyemem: Bir bitkinin (ya da herhangi organik bir mahlûkun, ya da aslında bütün amaca yönelik dünyanın) nedenini, bir zanaatkârın işiyle (örneğin bir saatle) ilişkisi gibi bir analoji üzerinden, sadece ona anlak atfederek anlaşılır hale getirebilirim; o halde (bitkinin ya da genel olarak dünyanın) nedeni kendiliğinden bir müdrikeye sahip olmalıdır. Yani, nedenin bu kabul edilmiş zekâsının sadece benim anlayışımı değil, aynı zamanda onun bir neden olma olasılığını da koşula bağladığını söyleyemem. Aksine, bir şemanın kavramıyla olan ilişkisi ile aynı kavram şemasının nesnel olgunun kendisiyle olan ilişkisi arasında bir analoji değil, daha ziyade bir uçurumdur, bir anda insanbiçimciliğe götürenin (metabasiV eiV allo genoV) yok sayılmasıdır. Bunun kanıtını başka bir yerde verdim.

ğından, yani başkaları için bir örnek haline getiremediğinden, onu sadece öğretileri ve eylemleri yoluyla başkalarının önüne serer: "Hanginiz bana günahlı olduğumu kanıtlayabilir?" Çünkü aksi kanıtların yokluğunda, bir öğretmenin –üstelik de herkes için bir ödev konusu olduğunda- öğretisi için tahsis ettiği kusursuz örneği, insanın fevkalâde saf ahlâki niyetine isnat etmekten daha doğru bir şey olamaz. Böyle bir niyet, dünyadaki en yüce iyilik uğruna üstlenilen tüm ıstıraplarla birlikte, insanoğlunun ülküsü olarak alındığında, en yüce doğruluğun ölçütleri aracılığıyla, insan ne zaman kendi mizacını gerektiği gibi ona yöneltirse, kendisi için tüm zamanlarda ve tüm dünyalarda kusursuz ve geçerli bir ülkü olur. Elbette böyle bir ergi, söz konusu mükemmel yaratılışla tamamen ve kusursuz biçimde uyumlu olan bir hayat akışından meydana geldiğinden, daima kendi dürüstlüğümüz olarak kalmayacaktır. Yine de, en büyük zorlukların bu benimseme eylemini anlaşılır kılma yolunda karşımıza çıkmasına rağmen, kendi niyetimiz ilk-örneğinkiyle aynı bakış açısına sahip hale getirildiğinde, böyle bir dürüstlüğü benimsememiz mümkün olmalıdır. Bu zorluklara şimdi değineceğiz.

C. Bu İdenin Gerçekliğine Karşı Koyan Zorluklar ve Çözümleri

Yasa Koyucunun kutsallığını ve dürüstlük eksikliğimizi göz önünde bulundurduğumuzda, içimizdeki, Tanrı'yı hoşnut eden insanlık idesinin gerçekleşmesi konusunda şüpheye yol açan ilk zorluk şudur. Yasa der ki: "Cennet'teki Baba'nızın kutsal olduğu kadar (hayatınızın gidişatı bakımından) kutsal olun." Model olarak önümüze konan Tanrı'nın Oğlu ülküsü budur. Ancak kendi içimizde harekete geçirmemiz gereken iyi ile kendisinden yola çıktığımız kötüyü birbirlerinden ayıran mesafe sonsuzdur. Hayatımızın akışını yasanın kutsiyetine uydurma eylemininse herhangi bir zamanda yerine getirilmesi imkânsızdır. Bununla birlikte, insanın ahlâki oluşumu bu kutsiyete uymak zorundadır. O halde bu oluşumun, içinden bütün iyiliklerin gelişebileceği bir tohum olarak, kişinin yaratılışının, yani yasaya davranış uygunluğunun her şeyi kapsayan ve hakiki maksiminin içinde bulunması gerekir. İşte o zaman, bireyin kendi en yüce maksimi yaptığı kutsal ilkeden böyle bir yaratılış doğar. Fikir ve davranışlardaki böyle bir değişim mümkün olmalıdır, çünkü ödev bunu gerektirir.

Şimdi zorluk şurada yatıyor: Eylemin her zaman (ebediyen değil, ama zamanın her bir anında) eksik kaldığı durumda, nasıl olup da bir yaratılış bizzat eylemin yerine konabilir? Çözüm şu düşüncelerde yatıyor. Neden sonuç ilişkisine dair kavrayışımızda, kaçınılmaz biçimde zamanın- koşulların- kuşatmasındayız. O halde tahmin biçimimize göre, davranışın kendisi, bir noksandan daha iyiye giden sürekli ve sonsuz bir ilerleme olarak daima eksik kalır. Sonuç alarak iyiliğe içimizde belirdiği haliyle, yani bir eylem kisvesi altında, kutsal bir yasa için hep yetersiz kaldığı şekliyle bakmamız gerekir. Ama aynı zamanda iyiliğimizin yasaya uygunluğa yönelik bu sonsuz ilerleyişini, bu ilerleme fiili edimler ya da hayati davranışlar anlamında anlaşılsa bile, kalbin içindekini bilen Kişi tarafından saf bir anlaksal sezgi aracılığıyla, ancak bizzat bu ilerlemeyi ortaya çıkaran ve kendi içinde duyularüstü olan doğası nedeniyle, tamamlanmış bir bütün olarak yargılanmış gibi düşünmemiz gerekir.[29] Böylelikle insan, varoluşu hangi anda sona ererse ersin, sürekli eksikliğine rağmen, özünde Tanrı'yı hoşnut edebilmeyi umabilir.

İkinci zorluk insanı, iyiliğe ulaşmak için çabaladığından, ahlâki iyiliğinin ilahi iyilikle olan ilişkisi bakımından ele aldığımızda ortaya çıkar. Bu zorluk ahlâki mutluluğa dairdir. Bunu söylerken, fiziksel mutluluk anlamına gelen, kişinin fiziksel durumundan ebedi bir memnuniyet (kötülükten azat ve sürekli artan hazların tadına varma) duymasını kastetmiyorum; söylemek istediğim daha ziyade iyiliğin içinde sürekli bir ilerleme kaydeden (ve ondan asla uzağa düşmeyen) bir yaratılışın/niyetin gerçekliği ve değişmezliğidir. Zira birisi bu tür bir yaratılışın değişmezliğinin mutlak teminatı altında olsaydı, "Tanrı'nın krallığının peşine düşme" edimi, böyle bir zihne sahip bireyin "geri kalan (yani fiziksel mutluluğa dair) her şeyin ona ekleneceğine" dair gönüllü bir güven duyduğu sürece, kendini bilmekle aynı anlama gelirdi.

Şimdi, bu konuda özen gösteren bir kişiye, kaygılarından dolayı muhtemelen şu şekilde sitem edilecektir: "O'nun (Tanrı'nın) Ruhu bizim ruhumuzun tanığıdır"; yani, gerekli saf yaratılışa sahip olan, bir daha asla kötülüğü sevecek kadar alçalamayacağı hissindedir. Ve yine, duyularüstü olduğu varsayılan bu hislere güvenmek, oldukça tehlikeli bir işe girişmektir; insanın kanması için kendi iyi düşüncesini des-

---

[29] Yine de izleyen konu görmezden gelinmemelidir. Yukarıdaki açıklamayla, yaratılışın ödeve sadakatteki başarısızlığı, ya da dolayısıyla bu sonsuz [gelişime dair] gidişat içindeki fiili kötülüğü telafi etmeye hizmet edeceğini kastetmiyorum (daha ziyade, insanın içinde bulunan ve Tanrı'yı hoşnut eden ahlâki kişiliğin bu zamansal diziler içinde karşımızı çıkacağını önceden varsayıyoruz). Kastettiğim şey, amacı olmadan sürdürülen bu benzerlik dizilerinin bütününün yerine geçen yaratılış, sadece böylesi bir zamansal varlığın mevcudiyetinden ayırt edilemeyen o başarısızlığı, yani, aklımızda neler olacağına dair bulunan her şeyi telafi edebilir. Bu ilerleyiş sırasında ortaya çıkan fiili sapkınlıkların telafisi sorunu, üçüncü zorluğun çözümüyle bağlantılı olarak düşünülecektir.

tekleyen şeyden daha kolay bir yol yoktur. Üstelik kişiyi böyle bir güvene teşvik etmek makul bile görünmez; bu, "korku ve titremeyle kendi kurtuluşunu başarabilmek" (zorlu bir deyiştir bu, yanlış anlaşılırsa, insanı en karanlık bağnazlığa sürükleyebilir) adına daha ziyade (ahlâk bakımından) yararlıdır. Öte yandan bir insan ahlâki mizacında her tür güvenden yoksunsa, bunu bir kez elde ettiği zaman, sebatla içinde sürdürebilmesi çok zordur. Ne var ki böyle bir güveni ne haz verici ne de kaygılandırıcı düşlere boyun eğmeden, şu ana kadarki hayatının akışını, benimsediği kararlılıkla karşılaştırarak kazanabilir. Yeterince uzun bir yaşam süresi sonunda, bu iyilik ilkelerinin edinildikleri zamandan şimdiye dek davranışlarına, yani yaşam biçiminin sürekli gelişimine olan yararını gözlemlemiş bir insanın, halen sadece buna dayanarak, içsel yaratılışında temel bir ilerleme olduğu tahminine vardığı gerçekten de doğrudur. Umut için de aynı şekilde makul sebepleri vardır. Böyle ilerlemeler, altlarında yatan ilke iyi olduğu takdirde, gelecekteki atılımlar için kişiye sürekli olarak güç vereceğinden, bu gidişatı hayat boyu asla bırakmayacağını ve sürekli artan cesaretine yönelmeye devam edeceğini umabilir. Dahası da var: bu hayattan sonra onu bekleyen başka bir hayat varsa, bu gidişatı aynı ilkeyle uyumlu halde takip etmeyi – görünüşe göre başka koşullar altında olsa da – sürdürmeyi ve mükemmellik hedefine – asla ulaşamayacak olsa bile – sürekli olarak yaklaşacağını umabilir. Bütün bunları makul biçimde ümit edebilir, çünkü şimdiye kadar kendinde gözlediklerinin gücüne dayanarak, kendi yaratılışını kökten bir gelişim içindeymiş gibi görebilir. Sık sık tekrarlanan iyi niyetlere rağmen, asla durumunu korumamış olduğunu keşfeden, sürekli olarak kötülüğe düşen, ya da hayatı ilerlerken, sanki bir yamaçtaymış gibi sürekli olarak kötüden daha da kötüye doğru kaydığını itiraf etmek zorunda kalan kişi içinse durum bunun tam tersidir. Böyle bir birey, yeryüzünde yaşamaya devam ettiği sürece, ya da kendisini bekleyen başka bir hayat olsa bile, davranışlarını daha iyi yürütebileceğine dair makul bir umudu içinde barındıramaz, çünkü geçmişte olanlar yüzünden, yozlaşmaya kendi yaratılışının kökündeymiş gibi bakacaktır.

Şimdi, ilk deneyimde sınırsız, ama mutlu ve arzu edilen bir geleceği görür gibi oluruz; ikincisinde ise bu gelecek hesaplanamayacak bir ıstırap haline gelir – ikisi de, kutsal ya da lâin bir ebediyet hakkında yargıda bulunabildikleri ölçüde, insanlar içindir. Bunlar bir topluluğa huzur getirmek, iyilik bakımından güçlendirmek ve ötekinin içindeki, kötülükle olan bağlarını tamamen koparmayı emreden vicdanın sesini uyandırmak için yeterince güçlü temsillerdir. Dolayısıyla biz, insanın kaderinin ebedi bir iyi ya da kötü olduğuna dair nesnel öğretiyi dogmatik biçimde şart koşmaya kalkışmamıza gerek bırakmadan, güdü görevi görecek kadar güçlüdür.[30] Bilgi üzerine böyle savlarda ve iddialarda bulunurken,

---

[30] Çocukça diye adlandırılabilecek, bir cevabı bulunması bile sorunun daha bilge biri olmayacağı o sorulardan biri budur: Cehennemin cezaları sonlanabilir mi yoksa daimi midir? İlk seçenek öğretilecek olsa, birçoklarının (daha doğrusu Araf'a inanan herkesin) Moore'un Gezileri'ndeki denizciyle beraber "O zaman umarım buna direnebilirim!" deme korkusunun sebebi olacaktır. Öte yandan, öteki seçenek olumlansa ve bir inanç bahsi olarak kabul edilse, son derece ahlâksız bir hayattan sonra cezaya tam bir bağışıklık umudu – öğretinin amacı böyle bir umuda tamamen karşıt olsa da – ortaya çıkacaktır. Çünkü böyle kötü bir hayatın sonunda, geç kalınmış tövbe anındaki bir adamın öneri ve tesellisi için peşinden koştuğu rahip, günahı işleyene ebedi mahkûmiyetini açıklamayı korku verici ve gayriinsanî bulacaktır. Ve bununla tam bir arınma arasında bir orta yol bilmediğinden (bunun yerine insanların bütün ebediyet boyunca cezalandırılacaklarını ya da hiç ceza çekmeyeceklerini bildiğinden), günahkâra sonraki seçeneğe dair bir umut vaat etmek durumunda kalacaktır. Yani, onu bir anda Tanrı'yı hoşnut eden bir adama dönüştürme sözü vermek zorunda kalacaktır. Üstelik artık iyi bir yaşam sürmeye başlayacak zaman kalmadığından, pişmanlık beyanları, inanç itirafları, dahası, ölümün biraz daha

geciktirilmesi durumunda yeni bir hayat süreceğine dair dindarca yeminler bu dönüşümün aracı görevi görecektir. İnsanın burada sürdüğü yaşam biçimine uygun olarak, gelecekteki kaderinin ebediliği bir dogma olarak ortaya konduğunda kaçınılmaz sonuç budur. Aksine, bir insana kendisi için şu ana kadarki ahlâkî durumunun doğal ve öngörülebilir sonucu olarak gelecekteki durumunun bir kavramını çizmesi öğretildiğinde, kötülüğün egemenliği altındaki bu sonuçlar dizisinin ölçülmezliği onun üzerinde, akıbetinin ebediliğinin beyanıyla aynı kazançlı ahlâkî etkiyi (örneğin, eylemleriyle orantılı olan bir telafi ya da bedel yoluyla, şu ana kadar yaptığı ne varsa, yaşamı bitinceye kadar mümkün olduğunca bunları geri almasına zorlayarak) bırakacaktır, ancak o dogmanın insanın mahzurlarını (üstelik ne rasyonel içgörüsünü, ne de Kutsal Kitapların tefsir güvencelerini) peşinde sürüklemeyecektir. Çünkü bu dogmanın sonuçları öyledir ki kötü insan ya baştan itibaren, hatta yaşamı sırasında, bu mazeretin son derece kolay biçimde elde edilebileceğini varsayar; veyahut hayatı biterken, onun sadece ilahi adaletin kendi üzerindeki taleplerine dair bir sorun olduğuna ve bu taleplerin sadece sözcüklerle yerine getirilebileceğine inanır. Bu esnada insanlık hakları hiçe sayılır ve hiç kimse kendine ait olanı geri alamaz. (Bu, böyle kefaretler için öylesine yaygın bir akıbettir ki aksi bir örneğe neredeyse hiç rastlanmamıştır.) Dahası, herhangi biri aklının, bilinci vasıtasıyla kendisini çok yumuşak yargılayacağından endişe ediyorsa, bence çok ciddi bir yanılgı içindedir. Çünkü tam da akıl özgür olduğu ve bizzat insanın üzerinde de bir hüküm vermek zorunda kaldığı için, akla rüşvet verilmez; ve bu koşullar altındaki bir insana, çok geçmeden bir yargıcın huzuruna çıkmasının en azından mümkün olduğunu söylersek, onu, çok büyük bir sertlikle ne olursa olsun kendisini cezalandıracak olan düşünceleriyle baş başa bırakmamız gerekir.

Buraya bir iki görüş daha ekleyeceğim. Bilindik "İyi biten her şey iyidir," deyişi gerçekten de ahlâkî durumlara uyarlanabilir, ancak bunun için, iyi bitmek derken, bireyin özünde iyi bir kişi haline gelmesi kastedilmelidir. Ancak bu çıkarımı yalnızca sonraki sürekli iyi davranıştan hareketle, ama hayatının sonunda, yani hiç vakti kalmadığında yapabileceğinden, kendisini neyin içinde böyle tanıyacaktır? Bu deyişin mutluluğa uyarlanması daha kolay kabul edilebilir, ama burada bile bir insanın kendi hayatına baktığı konuma göre – yani, hayatına başlangıçtan beri ileri doğru değil, sondan geriye doğru bakıyorsa – değişir. Karşı konulmuş dertler, bir kere artık onlardan kurtulduğumuzu anladık mı, artık arkalarında ıstıraplı anılar değil, şimdi bizim olmaya başlayan iyi talihin keyfini arttırmaktan başka bir şey yapmayan bir memnuniyet hissi bırakır. Çünkü hem haz hem de acı (duyular dünyasına ait oldukları gibi) zamansal dizilere dâhildir, dolayısıyla onunla birlikte yok olurlar; hayatın mevcut keyfinin bütünlüğü içine girmezler, onun tarafından halefleri olarak yerlerinden edilirler. Sonuç olarak, bu deyiş şimdiye kadar sürmüş olduğumuz hayatın ahlâkî değeri bakımından uyarlanırsa, hayatın sonundaki tavrımız kusursuz iyi olsa bile bu hakikati kabul ederek çok büyük bir yanlışa girmiş oluruz. Çünkü hayatımızı yargılamanın tek ölçütü olması gereken yaratılışın öznel ahlâkî ilkesi (duyularüstü bir şey olarak) öyle bir doğaya sahiptir ki, mevcudiyeti zaman periyotlarına bölünmeye elverişli değildir ve ancak mutlak bir birlik olarak düşünülebilir. Ve yaratılışa dair bir sonuca ancak (yaratılışın görünümleri olan) eylemlerimiz temelinden varabileceğimiz için, hayatımız zamansal bir birlik olarak böyle bir yargının bütünü halinde ele alınmalıdır; bu durumda hayatın (ilerleme başlamadan) önceki bölümünden ortaya çıkan [vicdana ait] kusurlar, daha sonraki bölümün tasvibi kadar yüksek sesle konuşabilir ve muzaffer "İyi biten her şey iyidir!" ifadesini oldukça bastırabilir.

Sonuç olarak öbür dünyadaki cezalandırmanın süresi hakkındaki bu öğretiyle özdeş olmasa da, onunla yakın bir ilişkisi bulunan başka bir akide var; şöyle ki, "Tüm günahların burada affedilmesi gerekir" diyerek, yaşamın sonunda hesabımızın tamamen kapatılması ve hiç kimsenin bir şekilde burada ihmal ettiğini orada yeniden ele geçireceğini ümit etmemesini söyler. Önceki öğreti kendini bizim için dogma olarak ne kadar ifşa ediyorsa, bu da ondan fazlasını yapmaz. O sadece, sayesinde pratik aklın, bir yandan bu duyularüstü ülkenin nesnel kişiliğine dair hiçbir şey bilmediğini kabullenirken, öte yandan doğaüstünün kendi kavramlarının kullanımını düzenlediği bir ilkedir. Yani pratik akıl der ki: Tanrı'yı hoşnut eden kişiler olup olmadığımıza dair bir çıkarıma, ancak yaşamımızı

akıl kolaylıkla kendi içgörüsünün sınırlarının ötesine geçer. Ve böylece bilincinde olduğumuz (ve bizi yöneten iyi ruh olarak görebileceğimiz) o iyi ve saf yaratılış içimizde, dolaylı da olsa kendi sürekliliğinde ve durağanlığında bir güven yaratır ve sapmalarımız ne zaman bizi onun durağanlığı hakkında kaygıya düşürse, Rahatlatıcımız (Şefaatçi) olur. Bu bakımdan bir kesinlik insan için ne mümkündür, ne de, şu ana kadar görebildiğimiz kadarıyla, ahlâken yararlıdır. Çünkü dikkatle kaydetmemiz gerekir ki böyle bir güveni yaratılışımızın değişmezliğinin aracısız idraki üzerine temellendiremeyiz. Zira bunu ayrıntılı biçimde inceleyemeyiz: Bu konudaki değerlendirmelerimizi her zaman sadece yaşam biçimimizdeki sonuçlarından çıkartmalıyız. Ne var ki böyle bir değerlendirmeye sadece iyi ya da kötü yaratılışın görünümleri olarak algı nesnelerinden ulaşılabileceğinden, yaratılışın gücünü belli bir kesinlik içinde ifşa edemez. Ölmeyi beklediğimiz zamandan sadece kısa bir süre önce yaratılışımızda bir ilerleme kaydettiğimizi düşünürsek bu kısmen doğru olabilir; çünkü şimdi, ahlâki değerimize dair bir yargıyı temellendireceğimiz, gelecekteki bir davranışın yokluğunda, yeni yaratılışın özgünlüğünün böyle ampirik kanıtları bile tamamen eksik kalır. Bu durumda, ahlâki durumumuz hakkındaki rasyonel tahminimizin kaçınılmaz sonucu (insan doğasının, bu hayatın sınırları ötesindeki tüm görüşlerinin bilinmezliği sayesinde, gerçekten de bu rahatsızlığın aman-

---

sürdürme yöntemimizden varabiliriz; ne var ki böyle bir yaşam sürme hayatla birlikte sona erdiğinden, genel toplamı kendimize haklı olarak bakıp bakamayacağımızın tek ölçütü olan hesaplama da, ölümle birlikte bizim için kapanır.
Genel olarak, sonuçta içgörüsü bizim için ebediyen olanaksız olan duyularüstü nesnelerin bilgisinin oluşturucu ilkelerini amaçlamak yerine, yargımızı ahlâki yaşama olası uyarlanmalarıyla yetinen düzenleyici ilkelerle sınırlandırsaydık, insanın bilgeliği çok daha fazla açıdan daha iyi olur ve son tahlilde hakkında hiçbir şey bilmediğimiz varsayımsal bir bilgi – bir süre için gerçekten de parıldayan, ancak sonunda görünür hale geldiği için ancak ahlâkın çöküşüne hizmet eden temelsiz bir yanıltmaca – doğmazdı.

sız bir hayal kırıklığına dönüşmesini engellemesine rağmen) bir biçarelik hissidir.

Hayat tavrı bir bütün olarak ilahi bir doğruluğun huzurunda yargılandığında, her insanı iyilik yoluna girdikten sonra bile ahlâksız olarak gösteren üçüncü ve görece en büyük zorluk şöyle ortaya konabilir: Bir insan iyi bir yaratılışa sahip olma yolunda ne yaparsa yapsın ve gerçekten de, böyle bir yaratılışa uygun tavırda ne kadar kararlılık gösterirse göstersin, kötülükten yola çıkmıştır ve bu borcu hiçbir şekilde temizleyemez. Çünkü fikir değişimlerine müteakip yeni borçlara maruz kaldığı gerçeğine, eskilerinden kurtulduğu durumla denkmiş gibi bakamaz. Aynı şekilde, gelecekteki iyi davranışı aracılığıyla, her an ortaya koyma zorunluluğu altında bulunduğunun üzerinde bir fazlalık da üretemez, zira gücü dâhilinde bulunan her türlü iyiliği yapmak her zaman onun ödevidir. Asli olan ya da bir insanın yapabileceği tüm iyiliklerden – Birinci Kitap'ta değindiğimiz, insandaki kökten kötülüğe dair söylediğimiz bundan ibaretti – önce gelen bu borç, insan aklının adaletine göre yargıda bulunduğumuz sürece, asla başka bir kişi tarafından ödenemez. Çünkü bu hiçbir zaman (alacaklı için borcu borçlu olanın mı yoksa başka birinin ödediğinin bir önemi bulunmadığı) mali bir borçlanma gibi, başkasına devredilebilecek bir yükümlülük değildir; tüm borçlar içinde en kişisel olandır, yani günah borcudur; sadece faili tarafından taşınabilir ve hiçbir masum kişi, üstlenmek için yeterince yüce biri olsa bile, başkası adına bu borcu yüklenemez. Şimdi (ahlâk yasasının ihlali, ya da yasaya ilahi bir buyruk olarak bakıldığında GÜNAH denen) bu ahlâki kötülük, sonsuz yasa ihlallerini ve dolayısıyla sonsuz suçu beraberinde getirir. Bu suçun kapsamı, (bizler insanla En Yüce Varlık arasındaki aşkın ilişkilerden hiçbir şey anlamadığımız için) yetkisine karşı konan Yüce Yasa Koyucunun sonsuzluğuna çok da bağlı değildir. Zira bu ahlâki kötülük genellikle niyette ve maksimlerde, tikel ihlallerden ziyade tümel ve temel ilkelerde bulunur. (İnsanlardan oluşan bir mahkemenin huzurunda ise durum farklıdır; çünkü böyle bir mahkeme sadece tekil suçlarla, dolayısıyla da bizzat edimle ve edime dair olanla ilgilenir; genel yaratılışla/niyetle uğraşmaz.) O halde, insanoğlunun bu sonsuz suç yüzünden sonsuz bir cezayı ve Tanrı krallığının dışında bırakılmayı dört gözle beklemesi gerektiği sonucuna varılacakmış gibi görünür.

Bu zorluğun çözümü aşağıdaki düşüncelerde yatar. Kalbi tanıyan birinin hukuki hükmü, suçlananların genel mizacının görünüşleri, yani yasayla çelişkili ya da uyumlu olan eylemleri üzerine değil, bu insanların genel niyeti üzerine kuruluymuş gibi görülmelidir. Ne var ki şimdi insanda, eskiden içinde baskın olan kötü ilkeye üstün gelmiş bir iyi niyetin mevcut olduğunu varsayıyoruz. Dolayısıyla şu soru ortaya çıkıyor: İnsanın eski yaratılışının ahlâki sonucu, yani ceza (ya da başka bir deyişle, Tanrı'nın hoşnutsuzluğunun öznesi üzerindeki etkisi), iyileştirilmiş niyetiyle şimdiden ilahi hazzın bir nesnesi haline gelmiş olan mevcut durumu üzerine verilebilir mi? Soru, fikir değişikliğinden önce, kendisi için takdir edilen cezanın ilahi adaletle uyum içinde olup olmadığı (bu konuda kimsenin şüphesi yoktur) hakkında türetilmediği için, (mevcut konuda) bu cezanın kişinin ıslahından önce tamamlandığı düşünülmemelidir. Ne var ki, kişi fikrini değiştirdikten sonra, cezanın onun yeni niteliğine (Tanrı'yı hoşnut eden bir insan olmasına) uygun olduğu düşünülemez, zira şimdi yeni bir hayat sürmektedir ve ahlâken

Saf Aklın Sınırları Dâhilinde Din

başka biri olmuştur; yine de En Yüce Adalet'in nazarında suçlanmayı hak eden birinin asla suçsuz olamayacağından O'na tatmin edici bir açıklama yapılmalıdır. O halde, cezanın yerine getirilmesi ilahi bilgelikle tutarlı olarak fikir değişiminden ne önce ne de sonra gerçekleşebileceğinden, üstelik yine de gerekli olduğundan, bizzat fikir değişimi sırasında gerçekleştirildiğini ve benimsendiğini düşünmemiz gerekir. Bu durumda, değişmiş bir ahlâki tavır kavramı aracılığıyla, yaratılışı artık iyi olan yeni insanın, kendisini (başka bir durumda) kendine maruz kalmış ve dolayısıyla, ilahi adaleti de tatmin eden cezaları[31] oluşturmuş gibi görmesinden hareketle, ıslah eyleminin içinde böyle terslikler bulup bulamayacağımızı görelim.

Demek ki fikir değişimi, kötülükten ayrılıp iyiliğe giriştir; eski insanı kovup yeni birini giymektir. Çünkü insan, doğruluğa doğru canlanmak için, günaha (dolayısıyla da günaha yönelttikleri düzeyde tüm eğilimlere) karşı ölür. Ama anlaksal bir belirlenim olarak görülen bu değişimin içinde, zaman aralığıyla ayrılmış iki ahlâki eylem değil, sadece tek bir eylem vardır; çünkü kötülükten ayrılmak, ancak bireyin iyiliğine girişini sağlayan iyi niyet sayesinde mümkündür ve tersi için de durum böyledir. Bu yüzden iyilik ilkesi iyi niye-

---

[31] Dünyadaki tüm kusurlara eşit oranda, geçmiş sapkınlıkların cezaları olarak görülmesi gerektiği hipotezi, bir teodise uğruna tasarlanmış, ya da papazlık dini (ya da resmi ibadet) için yararlı bir buluş olarak düşünülemez (çünkü böyle yapay bir bakımdan çok fazla kafa yorulmuş olan bir kavrayıştır); daha ziyade, doğanın gidişatını ahlâk yasalarıyla birleştirmeye meyilli olan ve dolayısıyla hayatın tüm tersliklerinden kurtulmayı ya da ağır basan iyiliklerle bunları telafi etmeyi ümit etmeden önce, daha iyi insanlar olmaya çalışmamız gerektiği fikrini çok doğal olarak kavrayan insan aklına her durumda çok yakın durur. Bu nedenle, böyle bedensel üyelerle donatılmış hayvani yaratıkların, hiçbir ihlalde bulunmamış olsalar dâhi nasıl olup da başka bir yazgıyı bekleyebileceklerini anlayamamamıza rağmen, sırf kendi sapkınlıkları sebebiyle, (Kitabı Mukaddes'te) elmayı yerse ilk insan çalışmaya, karısı çocuklarını acıyla taşımaya ve ikisi de ölmeye mahkûm edilecek şekilde temsil edilmiştir. Hindulara göre insanlar, eski suçlarının cezası olarak hayvan bedenlerine hapsedilmiş (devas denen) ruhlardır. Bir filozof olan Malebranche bile, atların "yasak otu asla yemeden" bu kadar büyük bir sefalete dayanmak zorunda kaldıklarını kabul etmek yerine, rasyonel olmayan hayvanlara bir tin, dolayısıyla da his vermemeyi tercih etmiştir.

tin benimsenmesinde mevcut olduğu kadar kötülüğü terk etme sırasında da mevcuttur; hukuk sayesinde kötülüğe eşlik eden acı da, bütünüyle iyi mizacın sonucudur. ("Eski insanın ölümü," "tenin çarmıha gerilmesi" gibi) Yozlaşmış olandan iyi yaratılışa geliş, başlı başına bir özveri ve hayattaki aksaklıklardan oluşan uzun kafilesine yapılan bir giriştir. Cezalar nasıl diğerine, yani eski insana layıksa (çünkü eski insan gerçekten ahlâken ötekidir), yeni insan kendine layık olmalarına rağmen Tanrı'nın Oğlu'nun yaratılışını, yani sadece iyilik uğruna olan bu yaratılışı üstlenir.

İnsanın (duyular dünyasına ait bir varlık olarak ampirik doğası bakımından) fiziksel olarak eski, aynı suçlu kişi olmasına ve eskisi gibi ahlâki bir mahkeme ve dolayısıyla kendisi tarafından yargılanması gerekmesine rağmen, yeni niyeti nedeniyle, bu niyeti eylem yerine koyan ilahi yargının nazarında (anlaksal bir varlık olarak bakıldığında) ahlâken başka biridir. Ve insanın, (Tanrı'nın Oğlu'nun saflığı gibi) tüm saflığıyla kendinin yaptığı bu ahlâki yaratılış -ya da bizzat bu Tanrı'nın Oğlu- günah suçunu onun için, aslında (pratik olarak) O'na inanan herkes için bir vekil gibi içinde taşır; O, kurtarıcı olarak acıları ve ölümü aracılığıyla en yüce adalete tatmin sağlarken, bir avukat olarak, insanların yargıç huzuruna aklanmış olarak çıkma ümidini mümkün kılar. Sadece (bu temsil biçiminde), eskisi için ölmüş olan yeni insanın, yaşamı boyunca[32] çekmeyi kabul etmesi gereken acı, insanoğ-

---

[32] Duyular dünyasında karşılaşılan eylemlere gelince, en saf ahlâki yaratılış bile, dünyevi bir mahlûk olarak bakılan insanın içinde, Tanrı'yı hoşnut eden bir kula doğru sürekli bir gidişten fazlasını beraberinde getirmez. Aslında nitelik bakımından (duyularüstü biçimde temellenmiş gibi görülmesi gerektiğinden) bu yaratılışın kutsal ve ilköreğinin yaratılışıyla uyumlu olması gerekir ve olabilir; ancak dışavurum düzeyinde, davranışta da açığa çıktığı gibi, daima eksik kalır ve oradan sonsuza dek ayrılır. Bununla birlikte, bu yaratılış bu eksikliğin telafisi için sürekli bir gelişimin temelini de içerdiğinden, bütünün entelektüel bir birliği olarak kendi kusursuz tüketimine giden

lunun temsilcisi tarafından ilk ve son kez katlanılmış bir ölüm olarak betimlendiğini unutmamak gerekir.

O halde, iyi işlerden edinilen – ihtiyaç duyulduğunu önceden belirttiğimiz – kâr fazlası buradadır ve lütuf aracılığıyla bize addedilen şey kendi içinde bir kârdır. Dünyevi hayatımızdakilerin (ve muhtemelen gelecekteki tüm zamanlardaki ve tüm dünyalardakilerin), ancak bir oluş (yani Tanrı'yı hoşnut eden insan haline geliş), ona tamamen sahipmişiz gibi bize atfedilirse ebedi oldukları düşüncesine dair hiçbir, yani, (yaratılışa dair hiçbir aracısız içgörüye boyun eğmeyip, sadece eylemlerimiz üzerine temellenmiş bir fikre izin veren o ampirik kendi bilgimiz aracılığıyla) kendimizi bildiğimiz sürece hiçbir meşru talepte[33] bulunamayız. Çünkü bu durumda içimizdeki ithamcı bir ceza hükmü önermeye daha yatkın olacaktır. Dolayısıyla böyle bir iyiliğe duyduğumuz inancın gücü sayesinde her tür yükümlülükten arınacağımız zaman, buyruk daima, ebedi adaletle tam bir uyum içinde olmasına rağmen, salt lütuftan ibarettir; zira buyruk (bizim

---

[33] eylemin yerini alır. Ama bu noktada akla bir soru geliyor: "İçinde herhangi bir suçlama olmayan" ve olmaması gereken biri, hem aklandığına inanıp, hem de daha büyük bir iyiliğe gitme yolunda karşısına çıkan dertleri ceza olarak sayarak, suçluluğu ve Tanrı'yı hoşnutsuz eden bir yaratılışı benimseyebilir mi? Evet, ama ancak sürekli ertelediği adam niteliği içinde. (Eski adamın) O niteliği bakımından ceza olarak uygun olacak her şeyi (bunun içinde genel olarak yaşamın tüm dertleri ve terslikleri de vardır), yeni insan niteliği dâhilinde sırf iyilik uğruna memnuniyetle üstlenecektir. Sonuçta, yeni bir insan olduğu sürece bu acılar ona hiç de ceza gibi gelmeyecektir. "Ceza" ifadesinin kullanımı sadece, yeni insan nitelikleri içinde, kendisine saldıran ve eski halinin ceza olarak görmek zorunda kalacağı, sırf halen eski adamı öldürme sürecinde olduğu için, kendisinin de böyle kabul ettiği tüm terslikleri ve dertleri artık gönüllü olarak üstlendiği anlamına gelir. Aslında bu ceza, böyle bir ahlâki etkinliğin, dolayısıyla da iyilik yolundaki ilerlemenin bilincinden oluşan memnuniyetin ve ahlâki mutluluğun aynı anda hem sonucu hem nedenidir (bu eylem kötülükten vazgeçmekle bir ve aynıdır). Öte yandan, eski yaratılışının sahibiyken, aynı terslikleri sadece ceza olarak saymak zorunda kalmayacak, sırf terslikler olarak bakılsalar bile, fiziksel mutluluk biçiminde bir bireyin kendi düşünce yapısı içinde tek hedef haline getirdiği şeyin tam tersi olduklarından, bu terslikleri aynı zamanda böyle hissetmek zorunda kalacaklardı. Ama kendi adımıza kendimize atfedebileceğimiz tek şey, bir alış kabiliyetidir; ve bir üstün, bir astın uğruna (ahlâki) kavrayış hariç hiçbir şeye sahip olmadıkları iyiliği bahşeden emrine lütuf denir.

için sadece gelişmiş, yalnız Tanrı'nın bildiği bir yaratılış idesinde bulunan) bir tatmin bahşetme üzerine kuruludur.

Hâlâ şöyle bir soru sorulabilir: Gerçekten de suçlu olan, ama yaratılışını, Tanrı'yı hoşnut edecek şekilde değiştiren bir bireyin savunma idesine dair bu çıkarım herhangi bir pratik kullanıma sahip midir; sahipse bu kullanım ne olabilir? Kişi bundan din ya da yaşamın idaresi için nasıl bir olumlu kullanım çıkarılabileceğini idrak edemez, çünkü az önce dile getirilen sorunun altında yatan koşula göre, söz konusu birey hâlihazırda etik kavramların tüm pratik uygulanışlarının gereğince amaçladığı gelişim ve cesaretlenme için gereken iyi mizacın bilfiil sahibi olmalıdır; rahatlık konusunda ise, iyi bir yaratılış, ona sahip olduğunun bilincine varan herkes için, içinde (kesinliği değilse de) hem rahatlığı hem de umudu taşır. Böylelikle idenin çıkarımı, şüpheli ancak sırf şüpheli olduğu için sessizce ihmal edilemeyecek bir soruya cevap vermekten fazlasını yapmaz. Aksi takdirde akıl, ilahi adaletle, yani insanın suçlarının aklanması umuduyla hiçbir şekilde uzlaşamamakla itham edilebilirdi – böyle bir leke de akla birçok açıdan, ama en çok da ahlâki bakımdan zarar verirdi. Gerçekten de, herkesin yararı için bu haklılaştırma idesinden yapılacak çıkarım sonucu meydana gelebilecek dini ve ahlâki zarar oldukça geniş kapsamlıdır. Çünkü bu çıkarımdan öğreniyoruz ki, sadece bütünlüklü bir fikir değişimi varsayımı, ilahi adalet mahkemesinde suçlanan insanın aklanmasını düşünmemizi sağlayabilir; dolayısıyla ister ceza ister merasim olsunlar, hiçbir kefaret, niyaz ya da hamt ifadesi (hatta temsili Tanrı'nın Oğlu ülküsüne hitap edenler bile) bu fikir değişimi eksikliğinin yerini dolduramaz; bu değişim yoksa ya da mevcutsa, ilahi mahkeme nazarındaki geçerliliğini mümkün olan en az miktarda artırabilir, zira bu ülkü bir tavır halini alacaksa, yaratılışımızın içinde benimsenmelidir.

Bu soru bir noktayı daha akla getiriyor: Bir kişi yaşamının sonunda, yaşam biçimi temelinde kendine ne söz verebilir, ya da neyden korkacaktır? Bir insanın bu soruyu yanıtlaması için kendi kişiliğini en azından belli ölçüde bilmesi gerekir. Yani, mizacının geliştiğine inanabilse dâhi, başlangıçtaki eski (yoz) mizacını da hesaba katması gerekir; ilişkisini kestiği bu niyetin ne olduğunu ve ne kadar olduğunu anlayabilmesi, benimsenen yeni yaratılışın hangi (saf ya da saf olmayan) niteliklere sahip olduğunu, aynı şekilde eski yaratılışa üstün gelme ve nüksetmeye karşı kendini savunma konusundaki gücünün düzeyini bilmesi gerekir. Demek ki bütün hayatı boyunca kendi mizacını incelemek zorundadır. Aracısız bir bilinçle, gerçek yaratılışına dair hiçbir kesin ve belirli kavram oluşturamaz, bunu sadece bilfiil sürdürmekte olduğu yaşam biçiminden ayrıştırabilir. O halde, gelecekteki yargıcının hükmünü (yani, uyanan bilincinin ve yardımına çağırılan kendi ampirik bilgisinin hükmünü) düşündüğünde, geçen yargı için o sırada hayatının son ya da kendisi için en faydalı olan parçasını değil, bütün yaşamını gözlerinin önünden geçirmekten başka bir temel oluşturması gerektiğini idrak edemeyecektir. Daha uzun yaşarsa, kendi rızasıyla buna daha çok devam eden (herhangi bir sınırın konmadığı) hayat içinde kendi beklentilerini ekleyecektir. Bu noktada önceden tanınan bir mizacın, eylemin yerini almasına izin veremeyecektir; aksine, yaratılışını kendi önündeki eylemden çıkarsamalıdır. Okura soruyorum: Birisi gelip de insana sadece günün birinde bir yargıcın huzuruna çıkacağına inanacak akla sahip olduğunu – ve (bu insan en kötüsü insan olmasa bile) bu düşüncenin çok uzun süre önce kaygısızca unuttuğu birçok şeyi yeniden aklına getireceğini – söylese, bu insanın hükmü ne olacaktır? Bugüne kadar sürdüğü yaşam göz önüne alınırsa, bu düşünce onu gelecekteki yazgısı hakkında söz söyleyebilmesi için nasıl bir hükme yöneltecektir?

Eğer bu soru bir insanın içindeki yargıca yöneltilirse, kendisi üzerine sert bir yargıda bulunacaktır; çünkü insan kendi aklına rüşvet teklif edemez. Ancak onu başka bir yargıcın önüne koyduğunuzda –zira bazıları, başka bilgi kanallarıyla böyle bir yargıçtan haberdar olduklarını iddia ederler– o yargıcın sertliğine karşı koymak için insanın zayıflığından devşirilmiş bir dolu mazeret üretecek ve genel olarak amacının tuzağına düşecektir. Acınacak, kendi kendine olan ve gelişime yönelik özgün bir yaratılıştan ileri gelmeyen kefaretler önererek cezalarını önceden sezmeyi tasarlayabilir; veyahut dualar ve niyazlarla, ya da inandığını iddia ettiği kurallar ve itiraflarla kendini teskin edebilir. Ve tüm bunlardan cesaret alırsa (atasözündeki gibi "İyi biten her şey iyidir"), hayatın birçok eğlencesinden gereksiz yere geri kalmayıp, sondan biraz önce tam bir aceleyle ve kendi yararına hesabını düzeltmek için çok geçmeden planlarını kurmaya başlayacaktır.[34]

---

[34] Hayatının sonunda bir rahip çağrılanların amacı genellikle rahibin kendilerini rahatlatmasıdır – son hastalığın getirdiği fiziksel acıya ya da hatta ölümden önce doğal olarak gelen korkuya karşı değil (bu konuda, tüm bu dertleri bitiren ölüm, bizzat rahatlatıcı olabilir), ahlâki ıstırapları ve vicdanın kusurları için. Ne var ki böyle bir zamanda, ölmek üzere olan insanın halen yapabileceği bir iyiliği ihmal etmemesi, ya da kötü eylemlerinin sonuçlarını (telafi yoluyla) mümkün olduğunca silebilmesi için vicdanının kışkırtılması ve keskinleştirilmesi gerekir. Bu, aşağıdaki uyarıya uygundur: "Rakibinle uzlaş" (rakibinle, yani sana karşı bir talebi olanla), "çabuk yap bunu, onunla hâlâ aynı yoldayken" (yani sen hâlâ hayattayken), "ki seni yargıca gitmen için bıraksın" (ölümden sonra) vs. Ancak bunun yerine, bilince bir tür afyon vermek hem insanın kendisine, hem de ondan sonra yaşamaya devam edenlere karşı işlenmiş bir suçtur ve hayat sona ererken bilince böyle bir yardımda bulunulmasını gerekli görebilecek amaçla tamamen çelişir.

İKİNCİ BÖLÜM
KÖTÜLÜK İLKESİNİN İNSAN ÜZERİNDEKİ MEŞRU EGEMENLİK TALEBİ VE İKİ İLKENİN BİRBİRİYLE ÇATIŞMASI ÜZERİNE

Kutsal Kitap ((Ahd-i Cedid) Hıristiyan kısmı) bu anlaksal, ahlâki ilişkiyi bir anlatı biçiminde ortaya koyar; bu anlatıda insanın içinde bulunan ve cennetle cehennem kadar karşıt olan iki ilke, onun dışındaki kişiler gibi temsil edilir. Bu ikisi sadece birbirlerinin gücüne karşı koymakla kalmaz, aynı zamanda, yüce bir yargıcın huzurundaymış gibi (birisi insanın suçlayanı, diğeri avukatı gibi) hak taleplerini ortaya koymaya çalışırlar.

İnsan, aslen yeryüzündeki tüm mülkün sahibi olarak meydana getirilmiştir (Tekvin I, 28), ne var ki bu mülkiyeti ancak Yaratıcısının ve Efendisinin amirliğini (*dominus directus*) kabul etme pahasına (*dominium utile*) elde edebilir. Aniden, düşüşü nedeniyle, cennete sahip olabileceklerinden mahrum kalmış ve şimdi yeryüzünde yeni mülkler isteyen kötü bir varlık ortaya çıkar (nasıl Efendisine sadakatsizlik edecek kadar kötü olduğu bilinmez, çünkü özünde iyidir). Fakat daha üst mevkide bir varlık -bir ruh- olduğundan, dünyevi ve maddi nesnelerle tatmin olamaz. Bu yüzden de insanın ilk ebeveynlerinin Amir'e sadakatsizlik etmesi ve sadece kendisine bağımlı olması için, ruhani doğalar üzerinde hâkimiyet elde etmeye çalışır. Böylelikle kendini yeryüzünün tüm maddi varlıklarının yüce efendisi, yani dünyanın prensi yapmayı başarır. Bu noktada, Tanrı'nın Kendisini ve Kudretini[35] bu haine

---

[35] Peder Charlevoix'nın anlattığına göre, İrokualara kateşizmi öğretirken sapkın ruhun iyi yaratılmış dünyaya getirdiği tüm kötülükleri ve en iyi ilahi uzlaşmaları boşa çı-

karşı kullanmamış olması ve kurma niyetinde olduğu krallığı daha en baştan yok etmeyi seçmesi gerçekten de tuhaf gelebilir. Ne var ki En Yüce Bilgelik, rasyonel varlıklar üzerindeki hâkimiyeti içinde, bunları özgürlüklerinin ilkesi uyarınca ele alır ve başlarına gelen iyilik ya da kötülük kendilerine atfedilebilir hale gelir. Böylelikle iyilik ilkesine meydan okuyan bir kötülük krallığı, (doğanın marifetiyle) Âdem'in soyundan gelen tüm insanların kendi rızasıyla kulu haline geldikleri bir krallık kurulur. Zira bu dünyadaki mülkün yanlış belirtileri, bakışlarını atılmak için bekletildikleri ve yok edilecekleri uçurumdan başka tarafa çevirirler. İnsan üzerindeki meşru egemenlik iddiası nedeniyle, iyilik ilkesi sadece halk ve halkın adının ayrıcalıklı saygınlığı için tesis edilmiş (Yahudi teokrasisindeki) bir idare biçiminin kuruluşu aracılığıyla kendini gerçekten de güvenceye alır. Yine de, bu hükümetin kullarının ruhani doğaları bu dünyanın mülklerinden başka hiçbir güdüye duyarlı kalmadığından; sonuç olarak sadece bu hayatın ödülleri ve cezaları uyarınca hükmedilmeyi seçtikleri için; dolayısıyla da sadece, bir yönüyle külfetli törenler ve ayinlerle buyurgan olan, diğer taraftan etik, ama daima bütünüyle sivil olan bu yasalara uygun oldukları için, söz konusu dışsal zorlama hepsinin kişiliğini belirler ve ahlâki yaratılışın manevi özü hiçbir şekilde göz önüne alınmaz. Böylece bu kurumun karanlıklar ülkesine hiçbir ciddi zararı olmadığı gibi sadece İlk Sahip'in daimi hakkının her zaman akılda tutulmasına hizmet eder hale gelir.

Bunun üzerine belli bir zamanda, hiyerarşik bir yapılanmanın tüm dertlerini tamamen hissetmekte oldukları ve

---

karmak için nasıl inatla uğraştığını bir kez daha yinelerken, öğrencisi sinirlendi ve – rahibin açık yüreklilikle, o anda hiçbir cevap bulamadığını söylediği – soruyu sordu: "Peki Tanrı niye şeytanı öldürmüyor?"

hem bundan, hem de muhtemelen üzerlerinde gitgide etki yaratmaya başlayan Yunan bilgelerin etik özgürlük öğretilerinden (kölevari zihinleri şaşkına çeviren öğretilerden) dolayı, büyük ölçüde duyularına döndükleri, dolayısıyla da devrim için olgun hale geldikleri zamanda, halk arasında aniden bilgeliği eski filozoflarınkinden bile saf olan, cennetten inmişçesine saf bir kişi belirir. Bu kişi telkinleri aracılığıyla ve örnek olması uyarınca kendini gerçekten de hakikatli bir insan olarak ortaya koyar. Hâlbuki gökyüzünden gelen bir elçi olarak, hakiki masumiyeti sayesinde, kötülük ilkesiyle, ilk anne-babasının ve geri kalan tüm insanlığın giriştiği[36] pazarlığa girişmek zorunda kalmamış ve "dolayısıyla, bu dünyanın prensi, onun içinde hiçbir şekilde yer edinememişti." Böylelikle bu prensin egemenliği tehlikeye girer. Çünkü Tanrı'yı hoşnut eden bu insan söz konusu anlaşma için ayartılarına direnir, diğer insanlar da samimiyetle aynı mizacı benimsemeye kalkarsa, prens bir o kadar kulunu kaybede-

---

[36] Doğuştan gelen kötülük yöneliminden arınmış bir kişinin olanağını, onu bakire bir anneden doğurtarak anlamak, aklın açıklanması zor bir içgüdüye kendisini uydurması fikridir, buna karşın reddedilemez ve aynı zamanda ahlâkidir. Çünkü iki tarafta da duyusal zevk olmadan ortaya çıkamadığı ve insanlığın itibarını hayvan türleriyle çok yakın bir ilişki işine koyduğu için, doğal üremeyi utanılacak bir şeymiş gibi görürüz (ki manastır hayatının kutsallığı kavramına neden olan da bu düşüncedir), dolayısıyla bu üreme bizim için ahlâkdışı, ancak insanın doğasına bir şekilde aşılanmış bir şeye işaret eder ve aynı düşünce kötü bir eğilimmiş gibi onun soyundan gelenler tarafından da benimsenmiştir. Hiçbir ahlâki lekeyle yüklenmemiş bir çocuğun, hiçbir cinsel münasebete dayanmayan (bakireden doğma) doğum idesi, bu karışık (bir yanda sadece duyusal, öte yandan ahlâki, dolayısıyla entelektüel olan) görüşe son derece uygundur. Ne var ki bu fikir (bu konudaki bir kararın pratik bakış açısına göre hiç de gerekli olmamasına karşın) teoride zorluklarla karşılaşmıyor değildir. Çünkü epigenez hipotezine göre, ebeveynlerin doğal birleşimiyle dünyaya gelen anne, çocuğuna doğaüstü bir biçimde sahip olmuş olsa da, bu ahlâki leke üzerine bulaşacak ve bunu [çocuğun doğasına] en azından yarı yarıya miras bırakacaktır. Bu sonucu engellemek için, [kötülüğü oluşturan] tohumun ebeveynlerde önceden var olduğuna, ancak erkeğin doğaüstü hamilelikte payı bulunmadığı için, dişinin değil (çünkü aksi takdirde bu sonuçtan kaçınılamaz), sadece erkeğin tarafında (yani yumurtalarda değil, spermatozoada) gelişiğine dair teoriyi benimsememiz gerekir. Böylelikle bu temsil biçimi, bu fikirle kuramsal olarak uzlaştırılabilir olarak savunulabilir.
Yine de, pratik amaçlar için bu ideyi, kötünün ayartısı karşısında yücelen (ve ona muzaffer biçimde karşı koyan) insanoğlunun bir simgesiymiş gibi örnek olarak önümüze koymak yetiyorsa, lehteki ya da aleyhteki bu kuramın ne faydası vardır?

cek ve krallığı bütünüyle devrilme tehlikesine girecekti. Dolayısıyla prens, sahibi olarak kendisine sadakat göstermesi halinde, bu kişiyi tüm krallığının vali yardımcısı yapmayı önermiştir. Bu girişim başarısız olunca, evindeki bu yabancıdan dünyevi hayatını makbul hale getirebilecek her şeyi (en korkunç yoksulluk derecesinde) almakla kalmaz, aynı zamanda sadece iyi niyetlilerin böylesine derinden hissedebileceği kederlere [yol açarak], bu kişiyi hayatının geri kalanından mahrum bırakmak adına öğretisinin saf niyetini öldürerek –ve nihayet onu en rezil ölüme sürükleyerek– insanı hayata küstürecek tüm kötülükleri ve eziyetleri de ona karşı kışkırtır. Onun öğretilerindeki ve iyilik uğruna örnek olmadaki azmine ve dürüstlüğüne karşı değersiz bir gürühun aracılığıyla gerçekleştirdiği bu saldırının sonucunda yine de hiçbir şey elde edemez. Bu çatışmanın konusuna gelirsek, olay hem yasal hem de fiziksel bakımından ele alınabilir. (Duyuyu vuran) Fiziksel bir olay olarak baktığımızda, iyilik ilkesi yenilgiye uğrayan taraftır; bu çatışmadaki birçok kedere karşı koyduktan sonra hayatından[37] vazgeçmesi gerekir,

---

[37] (D. Bahrdt'ın hayalci bir tavırla düşlediği gibi) ölümü ışıltılı ve şaşkınlık yaratan bir örnek aracılığıyla değerli bir tasarıma yardımcı olmak için kovalamadı; bu, intihar olurdu. Zira birisi gerçekten de, birisi ölümü kaçınılmaz bir göreve karşı inançsız hale gelmeden önleyemediğinde, birinin hayatını kaybetme riskine teşebbüs edebilir, hatta başka birinin ellerinde ölüme maruz kalabilir; ancak birisi kendini ve hayatını herhangi bir amaç için araç olarak bir kenara atamaz ve dolayısıyla birinin kendi ölümünün faili olamaz.

Aynı şekilde (Wolfenb Yttel Fragmente'nin de şüphe duyduğu gibi) hayatını, muhtemelen de rahiplerin kuralını alaşağı edip onların yerine kendi dünyevi üstünlüğünü sağlamak adına, ahlâki değil siyasi (ve yasadışı) bir niyetle tehlikeye attı. Bu onun akşam yemeğinde, böyle bir başarının umudundan zaten vazgeçtikten sonra, havarilerine bulunduğu "bunu onu hatırlayarak yapma" teşvikiyle çelişir. Başarısızlığa uğramış dünyevi bir planın hatırlatıcısı olarak tasarlandığında, bu küçük düşürücü, kötü niyeti failine karşı kışkırtan, dolayısıyla da kendisiyle çelişen bir ihtar olabilirdi. Ancak Efendi'ye dair çok iyi ve bütünüyle ahlâklı bir tasarının, yani hayatı boyunca ortaya koyduğu, ahlâki yaratılışa yer bırakmayan törensel inancın ve onun rahiplerinin otoritesinin devrilmesi sayesinde ortaya konacak (dini) bir halk devrimi düşüncesinin başarısızlığı anlamına da gelebilir. (Paskalya yortusunda ülkenin her yanına dağılmış olan havarilerini bir araya toplamak için yapılan hazırlıklar, bu amaca yönelik olabilir.) Şimdi bile bu devrimin başarıya uğramamış pişmanlık duyabiliriz; yine de tamamen

çünkü (güçlü) bir yabancı hükümdarlığa karşı isyanı kışkırtmıştır. Hâlbuki ilkelerin (ister iyilik ister kötülük ilkeleri olsunlar) güç sahibi olduğu bir krallık doğa krallığı değil özgürlüğün krallığıdır. Yani birinin olayları ancak kalplere ve zihinlere hükmettiği ölçüde denetleyebildiği, sonuç olarak da bir insanın ancak köle olmak isterse ve köle olmak istediği sürece köle (ya da esir) olduğu bir krallıktır. Dolayısıyla bu ölüm (insanın acı çekmesinin son sınırı) iyilik ilkesinin, yani insanın ahlâki mükemmelliğinin bir dışavurumuydu ve herkesin takip edeceği bir örnekti. Bu ölümün hikâyesinin o zamanlar ve aslında her zaman insanların kalbinde ve zihninde en büyük etkiyi yapmış ve yapabilmiş olması gerekirdi; çünkü salt bir yeryüzü evladının esaretiyle olabilecek en çarpıcı çelişkiyle, cennetin çocuklarının özgürlüğünü ortaya koyuyordu. Yine de iyilik ilkesi gökyüzünden insanlığa (bu ilkenin kutsiyetini ve onunla insanın duyusal doğası arasında ahlâki yaratılış bakımından bir birleşmenin anlaşılmazlığını göz önünde bulunduran herkesin görebileceği gibi) tuhaf biçimde tikel bir zamanda değil, insan ırkının ilk başlangıcından beri inmektedir ve haklı olarak, insanoğlunun içinde ilk ikamet yerine sahiptir. Ve diğerlerine örnek olacak şekilde, hakiki bir insanoğlunda ortaya çıktığından, "kendine doğru gelmiştir, kendisiyse onu kabul etmemiştir; ancak ne kadar fazla insan onu bağrına bastıysa, onlara Tanrı'nın oğulları olarak anılma gücünü, hatta kendi adına böyle bir inanç gücünü vermiştir" denebilir. Yani (ahlâki ide içindeki ve aracılığıyla gelen) bu örnekle, kendisi gibi, kendini yeryüzündeki hayata bağlayan her şeyi görmezden gelmeyi, ahlâkın çöküşüne tercih eden herkese özgürlüğün kapılarını açar; ve ahlâki köleliği tercih edenleri kaderlerine terk ederken, ara-

---

boşa çıkmadı, zira ölümünden sonra dini bir dönüşüm haline geldi ve birçok talihsizliğe karşın yayılmaya devam etti.

larından kendi egemenliği altında bulunan ve "onun egemenliği adına, iyi işlere hevesli bir halkı" bir araya getirir. Bu yüzden savaşın ahlâki neticesi, bu hikâyenin kahramanı (ölüm vaktine kadar) düşünüldüğünde, gerçekte kötülük ilkesinin fethi değil – zira onun krallığı hâlâ ayaktadır ve elbette tamamen devrilmeden önce yeni bir çağ başlamalıdır – sadece bunca zamandır kulu olmuşları, artık eski egemenliklerinden feragat etmek istemeleri halinde, ahlâklarının korunabileceği bir barınak, yani (insanın belli bir hükümdara tabi olma zorunluluğundan dolayı) bir başka, ahlâki bir egemenlik sunulduğu için istemeseler de, zapt etme gücünün kırılmasıdır. Üstelik kötülük ilkesi halen, iyilik ilkesine bağlananların daima fiziksel acılara, fedakârlıklara ve özsevgilerinin aşağılanmasına hazırlıklı olmasını gerektiren bu dünyanın prensi olarak adlandırılır – bu bağlamda, tüm çileleri kötülük ilkesinin yaptığı eziyetler gibi görmek gerekir; zira bu ilke, sadece dünyevi iyi olmayı nihai amaç edinenlere krallığı içinde bir ödül sunacaktır.

Zamanında muhtemelen tek gözde biçim olan bu canlı temsil biçimi bir kez gizemli örtüsünden kurtarıldı mı, pratik amaçlar uğruna ruhunun ve rasyonel anlamının tüm dünya için tüm devirlerde geçerli ve bağlayıcı olduğunu görmek kolaydır, zira her bir insan için o kadar yakındadır ki herkes ona karşı ödevini bilir. Anlamı şudur: İnsan için, özünde ahlâki olan ilkeleri en samimi biçimde kendi yaratılışının bünyesine katmak dışında kesinlikle hiçbir kurtuluş yoktur; bu benimsemeye karşı işleyen şey, kendiliğinden maruz kalınan bariz bir yoldan çıkma olduğu için çoğunlukla itham edilen duyusal doğa değildir. Zaten birisi çıkıp da insan ırkının kendi başına getirdiği bu sapkınlığı – yanlışlığı, kötülüğün dünyaya gelmesine sebep olan Şeytani riyakârlığı –

her insanın içinde yatan ve sadece tam bir saflık içindeki ahlâki iyilik idesinin, söz konusu idenin gerçekten de hakiki yaradılışımıza ait olduğunun ve kötülüğün korkunç gücünün hiçbir bilgelikte ilerleyememesi adına, onu tüm katışıklı ilavelerden kurtarma gayreti ile ikna edilecek niyetlerimizin derinlerine yerleştirmenin bilincinde olarak üstesinden gelinebilecek bir yozlaşmayı tasarlamaya kalkabilir. Sonuçta bu teminatın isteğini, hiçbir fikir değişimi öngörmeyen kefaretler yoluyla batıl bir biçimde, ya da sözde (ve tümüyle edilgen) bir içsel aydınlanmayla bağnaz bir şekilde yerine getirmeye kalkmamamız, dolayısıyla da kişinin kendi etkinliğinin içinde temellenen iyilikten uzak kalmamamız için, içimizdeki iyilik mevcudiyetinin işareti olarak, sadece iyi düzenlenmiş bir yaşam tarzını kabul etmemiz gerekir. Üstelik Kutsal Kitabın içinde, aklın en kutsal öğretileriyle uyum içindeki anlamı[38] keşfetmek için yapılan, şimdikine benzer bir girişim sadece sakıncasız değil, aynı zamanda bir ödev olarak görülmelidir. Bilge Öğretmen'in kendi yoluna giden, ancak sonunda aynı hedefe varan biri hakkında havarilerine söylediği sözleri hatırlayabiliriz: "Ona yasak koymayın; çünkü bizim aleyhimizde olmayan lehimizedir."

GENEL İNCELEME

(Dogmalardan ve ritüellerden değil, ilahi emrin buyurduğu gibi, kalbin yaratılışı içindeki tüm insani ödevleri yerine getirmeye yönelik bir temele kurulu) bir ahlâk dini tesis edilecekse, tarihin kendi başlangıcıyla ilişkilendirdiği tüm mucizeler, sonuç itibariyle genel anlamda mucizelere inanmayı yersiz sayacaktır. Çünkü ilaveten mucizeler aracılığıyla yetkilendirilmemişlerse, ödevin emirlerini – insanın yüreğine

---

[38] Ve bunun tek olmadığı kabul edilebilir.

başlangıçtan beri akıl yoluyla nakşedilen emirleri – bütünüyle buyurucu kabul etmemek için bulunan suçlu bir ahlâki inançsızlık düzeyine delalet eder: "İşaretler ve mucizeler görmedikçe, inanmayacaksın." Yine de sırf ritüellerden ve ayinlerden oluşan bir din doğal akışını sürdürürken; ve ruha ve hakikate (ahlâki yaratılışa) dayanan bir din onun yerine konacaksa, mucizeler olmadan hiçbir yetkiye sahip olmayan eski dinin yandaşlarını yeni dine çekmek adına, insanın sıradan düşünce yolları eski dinin tarihsel sunumunu mucizelerle beraber, hatta onlarla süslenmiş gibi yapmak için tam bir zorunluluk halinde olmasa da, tamamen uygundur. Gerçekten de, eski dinin destekçilerini yeni din adına kazanmak için, yeni düzen eski dinde sadece hakkında bir fikir verilenin nihayet yerine getirilmesi olarak yorumlanır ve en başından beri Tanrı'nın İnayetinin bir tasarısı olagelmiştir. Eğer bu böyle ise, söz konusu anlatıları ve yorumları tartışmanın yararı yoktur; zamanında böyle çarelerle sunulması gereken hakiki din şimdi buradadır ve şu andan itibaren rasyonel zeminler üzerinde kendini koruma yetisine sahiptir. Aksi takdirde birisi çıkıp anlaşılmaz (herhangi birinin daha iyi bir insan olmasına gerek kalmadan yapacağı) şeylere duyulan salt imanın ve bunların tekrarının, Tanrı'yı hoşnut etmenin bir yolu, hatta tek yolu olduğunu varsayacaktır –elden geldiğince karşı konulması gereken bir varsayım- Tüm dünyalar için geçerli olan bir ve tek dinin öğretmeninin kişiliği gerçekten de bir sır olabilir; yeryüzündeki görünüşü, oradan yer değiştirmesi, olaylı yaşamı ve acıları mucizelerden ibaret olabilir; dahası, tüm bu mucizeleri tasdik edecek tarihsel kayıtın kendisi de bir mucize (duyularüstü bir esin) olabilir. Bu mucizelerden hiçbirinin doğruluğundan şüphe etmemiz gerekmez ve gerçekten de aslına uygunluğu her canda kalıcı biçimde işlenmiş bir kayda dayanan ve hiçbir mucizeye ihtiyaç duymayan bir öğretiyi kamusal yürürlüğe sokan tuzakları onurlandırabiliriz. Ancak bu tarihsel hikâyelerin kullanımında, onları bilmenin, onlara inanmanın ve açıklamanın başlı başına, kendimizi Tanrı'yı hoşnut edecek hale getirmenin araçları olduklarını dinin bir ilkesi haline getirmememiz şarttır.

Genel olarak mucizelere gelecek olursak, görünüşe göre insanlar, içlerindeki inançtan vazgeçmeye eğilimli olmadıkları durumda, hiçbir zaman böyle bir inancın pratikte ortaya çıkmasına izin vermek istemezler. Yani teoride mucize gibi şeylerin var olduğuna inanırlar, ancak gündelik işlerde buna yer vermezler. Bu nedenle bilge hükümetler her zaman mucizelerin eskiden meydana geldiği savına izin vermişler, bunları gerçekten de dinin kamusal öğretileri arasına meşru biçimde kaydetmişler, ama yeni mucizelere müsamaha göstermemişlerdir.[39] Eski mucizeler yavaş yavaş otoriteler tarafından dev-

---

[39] İnanç nesnelerini hükümetin otoritesiyle bağdaştıran din öğretmenleri (örneğin, Ortodokslar) bile, bunun gibi, aynı maksimin peşinden giderler. Bu yüzden Hr. Pfenninger, mucizelere inanmanın halen mümkün olduğunu beyan eden arkadaşı Hr. Lavater'i savunması sırasında, bu Ortodoks teologları, Hıristiyan cemaatinin içinde bin yedi yüz yıl kadar önce mucize gösterenlerin bulunduğu konusunda gerçekten ısrar ederken, Kitabı Mukaddes'ten mucizelerin tamamen kesildiğine ya da hangi tarihte kesileceğine dair bir kanıt çıkartamamalarına rağmen, şimdiki zamanda böyle bir şeyi onaylamadıkları için haklı olarak tutarsızlıkla suçlar (çünkü mucizelere gerek kalmadığına dair fazla kurnazca sav, insanın kendine atfedebileceğinden daha büyük bir içgörünün tahminini içerir). Bahsi geçen kanıtı asla sunmadılar. Dolayısıyla, çağdaş mucizeleri kabul etmeyi ya da hoş görmeyi reddetmek, sadece aklın bir maksimiydi ve artık hiç kalmadıkları nesnel bir bilgi [ifadesi] değildi. Ancak bu örnekte yurttaş yaşamında ve tehdit altındaki bir düzensizliğe uygulanan maksim, felsefi ve bütünüyle rasyonel, düşünceye haiz bir devletteki benzer bir düzensizlik korkusu için de aynı şekilde geçerli değil midir? Büyük (hissi) mucizeleri kabul etmeyip, sadece (sırf bir güdüm olduğu için, doğaüstü neden tarafının çok az güç uygulamasını gerektiren bu) özel Kadir Olan adı altındaki küçüklerini hoş görenler, burada önemli olanın ne sonuç ne de büyüklük değil, dünyevi olayların akış biçimi olduğunu, yani ister doğal ister doğaüstü biçimde olsun, sonucun meydana geliş biçimi olduğunu ve Tanrı için kolay-zor gibi bir ayrımın düşünülemeyeceğini hesaba katmıyorlar. Ancak doğaüstü etkilerin gizemine gelecek olursak, böyle bir olayın önemini böyle kasten gizlemek daha uygunsuz olur.

lette herhangi bir rahatsızlığa yol açamayacak şekilde tanımlandılar ve sınırlandırıldılar; ne var ki otoritelerin yeni mucize işçilerinin toplum huzuru ve tesis edilmiş düzen üzerinde bulunabilecekleri etkilerle ilgilenmek zorundaydılar.

Birisi, "Mucize sözcüğünden ne anlaşılmalıdır?" diye sorarsa, (bizim için sadece mucizelerin bizler, yani aklı pratik kullanımımız için ne olduğunu bilmek uygun düştüğünden) şöyle diyebiliriz: Mucizeler işletim yasalarının sebepleri bizim için tamamıyla bilinmez olan ve böyle kalması gereken; dünyada meydana gelen olaylardır. Dolayısıyla insan ister tanrıcı ister cinli [demonik] mucizeleri düşünebilir; cinli olanlar meleksi (iyi ruhlar mucizeleri) ve şeytani (kötü ruhlar mucizeleri) mucizeler olmak üzere ikiye ayrılır. Bunlar içinde sadece sonuncusu üzerine gerçekten kafa yorulabilir, çünkü iyi melekler (neden bilmiyorum) bize haklarında söyleyecek ya hiçbir şey bırakmazlar, ya da çok az şey bırakırlar.

Tanrıcı mucizelere gelecek olursak, elbette kendimiz için (kadir vs. ve dolayısıyla ahlâki bir Varlık olarak) nedenlerinin işleyiş yasalarının kavramsal bir çerçevesini çizebiliriz, ancak O'nu hem doğal hem ahlâki düzene uygun olarak dünyanın yaratıcısı ve hükümdarı olarak düşündüğümüz sürece, bu sadece genel bir kavram olur. Çünkü doğal düzenin yasalarının doğrudan ve bağımsız bilgisini, aklın o zaman kendi kullanımına koyduğu bilgiyi edinebiliriz. Ne var ki Tanrı'nın zaman zaman ve özel koşullar altında doğanın kendi yasalarından sapmasına izin verdiğini varsayarsak, Tanrı'nın uyarınca böyle bir olayı meydana getirdiği yasa hakkında (bu tikel olaya bakarak hiçbir şeyin belirlenmemiş olmasına rağmen, O ne yaparsa yapsın her şeyin içinde iyi olacağına dair genel ahlâk kavramı dışında) en küçük bir anlayışımız olmaz ve olmasını da asla bekleyemeyiz. Ancak burada akıl bir bakıma kötürümdür, zira ilişkilerinde bilindik yasalar bakımından engellenmiştir, hiçbir yeni talimat almaz ve asla dünyada böyle bir talimat almayı umamaz. Mucizeler arasında aklımızın kullanımıyla en uzlaşmaz olanlar cinli mucizelerdir. Çünkü tanrıcı mucizeler söz konusuysa, akıl en azından kullanımı için olumsuz bir ölçüt sahibi olacaktır, yani bir şey Tanrı tarafından buyrulduğu haliyle ve O'nun doğrudan dışavurumuyla temsil edilse bile, ahlâkla kesinlikle çelişiyorsa, göründüğünün aksine Tanrı'ya ait olamaz (örneğin, bir babaya bildiği kadarıyla tamamen masum olan oğlunu öldürmesi emrinin verilmesi durumunda). Ancak cinli olarak görülecek mucize söz konusu olunca bu ölçüt bile çöker; ve bunun yerine, kendimizi aklın kullanımının aksi, olumlu ölçütü olan örneklerinde – yani böyle bir aracılıkla, kendi içinde zaten ödev olarak tanıdığımız zaman, bu buyruğun kötü bir ruhtan gelmemiş olması aracılığıyla – ifşa edecek olsaydık, yine de yanlış bir çıkarımda bulunabilirdik, çünkü derler ki, kötü ruh sıklıkla nurdan bir melek kılığına girer.

    O halde yaşama dair işlerde, mucizelere güvenmemiz ya da aklımızı kullanırken (ki akıl hayattaki her olayın içinde kullanılmalıdır) mucizeleri hesaba katmamız imkânsızdır. Yargıç (kilisedeyken mucizelere ne kadar kolay inanırsa inansın), suçlunun şeytana uyduğuna dair iddialarını hiçbir şey söylenmiyormuş gibi dinler; hâlbuki yargıç bu şeytani etkiyi mümkün mertebe göz önünde bulundursaydı, sıradan basit-zihinli bir insanın bir baş-hilekârlık çabasının tuzağına düşmesi, üzerine düşünmeye değer olabilirdi. Yine de yargıç ayartıcıyı çağırtıp bu ikisini birbiriyle yüzleştiremez; kısacası, bu sorunla ilgili rasyonel olarak kesinlikle hiçbir şey yapamaz. O halde bilge rahip, Şeytani Proteus'tan alıntılarla, kendisinin papazlık hizmetine adanmışların kafalarını tıka basa doldurmaktan ve muhayyilelerini küçük düşürmekten kendini koruyacaktır. Zengin çeşitlilikteki mucizelere gelince, bunlar insanlar tarafından hayata dair işlerde sadece birer deyiş olarak kullanılır. Dolayısıyla doktor, bir mucize gerçekleşmezse hasta için bir çare bulunmadığını – başka bir deyişle, kesin olarak öleceğini – söyler. Olayların nedenlerini kendi doğa yasaları içinde araştıran bilim adamının işi de bu uğraşlara dâhildir; demek istediğim, deneyimle doğrulayabildiği bu olayların doğa yasaları içinde, başlı başına bu yasalara göre işleyen, ya da başka bir duyuya sahip olsak bizim için olduğunu söyleyebileceğimiz şeye dair bilgisinden vazgeçse bile, durum böyledir. Benzer biçimde, bir insanın kendi ahlâki gelişimi, yerine getirmek zorunda olduğu ödevlerden biridir; ilahi nüfuz bunun için onunla işbirliği yapabilir, ya da böyle bir gelişim imkânının açıklaması için elzem addedilebilir – yine de insan bunları anlayamaz; ne onları kesin olarak doğal etkilerden ayırabilir, ne de bunları bir bakıma ilahi şeylermiş gibi görüp kendi için anlaşılır hale getirebilir. O halde, onlardan yararlanması mümkün olamayacağı için bu durumda herhangi bir mucizeyi kabul etmez.[40] Bunun yerine, aklın buyruklarına kulak vermesi gerekirse, bütün fikir değişimi ve bütün gelişim sadece ona yönelik çabalarmış gibi davranır. Ama bunu düşünmek için mucizelere duyulan gerçekten sağlam ve kuramsal bir inanç sayesinde, insan kendi kendine mucizeler ortaya koyabilir ve böylelikle gökyüzüne zorla girebilirdi – bu, aklın sınırlarının o

---

[40] Yani, olasılıklarını ya da gerçekliklerini yalanlamasa da, mucizelere duyulan inancı (hem teorik hem pratik akla ait) maksimlerinin bünyesine katmaz.

kadar uzağına gitmek demektir ki, böyle manasız bir fikrin üzerinde durma hakkını kendimizde bulamayız.⁴¹

---

41 Bilim adamlarının cehaletlerini itiraf edişine başvurmak, sihirli büyülerle kolay kananları aldatanların, ya da en azından genel olarak böyle insanları kandıranların yaygın bir bahanesidir. Sonuçta, bilim adamları, yerçekiminin, manyetik kuvvetin ve benzerlerinin nedenini bilmediklerini söylüyorlar! Yine de bunların [bu fenomenlerin] yasalarına, altında sadece belli sonuçların meydana geldiği koşulların kesin sınırlarını yeterli bir doğrulukla [bilecek] kadar aşinayız; bu da hem bu güçlerin güvenceli rasyonel kullanımı, hem de altındaki deneyimleri buyuran yasaların, güçlerin bu yasalara göre işleyen nedenlerinin idrakini basitleştirmese bile, kullanımına yönelik dışavurumların açıklaması için yeterlidir.
İnsan zihninin manevi bir fenomeni bu yolla anlaşılır hale gelir –neden, ruh gerçek bir mucizenin ilanına üzülmüşken, doğal mucize denen şeylerin, yani, yeterince onaylanmış ancak irrasyonel olan görünümlerin, başka bir deyişle şeylerin, önceden bilinen doğa yasalarından ileri gelen ama onlara uymayan niteliklerin, doğalmış gibi görülmeye devam ettikleri sürece ruhu hevesle kavrayıp onu canlandırdığını anlarız. İlki, aklın beslenmesi için yeni bir kazanım beklentisi ortaya çıkardığından; yani yeni doğa yasaları keşfetme umudunu canlandırdığı içindir. İkincisiyse, tam aksine, şimdiye kadar bilinen olarak kabul edilenlere duyulan güvenin kaybedilmesi korkusunu ortaya çıkarır. Çünkü akıl deneyimin yasalarından ayrıldığında, böyle afsunlu bir dünyada ödevin yerine getirilmesine yönelik ahlâkî uygulamanın bile hiçbir şeye yararı yoktur; çünkü böyle bir dünyada ahlâkî güdülerimize dair değişimlerin, kendimize mi, yoksa başkasına, anlaşılmaz bir sebebe mi atfedilmesi gerektiğine kimsenin karar veremediği değişimlerin, biz farkında olmadan da gerçekleşip gerçekleşmeyeceğini bilemeyiz.
Bu konulardaki yargısı, mucizeler olmazsa çaresiz kalınacağı yönünde olanlar, onların çok nadir ortaya çıktığına inanarak, aklın aldığı darbeyi yumuşattıklarına inanırlar. Söylemek istedikleri, (bir olay sıkça gerçekleşse mucize sayılmayacağından) bunun bir mucize kavramı içinde hâlihazırda saklı olduğuysa, kişi onları gerçekten de (şeyin ne olduğuna dair nesnel soruyu, şeyi kastederkenki sözcüğün ne anlama geldiğine dair öznel soruya dönüştüren) bu safsatanın bir hediyesi haline getirip şöyle sorabilir: Ne kadar nadir? Yüzyılda bir mi? Ya da eski zamanlarda var da artık yok mu? Bu noktada, nesnenin (kendi itirafımızla, anlayışımızı aşan) bilgisi temelinde hiçbir şeye belirleyemeyiz; tek belirleyebileceğimiz şey, aklımızı kullanmak için gerekli maksimler temelinde olabilir. Dolayısıyla mucizeler ya her gün (doğa olayları kılığında saklanıyor olsalar da) [gerçekleşiyormuş], ya da hiç yoklarmış gibi düşünülmelidir; ve bu ikinci durumda, ne akıl yoluyla açıklamalarımızın, ne de davranışlarımıza rehberlik eden kuralların nedenini oluştururlar; [her gün gerçekleşmeleri] seçeneği de akılla bütünüyle uyumsuz olduğundan, ikinci maksimi benimsemekten başka çare kalmaz – zira bu ilke teorik bir iddia olarak değil, sadece bir yargıda bulunma maksimi olarak kalır. Kimse örneğin, bitki ve hayvan krallıklarındaki türlerin, her neslin kendini ifade ettiği en hayran kalınası korunmanın, her ilkbaharda hakiki, yeni ve eksilmeden, mekanikliğin bütün manevi mükemmelliğiyle ve hatta (bitki krallığındaki gibi) müthiş renkteki güzellikleriyle, inorganik doğanın tüm güçlerini bertaraf eden korunmanın karşısında, sonbahar ya da kış geldi mi, bu güçlerin tohumlara zarar verebiliyor olmasını kesin biçimde iddia etmeyi dileyebilecek kadar bir içgörü kibrine sahip olamaz. Demek istediğim, hiç kimse, bunun sadece doğa yasalarının bir sonucu olduğunu iddia edemez ve aslında kimse, her seferinde Yaratan'ın doğrudan etkisinin gerekip gerekmediğini anlamayı talep edemez.
Ne var ki, tüm bu şeyleri tecrübe ederiz; demek ki onlar bizim için doğal sonuçlardan ibarettir ve asla başka şekilde düşünülmemeleri gerekir; böyle [bir ayrım] için aklın mütevazılığı onun bildirimini gerektirir. Mucizeleri destekleyen sürekli olarak mütevazı ve kendinden feragat eden bir düşünce yapısı sergiler görünseler de, bu sınırların ötesine geçmeye kalkmak düşüncesizlik ve küstahlık olur.

ÜÇÜNCÜ KİTAP

İYİLİĞİN KÖTÜLÜK İLKESİ KARŞISINDAKİ ZAFERİ VE TANRI'NIN YERYÜZÜNDEKİ KRALLIĞININ KURULUŞU

Ahlâki bakımdan iyi bir yaratılışa sahip olan her insanın, iyilik ilkesinin rehberliğinde kötülük ilkesinin saldırılarına karşı hayat boyu devam etmesi gereken savaşı, ne kadar çabalarsa çabalasın, kötülüğün hâkimiyetinden kurtulmaktan daha büyük bir yarar sağlayamaz. Kazanabileceği en büyük ödül özgür olmak, "günah yasasının bağlayıcılığından kurtulup, doğruluk adına yaşamaktır." Bununla birlikte, kötülük ilkesinin saldırılarına maruz kalmaya devam eder ve sürekli olarak saldırılan özgürlüğünü savunmak adına, çatışma için daima silahlı kalması gerekir.

İnsanın içinde bulunduğu bu tehlikeli durum, kendi hatasındandır; dolayısıyla kendisini bundan kurtarmak için en azından çabalama yükümlülüğü vardır. Ama nasıl? Soru bu. Kendisini bu tehlikeye maruz bırakan ve onun içinde tutan nedenler ve şartlar için etrafına bakınınca, ayrı bir birey olsa da, bunlara kendi kötü doğası değil, ilişki içinde ve bağlı olduğu insanoğlu itibariyle maruz kaldığına kolaylıkla ikna olabilir. Adına haklı olarak tutku denen ve hakiki iyi eğiliminde böyle bir kargaşaya yol açan şey karşısında, kendi doğasının kışkırtıcılığı ortaya çıkmaz. İhtiyaçları çok azdır ve bunları temin etmek adına düşünce yapısı ılımlı ve sakindir. Sadece diğer insanlar kendisini zavallı görmesin ve bu konuda küçümsemesin diye kaygı duyarken zavallıdır (ya da böyle olduğunu düşünür). Haset, güç ihtirası, açgözlülük ve bunlara bağlı habis eğilimler, insanlar arasında olduğu sürece hoşnut olan doğasını kuşatır. Bunların kötülüğe batmış insanlar ve onu yoldan çıkaracak örnekler olduğunu iddia etmek bile zorunlu değildir. Karşılıklı olarak birbirlerinin yaratılışlarını yozlaştırmaları ve birbirlerini kötüleştirmek için el altında olmaları, etrafını sarmaları ve insan olmaları yeterlidir. Bu kötülüğe karşı bir koruma olarak benzersiz biçimde tasarlanmış bir ittifak oluşturmak ve – sürekli yayılan, karşı koyan ve sadece ahlâkın düzeltilmesini, birleşmiş kuvvetlerle kötülüğe karşı hareket etmeye amaçlayan bir toplumun içindeki – insanın içindeki iyiliği daha ileri götürmek için hiçbir araç keşfedilemezse, insan tek bir birey olarak kötülüğün egemenliğini savmak için ne kadar uğraşırsa uğraşsın, başkalarıyla yapılan bu işbirliği onu sürekli olarak söz konusu ittifakın hâkimiyeti altında kalma tehlikesi içinde tutacaktır. O halde görebildiğimiz kadarıyla iyilik ilkesinin egemenliği, insan onun için çalıştığı sürece, sadece erdem yasalarıyla uyumlu, onlar uğruna var olan ve bu yasaları bütün kapsamlarıyla insan ırkının tamamı üzerine rasyonel biçimde dayatmayı görev ve ödev edinmiş bir toplumun kuruluşu ve yaygınlaşmasıyla elde edilebilir. Çünkü ancak bu şekilde, iyiliğin kötülük ilkesi karşısında galip gelmesini umabiliriz. Her birey için buyurucu olan yasaların yanı sıra, ahlâken yasa koyan akıl da iyiliği seven herkes için bir erdem sembolünü bir toplanma noktası olarak göz önüne serer; öyle ki bunun altında bir araya gelerek, kendilerine dur durak bilmeden saldıran kötülüğü daha en baştan mağlup edebilsinler.

Salt ahlâk yasaları altındaki, yukarıdaki fikri örnek alan bir insan topluluğu etik ve söz konusu yasalar kamusal olduğu sürece (hukuki-sivilin tersine) etiko-sivil bir toplum ya da etik bir devlet olarak adlandırılabilir. Siyasi bir devletin tam ortasında var olabilir ve hatta onun tüm üyeleri tarafından desteklenebilir; (aslında, böyle bir devlet üzerine temellenmezse asla insan tarafından var edilemez). Ne var ki, özel ve eşsiz bir birlik ilkesine (erdeme), dolayısıyla da kendisini siyasi devletten temel olarak ayıran bir biçime ve yapıya sahiptir.

İki devlet olarak bakıldıklarında, aralarında belli bir analoji de vardır ve buna göre ilkine etik bir devlet, örneğin bir (iyilik ilkesine ait) erdem krallığı da denebilir. Böyle bir devlet idesi, öznel olarak insanın iyi niyetinin, insanoğlunu bu hedefe yönelik toplu bir çalışmaya yönelteceğini asla bekleyemeyecek olmamıza rağmen, (insanın böyle bir devlete katılma ödevi bakımından) insan aklı içinde bütünüyle iyi temellenmiş bir nesnel gerçekliğe sahiptir.

BİRİNCİ BÖLÜM
DÜNYADA BİR TANRI KRALLIĞI KURULURKEN İYİLİK İLKESİNİN ZAFERİNİN FELSEFİ HİKÂYESİ

I. Etik Doğa Devleti Üzerine

Hukuki-sivil (siyasi) bir devlet insanların birbirleriyle benzer şekilde kamusal hukuki yasaların (sınıfsal olarak cebir yasalarının) altında yaşadığı ilişkidir. Etik-sivil devletse insanların zorlayıcı olmayan yasalar, örneğin salt erdem yasaları altında birleştiği devlettir.

Şimdi tıpkı meşru (ama bunun sonucunda her zaman adil olmayan), örneğin, hukuki Doğa devleti ilkinin karşıtıyken, etik Doğa devleti ikincisinden ayrılır. İkisinde de her birey yasayı kendi için koyar ve diğer insanların yanı sıra, kendisini kul olarak gördüğü herhangi bir haricî yasa yoktur. İkisinde de her birey yasayı kendi için düzenler; kanunlar uyarınca, her insanın her durumda ortaya çıkan görevini yasal gücünü kullanarak belirleyecek ve evrensel ödev başarımını beraberinde getirecek güçlü bir kamusal otorite yoktur.

Hâlihazırda mevcut bir siyasi devletteki tüm siyasi vatandaşlar, aslında etik bir doğa devletindedir ve burada kalma yetkisine sahiptir; çünkü vatandaşlarını etik bir devlete girmeye zorlamak, etik devlet kavramı zorlayıcı yasalardan kurtulmayı içerdiğinden, siyasi devlet için (*in adjecto*) bir çelişki olacaktır. Aslında her siyasi devlet [vatandaşlarına ait] ruhlar üzerindeki bir hükümdarlığın, erdem yasalarına uyan egemenliğinde bulunmak isteyebilir. Çünkü bu durumda, baskı yöntemleri (insan yargıç diğer insanların derinliklerine sızamadığı için) yarar sağlamayınca, erdeme dair yaratılışları gerekli olanı ortaya koyacaktır. Ancak güç yoluyla etik amaçlara yönelik bir yönetim kurmak isteyen kanun yapıcının vay haline! Çünkü böyle yaparak ahlâki bir yönetimin tam tersini elde etmekle kalmaz, aynı zamanda kendi siyasi durumunun da altını oyar ve onu güvensiz hale getirir.

O halde, siyasi bir devletin vatandaşı, yasamaya ilişkin işlevi söz konusu olduğunda, diğer vatandaşlarla birlikte [siyasi olana] ek olarak ahlâki bir birliğe katılmakta, ya da dilediğince, böyle bir doğa devleti içinde kalmakta tamamen özgürdür. Bu etik devlete özgürce girmeyi, siyasi gücün emirlerini bu etik yapıyı manen nasıl şekillendireceği üzerinden değil, sadece sınırlamalar, yani bu anayasanın -etik yemin hakiki türdense, siyasi kısıtlamanın telaşlanmasına hiçbir gerek olmamasına rağmen- devletin yurttaşları olan üyelerinin ödevleriyle çelişen hiçbir şey içermemesi koşulu üzerinden taahhüt edenler, sadece etik bir devletin kamu hukukuna dayanması ve bu hukuk üzerine temellenen bir yapıya sahip olması durumunda buna kalkışırlar.

Üstelik erdem ödevleri bütün insan ırkına uygulandığından, etik devlet kavramı insanoğlunun tümüne yayılır ve bu bakımdan siyasi devlet kavramından ayrılır. Dolayısıyla bu amaçla birleşen çok sayıda insan bile bizzat etik devlet olarak değil, her bir kısmı topluluğun ancak bir temsili ya da şeması olabildiği mutlak ahlâki bir bütünlüğü oluşturmak adına tüm insanların (evet, nihayet tüm rasyonel varlıklarla) uyumu için çabalayan tikel bir topluluk olarak adlandırılır. Çünkü bu topluluklarda her biri, aynı türden olanlarla ilişkisi dâhilinde, etik doğa devleti ve bu yüzden de tüm ihmallere maruz gibi temsi edilebilir. (Uluslararası bir kamu hukuku aracılığıyla bir araya gelmeyen siyasi devletlerde durum tam da budur.)

II. İnsan Etik Bir Devletin Üyesi Olmak İçin, Kendi Etik Doğa Devletini Bırakmak Durumundadır

Tıpkı hukuki doğa devletinin her insanın başkalarıyla savaşına dair olması gibi, içinde, insanların içinde ikamet eden iyilik ilkesinin sürekli olarak hem kişinin kendinde, hem de herkeste bulunan kötülüğün saldırısına uğradığı etik doğa devleti için de durum böyledir. İnsan (yukarıda da belirtildiği gibi) başka birinin ahlâki eğilimlerini karşılıklı olarak yozlaştırır. Her bireyin iyi niyetine rağmen, kendilerini birleştirecek ilkeden yoksun olduklarından, ihtilafları nedeniyle ortak iyilik hedefinden geri çekilirler ve sanki kötülüğün araçlarıymışçasına, birbirlerini yeniden kötülük ilkesinin egemenliği altına düşme tehlikesine atarlar. Yine, baskıcı yasalardan kanundışı ve dışsal (yabani) bir arınmışlık ve bağımsızlık devletinin, herkesin birbirine karşı olduğu ve politik-sivil bir devlete[42] girebilmek için herkesin terk etmesi gereken bir adaletsizlik ve savaş devleti olması gibi; etik doğa devleti de erdem ilkeleri arasındaki bir açık çatışma ve doğal insanın bir an önce terk etmek için harekete geçmesi gereken manevi ahlâksızlık devletidir.

Bu noktada *sui generis* bir ödevimiz var ve bu ödev insanlardan insanlara değil, insan ırkından kendine yöneliktir. Çünkü rasyonel varlıkların türleri nesnel olarak aklın idesi

---

[42] Hobbes'un *status hominum naturalis est bellum omnium* ifadesi, *est status belli* vs. olarak anlaşılmadığı takdirde doğrudur. Çünkü bir kişi, aynı devlette (*status iuridicus*), başka bir deyişle, insanların haklarını tanımaya ve korumaya uygun olan ilişki içinde yaşamalarına rağmen edebi ve kamusal yasalar altında bulunmayan insanlar arasındaki fiili düşmanlıkların sürekli olarak arttığını kabul etmese bile durum böyledir. Böyle bir devlette herkes, başkalarına karşı hakkı olabilecek, ama başkaları karşısında güven duymadığı şeylerin yargıcı olmak ister ve başkalarına hiçbir güvenlik tesis etmez: herkes sadece kendi gücüne sahiptir. Bu, içindeki herkesin herkese karşı sürekli silahlanmasını gerektiren bir savaş halidir. Hobbes'un ikinci ifadesi olan *exeundum esse e statu naturali* de, birinciden çıkar; çünkü bu durum, insanın kendi işlerinin yargıcı olma ve kendi keyfi iradesi dışında, başkalarının işlerinde hiçbir güvenlik sağlamama konusundaki küstahça inadından doğan, başkalarının hakları üzerindeki sürekli bir ihlaldir.

içinde toplumsal bir hedefe, yani en yüce olanın toplumsal bir iyilik olarak tesisine yazgılıdır. Ancak, en yüce ahlâki iyiliğe salt tek bir bireyin kendi ahlâki mükemmelliğine yönelik çabalarıyla ulaşılamayacağından, bilakis benzer bireylerin aynı hedefe – iyi niyetli insanlardan oluşan ve içinde, salt kendi birliği sayesinde en yüce ahlâki iyiliğin ortaya çıkabileceği bir sisteme – yönelik bir birliğini gerektirdiğinden, erdem yasaları üzerine kurulu evrensel bir cumhuriyet olarak bütünlük idesi, (gücümüz dâhilinde olduğunu bildiklerimizle ilgilenen) tüm ahlâk yasalarından tamamen ayrılmış bir idedir; zira gücümüz dâhilinde olup olmadığını bilmediğimiz bir bütünlüğe yönelik çalışmayı içerir. Demek ki bu ödev hem tür hem ilke bakımından diğer hepsinden ayrılır. Bu ödevin başka bir ideyi, yani evrensel izni aracılığıyla, ayrı bireylerin kendi içinde yetersiz olan güçlerini ortak bir amaç uğruna birleştirebileceği daha yüce bir ahlâki Varlığın önvarsayımını gerektireceğini şimdiden öngörebiliriz. Ne var ki öncelikle, [toplumsal birlik için gereken] ahlâki ihtiyacın ipuçlarını takip etmemiz ve bunun bizi nereye götüreceğini görmemiz gerekir.

III. Bir Etik Devlet Kavramı, Etik Yasalar Altındaki Tanrı'nın Halkı Kavramıdır

Bir etik devlet meydana getirilecekse, tüm tekil bireyler bir kamu mevzuatına tabi tutulmalı ve onları bağlayan tüm yasalar ortak bir yasa koyucunun buyruğuymuş gibi görülebilmelidir. Kurulacak devlet hukuki olacaksa, (anayasa hukuku bakımından) yasa koyucusu bizzat bir bütünde birleşen halk kitlesi olmalıdır, çünkü yasama, özgürlüğün, ortak bir yasaya göre başka herkesin özgürlüğüyle tutarlılığını tesis edebilecek koşullar tarafından sınırlandırılması ilkesinden[43] doğar ve sonuç olarak, umumi irade dışsal bir yasal denetim öne sürer. Ancak devlet etik olacaksa, halka halk olarak yasa koyucu gözüyle bakılamaz. Zira böyle bir devlette tüm yasalar açıkça eylemlerin (manevi bir şey olması nedeniyle, kamusal insani yasalara tabi tutulamayacak olan) ahlâk düzeyinin yükseltilmesi için tasarlanmıştır, hâlbuki bu kamu yasaları – hukuki bir devleti kuracak olan yasalar – tam aksine sadece eylemlerin meşruluğuna yöneliktir ve göze hitap ederken, buradaki tek önemli nokta olan (manevi) ahlâka yönelik değildir. O halde etik bir devlet için kamusal yasa koyucu olarak nitelenebilecek, halktan başka biri gerekir. Yine de, etik yasalar aslen sadece bu üstün varlığın iradesinden doğmuş gibi (baştan onun tarafından buyrulmuş olmasalar, belki de bağlayıcı olmayacak kanunlar gibi) düşünülemez, çünkü bu durumda ne bunlar etik yasalar, ne de bunlara uygun ödevler erdemin özgür ödevi olacaktır. Ancak sadece zorlayıcı bir yasa ödevi söz konusu olur. Sonuç itibariyle sadece o, etik bir devletin tüm hakiki, aynı zamanda ahlâki ödevlerinin[44] bir arada, kendi emirleriymiş gibi temsil edilmesi gereken en yüce yasa koyucusu olarak düşünebilir; o halde, her bir bireyin yaratılışının en içteki kısımlarını görebilmesi ve her devlette gerekli olduğu gibi,

---

43 Tüm harici yasaların ilkesi budur.
44 Her şey bir ödev olarak tanındığında, bu insan bir yasa koyucunun keyfi iradesiyle dayatılan bir ödev bile olsa, ona itaat etmek de ilahi bir buyruktur. Elbette zorlayıcı sivil yasaların ilahi buyruklar olduğu söylenemez; ancak adil oldukları sürece, onlara itaat de ilahi bir emirdir. "İnsanlardan ziyade Tanrı'ya itaat etmeliyiz" deyişi sadece, insanların kendi içinde kötü (ahlâk yasasına doğrudan zıt) olan bir şey emretmesi durumunda, onlara uymaya kalkmamamız ve uymamamız gerektiği anlamına gelir. Öte yandan kendisi ebedi olmayan politik-sivil bir yasa, ilahi bir zorlayıcı yasa olarak görülene karşı geliyorsa, ilahi yasanın sahte olduğunu söyleyebileceğimiz zeminler vardır; çünkü yalın bir ödeve karşı gelir ve çünkü bir ilahi buyruk hiçbir ampirik yolla, o konuda ihmal edilecek başka türlü tesis edilmiş bir ödeve izin verecek yetkiye sahip değildir.

herkesin eylemlerinin değeri ne olursa olsun anlayabilmesi adına onu meydana getirmek için "kalbi bilen biri" olmalıdır. Ancak bu, dünyanın ahlâki hükümdarı olan Tanrı kavramıdır. Dolayısıyla etik bir devlet ancak ilahi emirler altında yaşayan bir halk, başka bir deyişle bir Tanrı halkı ve gerçekten erdem yasaları altındaki bir halk olarak düşünülebilir.

Aslında itaat edildiklerinde eylemlerin ahlâkiliğini değil, sadece yasallığını göz önünde bulunduracak nizami yasalar altındaki bir Tanrı halkını düşünebiliriz. Bu ahlâki bir devlet olacak ve yasa koyucusu gerçekten de Tanrı olacaktır (dolayısıyla bu devletin yapısı teokratik olur); ancak O'nun isteklerini doğrudan O'ndan alan rahipler gibi insanlar, aristokratik bir yönetim kuracaktır. Ne var ki mevcudiyeti ve biçimi bütünüyle tarihsel zemin üzerine dayanan böyle bir yapı, çözümünü istediğimiz tek şey olan ahlâk bakımından meşru akıl sorununu halledemez; yasa koyucusu Tanrı bile olsa harici kalan, siyasi-sivil yasalar altındaki bir yapı olarak, tarihsel bölümde yeniden gözden geçirilecektir. Burada sadece yasaları saf ve içsel bir yapıya – erdem yasaları altındaki bir cumhuriyete, başka bir deyişle, "iyi işler için hevesli" bir Tanrı halkına – ihtiyacımız vardır.

Böyle bir Tanrı halkına güruhun amacının, kötülük ilkesinin yanında saf tutanların kötülüğü yaymasını ve başka bir birlik meydana getirmesini önlemek olduğu fikriyle – burada da erdemli niyetlerle çatışan ilkenin tam da içimizde bulunmasına ve sadece mecazi anlamda bir dışsal güç olarak gösterilmesine rağmen – karşı çıkabiliriz.

IV. Tanrı Halkı İdesi (İnsani Örgütlenmeyle) Ancak Bir Kilise Biçiminde Gerçekleştirilebilir

Etik bir devletin yüce ancak asla tam olarak ulaşılamayan amacı, insanın elleri altında bariz şekilde küçülür ve önemini kaybeder. En iyi ihtimalle böyle bir devletin sadece saf biçimini temsil etme yetisine sahip olan ve duyusal insan doğasının şartları itibariyle, böyle bir bütünlüğü kurma araçları bakımından büyük ölçüde kısıtlanan bir yapı haline gelir. Böyle çarpık bir ağaçtan mükemmel düzlükte bir şey çıkarılmasını kim umabilir?

O halde, ahlâkî bir Tanrı halkı kurmak, tamamlanması insanda değil bizzat Tanrı'da aranması gereken bir ödevdir. Ancak bu noktada insan, herkes kendini ayrı ayrı özel ahlâkî işlerine verebilirmiş veya insan ırkının (ahlâki yazgısı bakımından) tüm işlerini daha yüce bir bilgeliğe bırakabilirmiş gibi, bu işte aylaklık yapma ya da hükmü Tanrı'ya bırakma yetkisine sahip değildir. Bilakis, insan her şey kendine bağlıymış gibi yola devam etmelidir; sadece bu koşulda daha yüce bilgeliğin, onun iyi niyetli çabalarının tamamlanmasını sağlayacağını umabilir.

O halde, tüm iyi yaratılışlı insanların dileği, "Tanrı krallığının gelmesi, O'nun olanın yeryüzünde yapılmasıdır." Peki, şimdi bunların gerçekleşmesi için ne gibi hazırlıklar yapılmalıdır?

İlahî ve ahlâkî mevzuat altındaki etik devlet, olası deneyimin nesnesi haline gelmediği sürece görünmez olarak adlandırılan bir kilisedir (bu sadece, bütün dürüstlerin doğrudan ve ahlâki olan ilahi dünya idaresi altında birleşmesi fikridir ve bu fikir tamamen, insanlar tarafından kurulacak olanın ilk-örneği olma vazifesini görecektir). Görünür kilise, insanların bu ülküyle uyumlu olan bütünlük içinde fiilen birleşmesidir. Her bir toplum kamu hukuku altında, (yasalarına itaat edenlerle itaati buyuranlar arasındaki ilişki bakımından) öğeleri arasındaki düzeni koruyabildiği düzeyde, bir bütün halinde birleşmiş olan topluluk (kilise) salt oranın görünmez yüce liderinin işlerini yöneten (ve ruhların öğretmenleri ya da çobanları olarak anılan) otoriteler altındaki bir cemaattir. Bu işlev bakımından hepsine kilisenin hizmetkârları denir. Tıpkı siyasi devletteki görünür amirin, kendinden üstün tek bir birey (ve genellikle bütün bir halkı) bile tanımamasına rağmen, arada bir kendini devletin en yüce hizmetkârı addetmesi gibi. Hakiki (görünür) kilise, Tanrı'nın yeryüzündeki ahlâki krallığını insanlar tarafından ortaya çıkarılabildiği düzeyde ifşa eden kilisedir. Hakiki kilisenin gereksinimleri ve dolayısıyla simgeleri aşağıdaki gibidir:

1. Tümellik ve dolayısıyla sayısal *bir*lik; bunun için, önemsiz düşüncelere bölünmüş ve ihtilaf içinde olmasına karşın, temel niyeti bakımından, (mezhepsel bölümler içindeki değil) tek bir kilisede altındaki genel bir birleşmeye götürecek temel ilkeler üzerine kurulu olma özelliğini taşımalıdır.

2. Doğası (niteliği); yani saflığı, sadece ahlâki (batıl inanç aptallığından ve bağnazlık çılgınlığından arınmış) teşvik edici güçler altına girme.

3. Özgürlük ilkesi altındaki ilişkisi; hem öğeleri arasındaki içsel ilişki, hem de kiliseyle siyasi güç arasındaki dışsal ilişki – iki ilişki de bir cumhuriyetteki gibidir (dolayısıyla herkesin geçici hevesine göre bir insanınkinin diğerinden ayrılabileceği özel bir esin aracılığıyla ortaya çıkan bir demokrasi türüdür ve ne bir hiyerarşi, ne de bir aydınlanmacılıktır [*illuminatism*]).

4. Kiplik, yapısının değişmezliği; yine de sadece idaresine dair arızi yönetmeliğin zamana ve şartlara göre değişmesi ihtimali saklı kalır; ne var ki bu amaç için hâlihazırda apriori ve (amacının idesi içinde) yerleşik ilkeler içermelidir. (Böylelikle özgünlükten yoksun oldukları için rastlantısal olan, çelişkiye açık ve değişebilir keyfi simgeler altında değil, başlangıçtan beri var olan ve bir zamanlar herkes için sanki bir hukuk kitabından rehberlik etmek üzere çıkmış olan yasalar altında [işler].)

O halde kilise biçimindeki, başka bir deyişle bir Tanrı şehrinin salt temsilcisi olan etik bir devlet, temel ilkeleri bakımından gerçekten de siyasi yapıya benzeyen hiçbir şeye sahip değildir. Zira yapısı ne monarşik (bir papanın ya da patriğin elinde), ne aristokratik (piskoposların ve yüksek rütbeli papazların elinde), ne de (*sectarian illuminati* gibi) demokratiktir. Olsa olsa, görünmez olmasına rağmen ortak bir ahlâki Baba'nın hükmü altındaki bir eve (aileye) benzetilebilir. Bu Baba'nın kutsal Oğlu, Babasının niyetini bilerek ve yine de ailenin tüm üyeleriyle kan bağı bulunurken, niyetini onlara daha iyi anlatabilmek için yerini alır; aynı şekilde evdekiler de onun içindeki Baba'ya saygı gösterirler ve böylelikle kendi aralarında gönüllü, tümel ve daimi bir gönül birliğine varırlar.

V. Her Kilisenin Yapısı Daima, Kilise İnancı Diyebileceğimiz Tarihi (Vahyedilmiş) Bir İnançtan Doğar; Bu da En İyi Kitabı Mukaddes'te Kurulmuştur

Saf dini inanç tek başına evrensel bir kilise kurabilir; çünkü yalnızca olgular üzerine temellenen tarihsel inanç, etkisini ancak ulaşabildiği, zamanın ve yerin şartlarına bağlı bir

Saf Aklın Sınırları Dâhilinde Din

iletime ve [insanın] böyle haberlerin güvenilirliği hakkında hüküm verme yetisine bağlı olgulara kadar yayabilirken, rasyonel inanç herkes tarafından inanılabilir ve paylaşılabilir. Yine de insan doğasının kendine has zayıflığı sebebiyle, saf imana asla hak ettiği güven duyulmaz, yani bir kilise sadece onun üzerine kurulamaz.

İnsanlar duyularüstü şeyleri bilmedeki yetersizliklerinin farkındadır ve böyle şeylere duyulan inanca (kendileri için evrensel ikna edici olması gereken inanç olarak) olabilecek en büyük saygı gösterseler de, ahlâken iyi bir yaşam biçimi için sürekli bir özen göstermenin, Tanrı'nın, krallığının kulları olmaları ve kendisini hoşnut etmeleri adına insanlardan istediği tek şey olduğuna kolay ikna olmazlar. Zorunluluklarını ancak, belli bir hizmet adına ya da Tanrı'ya sunmaları gereken başka bir zorunluluk olarak görebilirler – bu durumda eylemlerin manevi ahlâki değeri, Tanrı'ya sunulmuş olmaları olgusu kadar önemli değildir – bu bağlamda, kendi içlerinde ahlâki bakımdan ne kadar kayıtsız insanlar olurlarsa olsunlar, Tanrı'yı en azından edilgen itaatle memnun edebilirler. İnsanlara (kendilerine ve başkalarına) karşı ödevlerini yerine getirdiklerinde, bu eylemler aracılığıyla Tanrı'nın buyruklarını gerçekleştirmiş olduklarını, dolayısıyla tüm eylemleri ve çekimserlikleriyle daima Tanrı'nın hizmetinde olduklarını ve (Tanrı'nın değil, sadece dünyevi varlıkların üzerinde etki ve nüfuzları bulunabildiği için) Tanrı'ya daha doğrudan bir biçimde hizmet etmenin kesinlikle imkânsız olduğunu düşünemezler. Çünkü her dünyevi efendi kulları tarafından onurlandırılmaya ve teslimiyetçilik teyitleri aracılığıyla övülmeye özel bir ihtiyaç duyar; bunlar olmadan kullarından, hükmetmesi için emirleriyle gereğince uyum göstermelerini bekleyemez ve bir insana ne kadar akıl bahşedilmiş olursa olsun, ödevi ilahi bir buyruk olarak gördüğü sürece, insanla değil, Tanrı'yla iletişimin devamı olarak kabul eder. Bu yüzden, tamamen ahlâki bir din kavramının yerine, bir ilahi ibadet dini kavramı ortaya çıkar.

Tüm dinler, bütün ödevlerimizde Tanrı'ya evrensel olarak saygı gösterilmesi gereken yasa koyucu olarak bakmamıza dayandığından, dinin belirlenimi, bu konudaki tavrımızın kendisiyle uygunluğu düzeyinde, Tanrı'nın nasıl onurlandırılmayı (ve itaat edilmeyi) dilediğini bilmeye bağlıdır. Bu noktada ilahi ve yasa koyan bir irade ya kendi içinde salt meşru kanunlar ya da sadece ahlâk yasaları aracılığıyla emir verir. Ahlâk yasaları söz konusuysa, her bir birey Tanrı'ya ait dinin temelinde yatan iradeyi kendi aklı yoluyla bilebilir; çünkü Tanrısallık kavramı gerçekten de yalnızca bu yasaların bilincinden ve bu yasalar için nihai amaçları olarak kendilerine uygun ve dünyada mümkün tüm sonuçları sağlayabilen bir kuvvet varsayabilecek akla duyulan ihtiyaçtan doğar. Salt saf ahlâk yasalarına göre belirlenen bir ilahi irade kavramı, bizi bütünüyle ahlâki bir dini düşünmeye götürür, tıpkı tek bir Tanrı'yı düşünmeye götürdüğü gibi. Ancak böyle bir iradenin meşru yasalarını kabullenir ve dini, bizim bu yasalara itaatimiz üzerine kurulu hale getirirsek, söz konusu yasaların bilgisi salt bizim aklımız aracılığıyla değil, ancak esin yoluyla mümkündür; bu esin ister açıkça, ister her bir bireye gizli olarak verilsin, gelenek ya da emir yoluyla insanlar arasında yayılması için saf rasyonel değil, tarihsel bir inanç olmalıdır. Ve bu ilahi meşru yasaları (bizim için kendi içlerinde zorunlu görünmeyen, ancak Tanrı'nın iradesinin ifşası olarak alındığında böyle bakılan yasaları) kabul etmiş olsak bile, aracılığıyla Tanrı'nın iradesinin daha en baştan kalplerimize kazındığı saf ahlâki yasama, mümkün olan tüm hakiki dinlerin kaçınılmaz koşulu olmakla kalmaz, -ki böyle bir dini gerçekten kuran odur- meşru din sadece onun daha ileriye götürülmesine ve yayılmasına hizmet eden araçları kapsayabilir.

O halde, 'Tanrı nasıl onurlandırılmayı diler?' sorusu, sadece insan olarak bakılan her insan için evrensel bir geçerliliğe sahip bir biçimde cevaplanacaksa, O'nun iradesinin yasamasının salt ahlâki olacağına şüphe yoktur; zira (bir vahyi önceden varsayan) meşru yasama, sadece olumsal ve her insana uygulanmamış ya da uygulanamayacak, dolayısıyla da evrensel anlamda her insan için bağlayıcı olamayacak bir şey olarak görülür. Bu yüzden, "Rab! Rab! Diye çağıran herkes değil, Tanrı'nın isteğini yerine getirenler,"[45] yani Tanrı'yı (veya ilahi öze sahip bir varlık olarak O'nun elçisini) sadece her insanın sahip olamayacağı vayedilmiş kavramlara göre överek değil, isteğini herkesin bilmesini sağlayan iyi bir yaşam biçimiyle hoşnut etmeye çalışanlar – ona dilediği hakiki hürmeti sunanlar bunlardır.

Ancak kendimizi sadece insanlar olarak değil yeryüzündeki ilahi bir devletin vatandaşları olarak da davranmak ve kilise adı altındaki böyle bir birliğin var olması için çalışmak zorunda gördüğümüzde, 'Tanrı (bir Tanrı cemaati olan) bir kilisede onurlandırılmayı ne kadar ister?' sorusu salt akıl tarafından yanıtlanamazmış ve yalnızca esin yoluyla, yani saf dini inancın aksine, kilise inancı dediğimiz tarihsel inanç yoluyla bilebildiğimiz meşru bir yasama gerektirirmiş gibi görünür.

---

[45] Matta VII, 21: "Beni, 'Rab! Rab!' diye çağıran herkes Göklerin Egemenliğine girecek değildir. Ancak göklerde olan Babamın isteğini yerine getiren girecektir."

Çünkü saf dini inanç sadece Tanrı'ya hürmetin özünü oluşturanla, yani, ahlâki yaratılıştan doğan ve Tanrı'nın tüm emirlerini kapsayan itaatle ilgilenir. Öte yandan kilise, söz konusu niyetlerin ahlâki bir devlette birleşmesi olarak, kamusal bir ahit ve deneyimin koşullarına dayanan belli bir kilisesel (ekleziyastik) biçim gerektirir. Bu biçim kendi içinde olumsal ve çeşitlidir; dolayısıyla ilahi meşru yasalar olmadan ödev olarak anlaşılamaz. Ancak bu biçimin belirlenmesine hemen ilahi Yasa Koyucunun meselesi olarak bakılmamalıdır; bilakis, bizzat böyle bir devletin rasyonel idesini yürürlüğe sokmamızı ve insanların çok sayıda kilise türünü deneyip başarısız sonuçlar elde etmelerine rağmen, bu hedef için çabalamayı kesinlikle bırakmayıp – bu görev kendileri için ödev olduğu kadar, sadece onlara bağlandığı düzeyde – öncekilerin hatalarını mümkün olduğunca savarak, gerekirse yeni girişimlerde bulunmamızı gerektirenin ilahi irade olduğunu varsayma hakkına sahibizdir. Sonuç olarak herhangi bir kilisenin temelini ve biçimini oluşturan yasaları hemen ilahi meşru yasalar olarak görmek için nedenimiz yoktur. Aslında, kilisenin biçimini daha da ilerletme derdinden kendimizi kurtarmak adına, onların böyle olduklarını beyan etmek küstahlık; bir ilahi kurul bahanesiyle, kiliseye ait dogmalar aracılığıyla kitleleri boyunduruğa vurmak için uğraşmak ise yüksek otoritenin bir gaspıdır. Yine, görebildiğimiz kadarıyla, kilise ahlâk diniyle bütünüyle uyumluysa -ve bunun yanı sıra toplumun dini kavramlardaki zaruri ilk gelişimi olmadan kilisenin nasıl bir anda ortaya çıktığını kavrayamıyorsak- bu kilisenin örgütleniş biçiminin özel bir ilahi düzenleme olabileceğini kesin olarak inkâr etmek de, aynı derecede büyük bir kendini beğenmişlik olacaktır.

Kilisenin ya Tanrı ya da bizzat insanlar tarafından kurulması gerektiğine dair sorundaki kararsızlıkta, belirtilen insanın bir ilahi ibadet (*cultus*) dinine yönelimi vardır, ve – böyle bir din keyfi kaidelere dayandığı için – ilahi meşru yasalara inanmak, akılla değil vahiy çağrısıyla keşfedilebilecek belli bir ilahi yasama varsayımı üzerinden, en iyi yaşam biçimini (insanın saf ahlâki dinin rehberliğindeyken, benimsemekte özgür olduğu tavrı) desteklemelidir. Bu noktada doğrudan En Yüce Varlığa itibara önem verilir (ve bu itibar, bizim için zaten akıl yoluyla saptanmış olan yasalara itaat ederek sağlanamaz). Böylelikle insanlar ne bir kilisede birlik olmaya, ne kilisenin alacağı biçim konusunda bir anlaşmaya, ne de kamu kurumlarının, dindeki ahlâki unsurun yüceltilmesi için kendi içinde gerekli görülmelerine aldırırlar. Tek düşündükleri, törenler, vahiyle gelmiş yasalara duyulan inancın itirafı ve (en nihayetinde bir araç olan) kilisenin formu için elzem olan hükümlerin yerine getirilmesi aracılığıyla Tanrı'ya hizmet etmektir. Tüm bu usuller aslında ahlâken kayıtsız eylemlerdir; yine de, sırf O'nun adına yerine getirildiklerinden, O'nu daha da hoşnut ediyor kabul edilirler. Dolayısıyla, insanın etik bir devlete yönelik çabaları içinde kilisesel inanç saf dini inançtan elbette önce gelir. (Tanrı'ya ortak ibadete adanan binalar olan) tapınaklar (ahlâki yaratılışlara dair talimatlar ve hızlandırmalar için buluşma yeri olan) kiliselerden, (dindar ritüellerin adanmış hizmetçileri olan) rahiplerse, (bütünüyle ahlâki dinin öğretmenleri olan) ilahiyatçılardan önce gelir; ve hem mevki, hem de büyük halk kitlesi tarafından kendilerine verilen kıymet bakımından çoğunlukla birinci sırada gelirler. O halde, meşru bir kilisesel inancın saf dini imanla, sanki kendine ait bir araçmış ve kendi ilerlemesi için insanların kamusal birliği adına bir aracıymış gibi ilişkide bulunduğu hakikati saklı kaldığından, saf dini inancın değişmeden korunması, aynı formuyla her yere yayılması ve hatta içinde bulunduğu varsayılan vahye karşı duyulacak saygının salt gelenekle değil, çağdaşlara ve gelecek kuşaklara bir esin olarak ancak kutsal kitaplarla yeterince sağlanabileceği düşüncesi kabul edilmelidir. Bir kutsal kitap kendisini okumayanlarda, ya da en azından ondan tutarlı bir dini kavram oluşturmayanlarda (yani aslında çoğunda) bile büyük saygı uyandırır ve en karmaşık muhakeme bile, her engeli yıkan şu belirleyici iddia karşısında hiçbir işe yaramaz: "Çünkü yazılı." Bu nedenledir ki, içinde bulunan ve inancın bir şartını ortaya koyacak pasajlar sadece metinler olarak geçer. Böyle bir kutsal yazının belirlenmiş yorumcuları da, meslekleri icabıyla adanmış kişilere benzerler; ve tarih bize gösterir ki, gelenek ve eski umumi ayinler üzerine kurulu inanç, devlet devrildiği zaman hemen çökerken, zemini kutsal kitap olan bir inancı yok etmek, devletteki en yıkıcı devrimlerde bile asla mümkün olmamıştır. İnsanların eline düşmüş böyle bir kitap, hükümleri, ya da inanç yasalarıyla birlikte, dinin en saf ahlâki öğretisini – böyle (sunumu için araç vazifesi gören) hükümlerle mükemmel bir uyum içine getirilebilecek bir öğretiyi – de bütünüyle içeriyorsa ne büyük bir talihtir[46] bu. Bu durumda, hem varılacak sonuç, hem de insan ırkının kendinden ileri gelen böyle bir aydınlanmayı doğal yasalara göre anlaksal hale getirmenin zorluğu sebebiyle, böyle bir kitap vahye tanınan itibara egemen olabilir.

---

[46] Ne öngörebildiğimiz ne de deneyim yasaları uyarınca kendi çabamızla ortaya çıkarabildiğimiz; dolayısıyla da kaynağını tanımlamak istediğimizde sadece lütufkâr Tanrı diyebileceğimiz, istenen ya da istenmeyi hak eden her şey için kullanılan bir ifadedir.

* * *

Şimdi vahye inanma kavramına dair birkaç kelime edelim.

Sadece bir (hakiki) din vardır; ancak çok çeşitli inançlar olabilir. Hatta diyebiliriz ki birbirlerinden inanç kipliklerinin çeşitliliği bakımından ayrılan muhtelif kiliselerde bile, bir ve aynı hakiki din bulunabilir.

Dolayısıyla (fiili pratikte daha alışılmış olduğu için), 'Bu insan şu ya da bu inançtandır (Yahudi, Müslüman, Hıristiyan, Katolik, Lüteriyen)' demek, 'Şu ya da bu dindendir' demekten daha uygun düşecektir. Esasında ikinci ifade (ilmihallerde ve vaazlarda) halka hitap ederken asla kullanılmamalıdır, çünkü halk için fazlasıyla bilgece ve muğlâktır. Aslında, daha çağdaş diller bu anlama karşılık gelen bir sözcüğe sahip değildir. Sıradan insan bunu her zaman duyularına hitap eden kilisesel inanç anlamında alır, buna karşın din onun içinde gizlidir ve ahlâki niyetlerle ilgilenir.

Biri çoğu insan için 'Şu ya da bu dini icra ediyor' dediğinde, onları ciddi biçimde onurlandırır. Çünkü ne bir din bilirler ne de isterler – bu sözcükten anladıkları tek şey meşru kilisesel inançtır. Dünyayı sıklıkla yerinden oynatan ve kanla lekeleyen dini savaş denen şey, kilisesel inanç üzerindeki münakaşalardan ibarettir; ve baskı altındakilerin şikâyeti, dinlerine bağlı kalmalarından engellenmek değil (çünkü hiçbir dışsal güç bunu yapamaz), kilisesel inançlarını kamusal olarak yerine getirmeye izin verilmemesi olmuştur.

Bir kilise sıklıkla olduğu gibi (tarihsel olmasına rağmen, asla herkesten beklenemeyecek özel bir vahye inanmaya dayanmasına karşın) kendisinin tek evrensel kilise olduğunu beyan ettiğinde, onun (kendine özgü) kilisesel inancını benimsemeyi reddeden kişi imansız olarak adlandırılır ve kendisinden cansiperane nefret edilir. Kiliseden sadece (önemsiz) bir noktada ayrılana heterodoks denir ve bir bozulma kaynağı olarak görülüp en azından kendisinden uzak durulur. Ancak bu kiliseye bağlılık yemini eden kişi, kilise inancının temellerinde (başka bir deyişle, inancına bağlı uygulamalarda) ayrılığa düşerse, hele ki yanlış inancını dışarı da yayıyorsa, bir tanrıtanımaz [*heretik*][47] olarak adlandırılır ve bir asi olarak böyle bir adam, yabancı bir düşmandan daha suçlu bulunarak (Romalılarda, Senato'nun isteğinin aksine dönülmeyecek bir yola girene yapıldığı gibi) bir aforozla kiliseden uzaklaştırılır ve bütün cehennem tanrılarının eline bırakılır. Kilisesel inanç konularına duyulan inancın kilisenin öğretmenleri ya da liderleri tarafından talep edilen ken-

---

[47] Georgius'un Alphabetum Tibetanum'una göre, Moğollar Tibet'e, vatandaşlarını çölde çadırda yaşayan göçmenlerden ayırmak için "Tangut-Chazar," yani ev sakinleri ülkesi derdi. Chazars ismi bundan, tanrıtanımaz (*heretik*) anlamındaki Ketzer sözcüğü de buradan türemiştir, çünkü Moğollar Tibet (Lamaların) dinine mensuptu, bu din Mani diniyle uzlaşıyordu, belki de ondan doğmuş ve fetihleri sırasında Avrupa'ya yayılmıştı. Aynı sebeple Heretici ve Manichi sözcükleri uzun süre aynı anlamda kullanıldı.

Bunun bir göstergesi olarak Mezmurlar LIX, 11–16'yı ele alalım: Burada korkunç uçlara doğru giden bir intikam duası görürüz. Michaelis kitabında (Ahlâk, Bölüm II, s. 202) bu duayı tasdik eder ve ekler: "Mezmurlar vahyedilmiştir; eğer içlerinde ceza için dua varsa, yanlış olamaz ve İncil'den daha kutsal bir ahlâka sahip olmamalıyız." Bu son ifadenin sınırları içinde kalarak, ahlâk mı İncil'e göre, yoksa İncil'in mi ahlâka göre yorumlanmalıdır sorusunu ortaya atıyorum. Yine vahyedilmiş olan Yeni Ahit'teki "Onlara eski zamanlar hakkında denmişti ki vs... Ama size diyorum ki, Düşmanlarınızı sevin, onları lanetinizle kutsayın, vs..." parçasının bu görüşle ne kadar uyduğunu düşünmeden, ilk seçenek olarak Yeni Ahit'teki alıntıyı kendi kendinden-mevcut ahlâk ilkelerimle uyumlu hale getirmeye çalışmalıyım (örneğin, belki buradaki düşmanlar tenden ve kandan değil, onlar tarafından temsil edilen ve bizim için çok daha tehlikeli olan görünmez hısımlar, yani tamamen ayaklar altına almak istememiz gereken şeytani eğilimlerdir). Ya da, bu başarılamıyorsa, bu metnin ahlâkî anlamda değil, sadece Yahudilerin Tanrı'yı siyasi hükümdarları gibi görüp saymaları gibi, böyle bir ilişki içinde anlaşılması gerektiğini kabul edeyim. Bu son yorumum da bizi İncil'deki başka bir metne götürür: "İntikam benimdir. Karşılığını vereceğim, dedi Tanrı." Bu genellikle kişisel öç almaya karşı ahlâkî bir uyarı olarak yorumlanır, hâlbuki muhtemelen, her devlet için geçerli olan ve zararın telafisinin amirin adaletinin mahkemelerinde, yani yargıcın verdiği, davacının istediği kadar ağır bir ceza talep etme izninin davacının intikam ateşinin göstergesi olarak anlaşılmaması gereken mahkemelerde aranması gerektiği yasasına gönderme yapar.

dine has doğruluğuna Ortodoksluk denir ve despotik (gaddar) ya da liberal Ortodoksluk olmak üzere ikiye ayrılabilir.

Kilisesel inancının evrensel bir bağlayıcılığa sahip olduğunu iddia eden kiliseye Katolik, (sıkça kendisi de memnuniyetle benzer iddialar da bulunsa da) başkaları adına böyle bir iddiaya karşı çıkana Protestan Kilisesi deniyorsa, dikkatli bir gözlemci övgüye değer pek çok Protestan Katolik örneğine rastlayacaktır. Öte yandan, saldırgan olanların, yani baş-Katolik Protestanların [arch-catholic Protestants] örnekleriyle daha çok karşılaşacaktır: Birinciler (kendi kiliselerininki olmasa bile) bir düşünce tarzının insanlarıdır; ikinciler ise, sınırlanmış düşünce yapıları nedeniyle – hiç de kendi yararlarına olmayan – keskin bir zıtlıkta dururlar.

VI. Kilisesel İnanç En Yüce Yorumcusu Olarak Saf Dini İnanca Sahiptir

Bir kilise vahye dayanıyorsa, en önemli doğruluk işaretinden, yani haklı bir evrensel iddiasından vazgeçtiğine değindik. Çünkü böyle bir inanç (çok daha geniş biçimde yayılmasına ve kutsal kitap aracılığıyla en uzak gelecek nesiller için bile tamamıyla korunmasına rağmen) tarihsel olma özelliğiyle, asla ikna yaratma amacıyla evrensel olarak iletişime sokulamaz. Yine insanların duyusal olarak tutulabilir bir şeye duyduğu doğal ihtiyaç ve arzu nedeniyle; ayrıca daha yüce kavramların ve akli temellerin deneyiminden birtakım onay elde etmek (bir inancın evrensel yayılımı incelenecekse gerçekten de göz önünde bulundurulması gereken bir ihtiyaçtır) için, genellikle el altında bulunabilecek şu ya da bu tarihsel ve kilisesel inanç kullanılmalıdır.

Görünüşe bakılırsa şans eseri elimize gelen böyle bir ampirik inanç, (ampirik olan ister bir amaç, ister bir araç olsun) ahlâki bir inanç temeliyle birleşecekse, sahip olduğumuz vahyin bir yorumuna, başka bir deyişle, bir salt akıl dininin evrensel pratik kurallarıyla uyum içindeki kusursuz bir tefsirine gerek vardır. Çünkü kilisesel inancın teorik kısmı, tüm insani ödevlerin (dinin temelini oluşturan) ilahi buyruklarmışçasına yerine getirilmesini sağlamazsa, bizi ahlâki bakımdan ilgilendirmez. Bu tefsir (vahye ait) metnin ışığı altında çoğu kez zoraki görünebilir – sık sık gerçekten zoraki de olabilir; yine de metnin onu desteklemesi ihtimal dâhilindeyse, ya [işe yarar] hiçbir şey içermeyen, ya da ahlâki güdülerin aksine çalışan edebi tefsire tercih edilmelidir.

Bunun eski yeni, kimisi kutsal kitaplarda kayıtlı olan her tür inançla her zaman yapılmış olduğunu ve halkın bilge ve düşünceli öğretmenlerinin onları yavaş yavaş, evrensel ahlâki dogmalarla hizaya getirinceye dek temel içerikleri bakımından yorumlaya devam ettiklerini de görürüz. Yunanların, daha sonraki dönemde Romalıların ahlâk filozofları, tanrılara dair efsanevi öyküler üzerinde tamamen aynı şeyi yaptılar. Sonunda en bariz çoktanrıcılığı, tek bir ilahi Varlığın özelliklerinin temsili olarak yorumlamayı ve [tanrılarının] çeşitli kötü eylemlerine ve popüler (sonuçta devlet için daha tehlikeli olan tanrıtanımazlık ortaya çıkabileceğinden, yok edilmesi hiç de önerilmeyen) bir inancı tüm insanlar için anlaşılır olan, bütünüyle yararlı bir ahlâki öğretiye yaklaştıran, şairlerin mistik anlamla bezenmiş vahşi ama sevimli hayal güçlerine bir dayanak bulmayı başardılar. Geç dönemdeki Yahudilik ve hatta bizzat Hıristiyanlık, çoğu zaman fazlasıyla zoraki olan bu tefsirlerden oluşur, ancak iki örnek de tüm insanlar için sorgulanamayacak kadar iyi ve gerekli amaçlara yöneliktir. Müslümanlar (Reland'ın da gösterdiği gibi), her tür duyusallığa adanmış olan cennetlerinin tasvirine nasıl ruhani bir anlam yükleyeceklerini çok iyi bilirler; Hindular Vedalarını yorumlarken, en azından halkın aydınlanmış kesimi için, birebir aynı şeyi yaparlar.

Bunun popüler inancın hakiki anlamına dur durak bilmeden şiddetle saldırmaksızın yapılamayacak olması, insan aklı içinde, bu inançtan çok daha önceden saklı duran ahlâki bir inancın bulunması gerçeğindendir; ilk kaba dışavurumları sadece ilahi tapınma pratikleri formunu almış ve tam da bu amaç uğruna, şu sözümona vahiylere meydan vermiş olsalar bile, dışavurumlar mitlerin içine dâhi, kasten olmasa da, kendi duyularüstü kökenlerinin doğasından bir şeyler aşılamıştır. Popüler inancın simgelerine, hatta kutsal kitaplara bile atfettiğimiz anlamların, gerçekte kastedilenle birebir aynı olduğunu iddia etmeye değil, bu sorunun cevabına karar verilmeden önce durmasına izin vermeye, ve sadece yazarlarının böyle anlaşılabileceği olasılığını kabul etmeye meyilli olduğumuz göz önünde bulundurulduğunda, böyle yorumları dürüst olmamakla da suçlayamayız. Çünkü bu kutsal kitapları okumanın, ya da içeriğini araştırmanın bile nihai amacı, insanları daha iyi hale getirmektir. Bu amaca hiçbir katkısı bulunmayan tarihsellik unsuru, kendi içinde oldukça kayıtsız bir şeydir ve onunla ne istersek yapabiliriz. (Tarihsel inanç "yalnız olduğundan, ölüdür;" yani kendi içinde bir öğreti olarak bakıldığında, bizim için ahlâki değeri olabilecek hiçbir şey içermez ve bizi hiçbir yere götürmez.)

Dolayısıyla, bir belge ilahi bir vahiy olarak kabul edilecekse, ilahi kökenden geldiğinin en yüksek ölçütü şu olacaktır: "Tanrı'nın esiniyle verilen bütün kutsal yazılar öğreti, eleştiri, ilerleme, vs. için yararlıdır" ve bu sonuncusu, yani insanın ahlâki ilerlemesi, tüm akıl dinlerinin gerçek amacını oluşturduğundan, Kutsal Kitaplara dair tüm tefsirlerin en yüce ilkesini içerecektir. Bu din "bizi her türlü hakikate iten Tanrı'nın Ruhu'dur;" Bize talimatlar verirken aynı zamanda temel ilkeleriyle harekete geçmemiz için canlandıran; ayrıca kutsal yazıların tarihsel inanç ve her bir kilisesel inançta hakiki dinin öğesini tek başına oluşturan saf ahlâki inanç güdüleri bakımından, içerdiği her şeye bütünüyle boyun eğmemizi sağlayan da budur. Kutsal Kitaba dair tüm araştırmalar ve tefsirler, içindeki bu Ruh'u arayış üzerine temellenerek yola çıkmalıdır ve "içindeki ebedi hayat ancak Kutsal Kitabın bu ilkeye tanıklık ettiği ölçüde bulunabilir."

Kutsal Kitap yorumcusunun yanına yerleştirilen, ancak onun astı olarak görülen başka biri, Kutsal Kitap bilimcisi vardır. Kutsal Kitap, en değerli ve şu anda tüm insanların bir kilisede toplanması için dünyanın en aydınlanmış kesimindeki tek araç olarak, kilisesel inancı inşa eder. Kilisesel inanç da tıpkı popüler inanç gibi göz ardı edilemez, çünkü salt akıl üzerine temellenmiş hiçbir öğreti, halkın gözünde değişmez bir norm görevi görme niteliğine sahip değildir. İnsanlar ilahi vahyi ve dolayısıyla, bu vahyin izini sürerek, onun yetkisinin tarihsel onayını talep ederler. Bu noktada insan becerisi ve bilgeliği, ilk Öğretmenin görevini geçerli kılan delilleri teftiş etmek için, gökyüzüne kadar yükselemez. İçerikten ayrı olarak, böyle bir inancın sunulduğu yönteme dair ortaya çıkan kanıtlarla yetinmesi gerekir – yani, tarihsel doğruluklarını belirlemek adına, insani bildirimleri çok eski zamanlardan bu yana takip etmesi ve şimdi ölmüş olan dilleri incelemesi gerekir. Dolayısıyla (evrensel olabilmek adına her zaman salt akıl üzerine kurulması gereken bir din olmamasına karşın) Kitabı Mukaddes üzerine kurulu bir kilisenin sözünün geçmeye devam etmesini sağlamak için, Kutsal Kitap biliminin ortaya koyduğu tek şey, Kutsal Kitabın kökeninde onun doğrudan ilahi bir vahiy olduğunu kabul etmeyi imkânsız kılacak hiçbir şey bulunmadığı savı olsa bile, bu bilime ihtiyaç vardır; çünkü bu, [vahiy edilmiş Kutsal Kitap] idesi içinde ahlâki inançlarının özel bir istihkâmını bulanlar ve bu yüzden onu memnuniyetle kabul edenler için emniyet sağlamaya yetecektir. Yine de Kitabı Mukaddes'in sadece aslına uygunluğunun kanıtlanması değil, tefsiri de, aynı nedenle bir bilime ihtiyaç duyar. Çünkü sadece çevirisinden okuyan bilgisiz insanlar, onun anlamından nasıl emin olabilirler? Bu yüzden yorumcu, orijinal dile aşina olmanın yanı sıra, kapsamlı tarihsel bilgi ve eleştiri konusunda da bir usta olmalıdır ki, söz konusu dönemlerin şartlarından, geleneklerinden ve düşüncelerinden (popüler inancından) hareketle, kilise devletinin anlayışını aydınlatabilecek araçları devşirebilsin.

O halde, rasyonel din ve Kutsal Kitap bilimi, kutsal bir belgeye uygun nitelikte yorumcular ve emanetçiler demektir. Bu alandaki hükümlerinin ve keşiflerinin, kamusal kullanım sırasında hiçbir şekilde dindışı kanat tarafından engellenmemeleri, ya da belli dogmalarla sınırlandırılmamaları gerektiği açıktır. Zira aksi takdirde papaz olmayan halk bu sınıfı kendilerine ait ve esasında, papazın talimatları aracılığıyla öğrendikleri düşüncelerle uzlaşmaya zorlayacaktır. Devlet âlimler ve ahlâki bakımdan iyi itibara sahip, tüm kilise yapısı içinde otoriteye sahip ve devlet tarafından bu komisyonun emanet edildiği insanlar konusunda bir kıtlık olmadığından eminse, ödevinin ve yetisinin gerektirdiği her şeyi yerine getirmiş olur. Ancak yasa koyucunun bu konuyu okullara taşıması ve onların (vaiz kürsüsünden gelmemişlerse, kilise cemaatini hiç de rahatsız etmeyen) tartışmalarıyla ilgilenmesi gerektiğinde ısrar etmek – böyle bir yük onun itibarını zedeleyeceğinden, halk tarafından ancak küstahça kendisine emanet edilebilir.

Üçüncü bir hak iddiacısı, Kutsal Kitabın hakiki manasını ve ilahi kökenini ortaya koymak için ne akla ne bilime ihtiyaç duymayan, sadece içsel bir hissiyata dayanan tefsircinin yaptığı işe itiraz edecektir. "Kitabın öğretilerini takip eden ve buyurduğunu yapan kişinin, onun kesinlikle Tanrı'ya ait olduğunu bulacağını", Kutsal Kitabı okuyan ya da açıklamasını dinleyen kişinin hissetmesi gereken, iyi eylemlere ve yaşam biçimindeki doğruluğa dair dürtünün de kitabın ilahi doğası konusunda onu ikna edeceğini kesinlikle inkâr edemeyiz. Çünkü bu dürtü, insanın içini ateşli bir saygıyla dolduran ve bu sayede ilahi bir buyruk olarak görülmeyi hak eden ahlâk yasasının işlenmesi demektir. Yasaların ve yasaların ahlâksallıklarının bilgisini herhangi bir histen türetmek çok zordur. Bir histen yola çıkarak doğrudan bir ilahi nüfuzun kesin kanıtını anlama ya da keşfetme olasılığı ise daha da azdır. Zira aynı etki birden fazla nedene sahip olabilir. Ne var ki bu durumda, yasanın akıl yoluyla bilinen yalın ahlâksallığı (ve öğretisi), [yasanın geçerliliğinin] kanıtıdır; ve bu köken sadece mümkün bile olsa, her tür bağnazlığın kapılarını ardına kadar açmak istemiyorsak ve doğrudan ahlâki hissin her tür düşlemle ilişki yüzünden itibarını yitirmesine sebep olmayacaksak, ödev onun bu şekilde inşa edilmesini talep eder. His bireye özeldir ve bu hissi ortaya çıkaran ya da çıkışını belirleyen yasa önceden bilinse bile, başkalarından beklenemez. O halde kesinlikle hiçbir şey öğretmediğinden, sadece öznenin haz ya da memnuniyetsizlik bakımından maruz kaldığı bir yöntem olduğundan – bu temel üzerine de hiçbir bilgi kurulamayacağından – vahyin özgünlüğüne dair bir mihenk taşı olarak ortaya konamaz.

Demek ki kilise inancının Kutsal Kitaptan başka normu, ve saf akıl dini ve (söz konusu dinin tarihsel bağlamıyla uğraşan) Kutsal Kitap bilimi üzerinde çalışanlar haricinde bir tefsircisi yoktur. Bunlar içinde sadece birincisi bütün dünya için otantik ve geçerlidir. İkincisiyse, belli bir zamanda belli bir halk için, kilise inancının belli ve dayanıklı bir sisteme dönüştürülmesini amaç edindiğinden, sadece öğretiseldir. Bu sistem içinde tarihsel inanç sonunda Kutsal Kitap âlimleri ve onların içgörüleri dâhilinde salt inanç haline gelmelidir. Esasen bu, insan doğasının onuruna özel olarak yarar sağlamaz; yine kamusal düşünce özgürlüğü aracılığıyla düzeltilebilecek bir durumdur. –ve bilim adamları ancak daima daha iyi bir içgörü için umutlarını koruyup, bu doğrultuda açık ve anlayışlı davranırken, bir yandan da yorumlarını kamusal incelemeye açarsa, cemaatin kendi kararlarına duyduğu itikada güvenebileceklerinden, böyle bir özgürlük daha haklıdır.-

VII. Kilisesel İnancın Adım Adım Saf Dini İnancın Ayrıcalıklı Egemenliğine Dönüşümü, Tanrı'nın Krallığının Gelişi Demektir

Hakiki kilisenin belirtisi evrenselliktir; sadece tek bir olası yolla gerekli ve belirlenebilir olmasıdır. (Bir deneyim olarak görülen vahiy üzerine kurulu) Tarihsel inanç sadece tikel bir geçerliliğe sahiptir. Başka bir deyişle, sadece bu inancın üzerine temellendiği tarihsel kayıtlara erişimi olanlar için geçerlidir; ve tüm ampirik bilgiler gibi, inanılan nesnenin böyle olması ve şöyle olmaması gerektiği üzerinden değil, böyle olduğu üzerinden bir bilinci içinde taşır; dolayısıyla kendi olumsallığının bilincini kapsar. Böylelikle tarihsel inanç (çok sayıda olabilen) kilisesel inanç haline gelebilir; öte yandan bütünüyle akıl üzerine kurulu olan saf dini inanç gerekli ve dolayısıyla hakiki kiliseyi işaret eden tek inanç olarak kabul edilebilir.

O halde, (insan aklının kaçınılmaz sınırlandırmasına uygun olarak) tarihsel bir inanç saf dine, ama onun bir aracı olduğunun bilinciyle bağlanırsa, ve kilisesel hale gelmiş bu inanç, sonunda tarihsel araçtan vazgeçebilmek adına, saf dini inanca sürekli olarak yaklaşma ilkesini benimserse, böyle nitelendirilmiş bir kilise her dönemde hakiki kilise olarak adlandırılabilir; ancak tarihsel dogmalar üzerine tartışmalardan asla kaçınılamadığı için, amacı en sonunda değişmez ve herkesi birleştiren muzaffer kilise olmak olsa da, ondan sadece saldırgan kilise diye bahsedilebilir!

Ebedi mutluluk için gerekli ahlâki yetiye (liyakate) sahip olan her bireyin inancına kurtarıcı inanç diyoruz. Bu tek bir inanç da olabilir ve kilisesel inançların [ya da mezheplerin] tüm çeşitliliği içinde, saf dini inanç hedefine doğru ilerleyerek uygulanabilir olan bir tane keşfedilebilir. Bunun aksine, ilahi bir tapınma dini, zahmetli ve çıkarcı bir inançtır (*fides mercenaria, servilis*) ve ahlâki olmadığı için kurtarıcı olarak görülemez. Çünkü bir ahlâki inancın özgür olması ve kalbin samimi niyeti (*fides ingenua*) üzerine kurulması gerekir. Kilisesel inanç, kendi içlerinde ahlâki değere sahip olmayan, dolayısıyla da sadece korku ya da umudun kışkırttığı eylemler (ibadet) – kötü bir insanın da yerine getirebileceği eylemler – aracılığıyla Tanrı'yı hoşnut etmenin mümkün olduğunu savunur. Hâlbuki ahlâki inanç, ahlâken iyi bir yaratılışın elzem olduğunu önkoşul olarak varsayar.

Kurtarıcı inanç, kurtuluş umudunun koşullandığı iki unsur içerir: Bu unsurlardan biri, insanın kendi başına yerine getiremediğine, başka bir deyişle, (ilahi bir yargıç huzurunda) ortaya koyduğu yasalara uygun eylemleri geri almasına gönderme yapar; diğeriyse, insanın kendi başına yapabildiğine ve yapması gerekene, yani, ödevine uygun düşen yeni bir hayat sürmesine referans verendir. Birincisi bir telafiye (borcun tamirine, günahlardan arınmaya, Tanrı ile uzlaşmaya); ikincisi ise, gelecekteki iyi bir yaşam biçimi aracılığıyla Tanrı'yı hoşnut edebileceğimize inanmaktır. İki koşul da tek bir inanç oluşturur ve zorunlu olarak birbirlerine aittir. Yine de beraberliklerinin zorunluluğunu ancak birinin ötekinden türetilebileceğini, yani, ya borçtan arınmaya olan ve bize dayanan inancın bizi iyi bir yaşam biçimine götüreceğini, ya da iyi bir yaşam biçimi sürmek için gerekli olan hakiki ve etkin yaratılışın, ahlâken işleyen nedenler yasasına uygun olarak böyle bir arınma inancını doğuracağını iddia ederek kavrayabiliriz. Bu noktada insan aklının kendi içindeki kayda değer bir çelişkisi ortaya çıkar. Bu çelişkinin çözümü, ya da mümkün bir çözümü yoksa hükmü, sadece tarihsel (kilisesel) bir inancın, kurtarıcı inancın bir öğesi olarak daima mevcut olması mı gerektiğini, ya da sonuç itibariyle -bu gelecekteki olay ne kadar uzak olursa olsun- saf dini inancı görmezden gelen bir araçtan mı ibaret olduğunu belirleyebilir. (Şöyle ki)

1. Kefaretin insanoğlunun günahlarına yönelik olduğu iddia edildiğinde, her günahkârın onu kendine memnuniyetle uygulayacağı; sadece (telafisinin de kendisi için sağlanmasını dilediği bir beyan anlamına gelen) bir inanç sorunu olduğunda ise, bu konuda bir an için bile şüphe duymayacağı gerçekten de anlaşılabilirdir. Ne var ki cezayı hak edeceğini bilen makul bir insanın, nasıl olup da tüm ciddiyetiyle, sadece kendisi için sağlanan bir telafi haberine itibar etmeye ihtiyaç duyacağına ve suçunu yok edilmiş – gerçekten de, uğruna şimdiye kadar hiçbir acı çekmediği iyi yaşam sürmenin, gelecekte bu inancın kaçınılmaz sonucu olacağı ve önerilen ihsanın kabulü anlamına geleceği şekilde, tamamıyla (temellerine kadar) yok edilmiş – gibi görmek için telafiyi (avukatların söylediği gibi) *utiliter* olarak kabul edeceğine inanabileceğini görmek oldukça imkânsızdır. Öz-sevgi çoğu zaman, insanın uğruna hiçbir şey yapmadığı ve yapamayacağı yalın iyilik isteğini, kişinin sadece beklemekle ulaşabileceği bir hedef olduğuna dair bir umuda dönüştürse de, hiçbir düşünceli kişi buna inanmaya kani olamaz. Böyle bir itikat sadece bireyin bu inanca tanrı tarafından kendi içine işlenmiş gibi, bunun sonucunda da hakkında aklına daha başka bir hikâye anlatmak zorunda kalmadığı bir şey olarak bakması halinde mümkün görülebilir. Bunu düşünemiyorsa, ya da kendi içinde sırf bir zorla kabul yolu olarak böyle sahte bir güven yaratamayacak kadar samimiyse, böyle aşkın bir telafiyi tamamıyla göz önünde bulundurarak ve bunun kendisi için de elverişli olmasına dair her dileği saklı tutarak, bunu koşullu olarak görür. Yani, böyle yüce bir kazanç ümit edebilmek için en narininden de olsa bir zemin oluşturacaksa, ilerlemenin kendi elinde olduğu düzeyde, öncelikle kendi yaşam bi-

çimini geliştirmesi gerektiğine inanmalıdır. Sonuç itibariyle, geliştirilmiş yaşam tarzı bir koşul olarak saf ahlâki inanca aitken, telafinin tarihsel bilgisi kilise inancına ait olduğundan, ilkinin ikinciden önce gelmesi gerekir.

2. Ama insanlar doğaları itibariyle yozsa, halen kötülük ilkesinin egemenliği altında duran ve gelecekteki bir ilerleme için uygun yetiye sahip olmadığını gören – ve şu ana kadar suçlu olduğu sapkınlıkların bilincinde olan – bir kişi nasıl olur da, ne kadar denerse denesin, kendini Tanrı'yı hoşnut edecek yeni bir insana bizzat dönüştürebileceğine inanabilir? Kendine karşı kışkırttığı adaleti başka bir şeyle telafi yoluyla tatmin edilmiş göremezse ve bu inanç aracılığıyla deyim yerindeyse kendini yeniden doğmuş ve böylece ilk kez – iyilik ilkesiyle bir araya gelmesinden doğacak olan – yeni bir yaşama başlama yetisine sahip göremiyorsa, Tanrı'yı hoşnut edecek bir insana dönüşme ümidini ne üzerine kuracaktır? Dolayısıyla kendine ait olmayan ama Tanrı ile uzlaşmasını sağlayan bir liyakate inanmak, iyi işler için gösterilen tüm çabalardan önce gelmelidir. Ancak bu, [iyi işlerin ilahi telafiden önce gelmesine dair] önceki sava karşı çıkar. Bu çelişki bir insanın özgürlüğünün rastlantısal belirleniminin, yani, bir insanın iyi ya da kötü olmasını beraberinde getiren nedenlerin içgörüsü aracılığıyla çözülemez; dolayısıyla teorik olarak çözülemez, çünkü aklımızın spekülatif yetisini tamamıyla aşan bir sorundur. Ancak pratik olarak şu soru ortaya çıkar: Özgür iradenizi kullanırken (fiziksel değil ahlâki bakımdan) ne önce gelir? Tanrı'nın bizim adımıza yaptıklarına inanarak mı, Tanrı'nın yardımına (bu yardım her neyse) layık olmak için ne yapmamız gerektiğini düşünerek mi işe başlamamız gerekir? Bu soruya cevap verirken

ikinci seçeneği tercih etme konusunda tereddüde düşemeyiz.

Kurtuluş adına birinci gerekliliğin kabulü, başka bir deyişle, başkası için yapılacak bir telafiye duyulan inanç, ne olursa olsun sadece teorik kavram için gereklidir; böyle bir arınmayı kendimize başka türlü anlatamayız. Bunun aksine, ikinci ilkenin gerekliliği pratik, aslında, tamamen ahlâkidir. Elbette, başka birinin telafi hakkını benimsemeye ve onun kurtuluşuna iştirak etmeyi, ancak bunun için gerekli niteliklere, her insanın ödevini yerine getirmek için gösterdiği çabayı göstererek ümit edebiliriz – ve bu itaat yine, karşısında edilgen kaldığımız yabancı bir etkinin değil, kendi eylemimizin sonucu olmalıdır. Ödevimizi yerine getirme emri koşulsuz olduğundan, insanın onu maksim ederek inancının temeli yapması, yani kurtarıcı bir inancın içinde var olabileceği tek ve en yüce koşul olan, hayatını geliştirme işine başlaması gereklidir.

Kilisesel inanç tarihselliğinden dolayı haklı olarak işe (telafiye) inançla başlar; ama (gerçek amacı içinde barındıran) saf dini inanç için sadece bir araç oluşturduğundan, (pratik) dini inançta koşul olan eylem maksiminin üstünlüğü ele alması ve bilgi maksiminin, yani teorik inancın ise yalnızca eylem maksiminin güçlendirilmesini ve yerine getirilmesini sağlaması gerekir.

Bu bağlamda kilisesel ilkeye göre, dolaylı bir telafiye duyulan inancın insana ödev olarak atfedildiği, hâlbuki daha yüce bir aracı tarafından yürürlüğe konan iyi bir yaşam sürme inancının, ona bir lütufmuş gibi aktarıldığı da belirtilebilir. Diğer ilkeye göre sıra tersine dönecektir. Çünkü ona göre iyi bir yaşam sürme, lütfün en yüce koşumu olarak koşulsuz bir ödevdir; hâlbuki Tanrı'dan gelen telafi sadece bir lütuf meselesidir. Birinci inanç karşısında, kusurlu bir yaşam biçimini dinle birleştirmeyi çok iyi bilen ilahi tapınmanın batıl inancı suçlanır (bu suçlama çoğu kez de haksız değildir); ikincisine karşı ise, belki başka türlü örnek alınacak bir yaşam biçimiyle, her tür vahye karşı kayıtsızlığı ya da hatta düşmanlığı birleştiren natüralistik inançsızlık yükümlü kılınır. Bu [son özellik], düğümü (kuramsal olarak) çözmektense, (pratik bir maksim aracılığıyla) kesmeyi seçecektir – sonuç itibariyle bu işleme tüm dini sorunlarda izin verilir. Bununla birlikte, teorik talep aşağıdaki yolla tatmin edilebilir.

Tanrı'yı hoşnut eden insanlığın ilk-örneğine (Tanrı'nın Oğlu'na) duyulan canlı inanç, kendi içinde, bizim için sadece bir kılavuz çizgi değil, aynı zamanda bir güdü görevi gördüğü oranda, ahlâkî bir akıl idesine bağlıdır; dolayısıyla onu başlangıçta rasyonel bir inanç olarak mı, yoksa bir iyi yaşam sürme ilkesi olarak mı gördüğümün önemi yoktur. Aksine, aynı ilk-örneğe kendi fenomenal görünümü içinde duyulan inanç (Tanrı-İnsan'a inanç), ampirik (tarihsel) bir inanç olarak (tamamen rasyonel olması gereken) iyi yaşam sürme ilkesiyle değiştirilebilir değildir ve böyle bir inançla yola çıkarak iyi bir yaşam biçimini ondan çıkarsamak oldukça farklı bir sorun olacaktır. Demek ki bu bağlamda, yukarıdaki iki önerme arasında bir çelişki ortaya çıkacaktır. Ve yine, [yeryüzündeki] Tanrı-İnsan görünümü içinde, duyuları vuran ve deneyim yoluyla bilinen şey onun içinde değil, daha ziyade, aklımızın içinde yatan, (örneği bilindiği kadarıyla, uygun olacağı düşünüldüğü için) ona atfettiğimiz, gerçekten de kurtarıcı inancın nesnesi olan bir ilk-örnektir ve böyle bir inanç Tanrı'yı hoşnut edecek bir yaşam biçimi ilkesiyle farklılaşmaz.

O halde burada, biriyle başlanırsa başka, diğeriyle başlanırsa tam tersi bir yola girilecek derecede birbirinden ayrılan iki ilke yoktur. Yola çıkmak için kullandığımız sadece bir ve aynı pratik ide vardır. Bu ide şimdi ilk-örneği hem Tanrı'nın içinde bulunduğu ve O'ndan ileri geldiği haliyle; hem de şu anda bizde bulunuyormuş gibi, ancak her iki örnekte de yaşam biçimimizin kıstası olarak temsil eder. Bu çelişki sadece bir yanlış anlaşılma yüzünden ortaya çıktığından, sadece ayrı referanslarla ele alınmış aynı pratik ideyi iki farklı ilkeymiş gibi görür. Ne var ki birisi, dünyada bir kereliğine ortaya çıkan böyle bir görünümün gerçekliği içinde, tarihsel inancı tek kurtarıcı inancın koşulu haline getirmeyi istese, gerçekten de hakiki bir maksimler çekişmesini ortaya çıkaracak olan (biri ampirik, diğeri rasyonel) iki farklı ilke olurdu – işe biriyle ya da diğeriyle başlansın, bu çelişkiyi hiçbir akıl çözemezdi.

Önerme: İyi bir yaşam biçiminde bile ancak inanç sayesinde kurtulabileceğimizi umuyorsak, bir zamanlar kendi kutsiyeti ve erdemi sayesinde hem (ödevine istinaden) kendisi hem de (ödevleri bağlamındaki kusurlarıyla) diğer insanlar için tatmin sağlamış (aklımızın hakkında hiçbir şey söylemediği) bir insanın var olduğuna inanmamız gerekir – bu önerme aşağıdakinden çok daha farklı bir şey söylemektedir: Tanrı'nın insana, insanın Tanrı'nın dileğini yerine getirmek için tüm gücüyle çalıştığı ölçüde duyduğu (bize akıl yoluyla zaten sağlanmış olan) sevginin, dürüst bir yaradılışı göz önünde bulundurarak eylemlerimizdeki herhangi bir eksikliği düzelteceğine inanabilmek için, Tanrı'yı hoşnut edecek bir yaşam biçiminin kutsal niyeti uğruna var gücümüzle çabalamalıyız. İlk inanç herkesin (cahillerin bile) gücü dâhilinde değildir. Tarih, iki inanç ilkesi arasındaki bu çelişkinin her tür dinde var olduğuna tanıklık etmiştir; çünkü tüm dinler hangi zemine oturturlarsa oturtsunlar bir kefareti kapsar ve hiçbir bireyin ahlâki yaratılışı, kefaretle ilgili talepleri duymaktan geri kalmaz. Yine de her zaman, rahipler ahlâkçılardan daha çok şikâyet etmiştir: Rahipler (kötülüğü denetlemeleri için yetkilileri çağırıp) insanları tanrıyla uzlaştırmak ve talihsizliği devletten defetmek için tesis edilen ilahi tapınmanın ihmal edilmesine yüksek sesle itiraz ederken; ahlâkçılar ahlâki çöküşten, yani rahipler en ciddi günahlar konusunda bile herkesin Tanrı ile barışmasını kolaylaştırırken, kendilerinin şevkle söz konusu ettiği bu arınma yollarına dair çöküşten yakınmıştır. Aslına bakarsanız, insanın kendini günahlardan arındırması için, mevcut olan ya da doğacak borçların ödenmesini sağlayacak tükenmez bir kaynak hâlihazırda el altındaysa, tek yapması gereken, iyi bir yaşam sürme azmini söz konusu borçlardan kurtulana -bu mümkün olsaydı, böyle bir inancın diğerlerini anlamak kolay olmazdı- dek erteleyebilecekken, günahlardan arınmak için elini uzatmaktır (ve bilincin bulunduğu her talep, ilk olarak, bir el uzatmaktır). Yine de bu inanç, görebildiğimiz kadarıyla sadece tarihsel olmasına karşın, böyle özel bir güce ve böyle gizemli (ya da sihirli) bir nüfuza sahipmiş gibi temsil edilecek olsa bile, ona ve ona bağlı hislere boyun eğmesi durumunda, insanı bütünüyle iyileştirebilir (ondan yeni bir insan yapabilir). Böyle bir inanca doğrudan gökyüzünden verilmiş ve esinlenmiş olarak (aynı zamanda tarihsel inançla birlikteymiş ve onun içindeymiş gibi) bakılmalıdır ve insanın ahlâki yapısıyla ilişkili olan her şeyin, Tanrı'nın koşulsuz bir buyruğuna dönüşmesi gerekir: "Demek ki Tanrı, istediğine merhamet eder; istediğinin yüreğini nasırlaştırır."[48]

Dolayısıyla ahlâki yaratılış bütün dinin temeli ve yorumcusu olduğunda, içimizdeki fiziksel, aynı zamanda ahlâki yaratılışın zorunlu bir sonucu, dinin en sonunda tüm ampirik belirleyici zeminlerden ve tarihe dayanan ve kilisesel inanç aracılığıyla insanları geçici olarak iyiliğin gereksinimi adına bir araya getiren hükümlerden yavaş yavaş arındırılacağı; dolayısıyla da saf akıl dininin nihayet hepsine üstün gelerek, "Tanrı'nın her şeyin içinde olacağı" düşüncesidir. Ceninin içinde insana dönüşmeye başladığı zar, günışığına çıkacağı zaman bir kenara bırakılmalıdır. Kutsal geleneği elde tutan dizginler de, zamanında büyük hizmetler vermiş hükümlere ve itaate uzanan organlarına gitgide bağımlı hale gelir ve sonunda, insan ergenlik çağına gelince bir prangaya dönüşür. O (insan ırkı) "bir çocukken çocuk gibi anlıyordu" ve belli bir miktar bilgeliği, hatta kiliseye yardımcı olan bir felsefeyi, kendi işbirliği olmaksızın kendisine bahşedilen önermelerle birleştirmeyi başardı: "ama adam olduğu zaman, çocukça şeyleri bir kenara bırakır." Dindışı olmakla rahipler arasındaki aşağılayıcı fark ortadan kaybolur ve hakiki özgürlükten eşitlik doğar. Yine de bu özgürlükte anarşi yoktur; çünkü herkes kendine koyduğu (zorlayıcı olmayan) yasaya uysa da, aynı anda bu yasaya, akıl yoluyla kendine ifşa edilmiş bir Dünya-Hükümdarının bir isteği olarak bakmalıdır. Öyle ki bu istek görünmez araçlarla herkesi ortak bir hükümet altındaki tek – görünür kilisenin daha önceden ve yetersiz biçimde temsil ettiği ve hazırlandığı – bir devlet içinde birleştirir. Tüm bunlar dışsal bir devrimden beklenemez,

---

[48] Bkz. Romalılar IX, 18.

çünkü böyle bir karmaşa etkisini şiddetli ve sert biçimde gösterir. Ayrıca bu etki şartlara fazlasıyla bağlıdır. Üstelik yeni bir yapılanmanın tesisi sırasında bir kez yapılacak herhangi bir hata, yüzlerce yıl boyunca pişmanlıkla devam ettirilecektir, zira artık asla, ya da en azından yeni (ve her zaman tehlikeli olan) bir devrim olmadan değiştirilemez. İşlerin bu yeni düzenine geçişin temeli, saf akıl dininin tüm insanlar için sürekli meydana geliş halinde olan (ampirik değilse de) ilahi bir vahiy olduğu ilkesinde bulunmalıdır. Olgun bir düşünme sonunda bu temel bir kez kavrandı mı, insani bir ödev olmaya yazgılı olduğu ölçüde, sürekli ilerleyen bir ıslah aracılığıyla yürürlüğe konur. Bu ilerlemeyi hızlandırabilecek devrimlere gelince, onlar Tanrı'nın elindedir ve özgürlüğe zarar vermeksizin plan uyarınca ortaya çıkarılamazlar.

Ancak kilisesel inançtan evrensel akıl dinine ve dolayısıyla yeryüzündeki bir (ilahi) etik devlete sürekli geçiş ilkesi, bu devletin fiili kuruluşu bizden halen sonsuz uzaklıkta olsa da, bir kez genelleşip bir yerlerde ortak bir tutunma noktası buldu mu, "Tanrı'nın krallığı bize geliyor" demek için iyi bir sebebimiz var demektir. Çünkü söz konusu ilke böyle bir mükemmelliğe yönelik sürekli bir yaklaşımın temelini içerdiğinden, onun içinde, tıpkı kendi kendine büyüyen ve zamanı gelince çoğalan tohum gibi, bir gün dünyayı aydınlatacak ve kendisine hükmedecek olan (görünmez) bütün yatar. Ancak hakikat ve iyilik – ki her insanın doğal yaratılışında bunlara dair bir içgörü ve samimi bir sempati yatar – genel olarak rasyonel varlıkların ahlâki yaratılışlarıyla aralarındaki doğal yakınlık sayesinde, bir kez umumi olduktan sonra kendilerini uzun uzadıya yayma konusunda başarısızlığa düşmezler. Zaman zaman ilerleyişlerini engelleyebilecek olan ve siyasi ya da ferdi nedenlerden ileri gelen sebepler, insan birliğinin ruhlarını (bir kez göz koydular mı akıllarından hiç çıkmayan)[49] iyiliğe daha da yakınlaştırmaya hizmet eder.

***

O halde, iyilik ilkesinin insan gözü tarafından fark edilmeyen ama daima devam eden etkinliği böyledir. Kendisi için insan ırkı içinde yükselir, erdem yasaları altındaki bir devlet gibi, kötülüğe karşı zafer kazanmayı sürdüren bir güç ve krallık gibi görülür; ve kendi egemenliği altında, dünyaya ebedi barışı temin eder.

---

[49] İkisi de kilisesel inanca hizmetten vazgeçmediği ya da ona saldırmadığı sürece, kişi bunun yararlı etkisini bir araç gibi kullanabilir; ama aynı zamanda, ilahi tapınmanın aldatıcı ödevi olarak alındığında, hakiki (yani, ahlâki) din kavramı üzerindeki tüm etkisini de yok sayabilir. Zaman içinde, şu anda örtülü olan hakiki aydınlanma (yasaya uygunluk, ahlâki özgürlükten yola çıkma) aracılığıyla, alçaltıcı baskı aracı biçiminin yerine, ortak bir rıza sonucu, ahlâki bir dinin itibarıyla, yani, özgür bir inanç diniyle bağdaşan bir kilisesel biçim getirilene kadar, zorlayıcı inanç biçimlerinin çeşitliliği içinde, bu biçimlere mensup olanların karşılıklı uyumluluğu, aklın bir ve tek dininin, yani her tür dogma ve usul âliminin yorumlarını yöneltmesi gereken dinin temel ilkeleri aracılığıyla tesis edilebilir. Bir kilisesel inancı iman konusundaki özgürlükle birleştirmek, akıl dinine ait nesnel birlik idesinin bu din içinde edindiğimiz ahlâki ilgi aracılığıyla çözümü için bizi sürekli olarak teşvik ettiği bir sorundur; hâlbuki insan doğasını ele aldığımızda, bunu görünür bir kilisede hayata geçirme umudu çok az görünür. Onun bu amaca, yani akıl dininin saf birliğine yönelik çalışmasını sağlayan şey, kendisine uygun hiçbir [duyusal] sezgi aracılığıyla temsil edemediğimiz, ancak pratik ve düzenleyici bir ilke olarak nesnel gerçekliğe sahip olan bir akıl idesidir. Bunun içinde, bir devletin haklarının, bu haklar evrensel ve güç sahibi bir uluslararası yasayla ilişkili olma anlamına geldiği düzeyde, siyasi bir idesi gibidir. Burada deneyim her tür umuttan vazgeçmemizi söyler. İnsan ırkının içine (belki de kasten) bir yönelim aşılanmış gibi görünür. Bu yönelim her bir devletin mümkünse diğerlerini boyunduruğu altına almak ve evrensel bir monarşi kurmak için yanıp tutuşmasına sebep olur; ama belli bir boyutla ulaştığında da kendi isteğiyle daha küçük devletlere bölünmesi gerekecektir. Benzer şekilde her bir kilise evrensel olduğuna dair gururlu iddiayı bağrına basar; hâlbuki yayılıp hükmetmeye başladı mı, bir çözülme ve farklı mezheplere parçalanma ilkesi derhal kendini gösterecektir.

Devletlerin tek bir devlet altındaki vaktinden önce ve dolayısıyla (insanlar ahlâken iyileşmeden önce gerçekleştiği için) zararlı biçimde birleşmesi başlıca iki güçlü unsur tarafından – eğer bunun Tanrı'nın bir tasarısı olduğunu kabul edersek – engelenir: dil farklılığı ve din farklılığı.

İKİNCİ BÖLÜM
İYİLİK İLKESİNİN DÜNYADAKİ EGEMENLİĞİNİN SÜREKLİ TESİSİNİN TARİHSEL HİKÂYESİ

Yeryüzündeki insanlar arasında herhangi bir (kelimenin tam anlamıyla) evrensel dinler tarihi umamayız; zira saf ahlâki inanç üzerine kurulduğundan kamusal bir konumu yoktur ve her insan, onun içinde kat ettiği ilerlemeyi ancak kendi içinde ve kendi için fark edebilir. Dolayısıyla evrensel ve tarihsel bir hikâyeyi yalnızca kilisesel inançtan bekleyebiliriz. Onun değişken ve değişen formu burada tek, değişmez ve saf dini inançla kıyaslanır. Kilisesel inancın, saf dini inancın niteleyici koşullarına bağlılığını ve uygunluğunun gerekliliğini açıkça ortaya koyduğu noktada, evrensel kilise kendine etik bir Tanrı devleti şekli vermeye ve hem tüm insanlar hem de tüm devirler için bir ve aynı olan sabit bir ilke altındaki bu devletin mükemmelleşmesine yönelik hareket etmeye başlar. Bu tarihin, yalnızca ilahi tapınma inancıyla dinin ahlâki inancı arasında sürüp giden çatışmanın bir anlatısı olacağını peşinen görebiliriz. İlki, tarihsel inanç olarak, insanın sürekli başa koymaya meyilli olduğu inançtır; ikincisiyse ruhu iyileştiren tek inanç olarak yetkili olduğu öncelik talebinden – en sonunda kesinlikle iyi hale getireceği bu talepten – asla feragat etmemiştir.

Şimdi bu tarihsel hikâye sadece, insan ırkının evrensel kilise altında birleşme eğiliminin hâlihazırda [tam] bir gelişime ulaşmaya başladığı kesimiyle, başka bir deyişle, akıl ve tarih inançları arasındaki fark sorunu hâlihazırda açık biçimde ortaya konulup, çözümünün de son derece büyük bir ahlâki önem arz ettiği durumla sınırlandırılırsa, bir bütünlük arz edebilir; zira sırf inançları birbirlerininkiyle hiçbir bağa sahip olmayan çeşitli halkların dogmalarından oluşan bir tarihsel hikâye, hiçbir kilise birliğini [ve onun böyle bir örneğini] ifşa edemez. Belli bir yeni inancın bir ve aynı halkta ortaya çıkması ve bu eski inancın, önceden hâkim olan inançtan -kimi zaman yeni ürünler verebilmesine rağmen- ismen ayrılması, bu bütünlüğün bir örneği olarak alınamaz. Çünkü birbirini takip eden farklı türden inançları bir ve aynı kilisenin değişiklikleri olarak yorumlayacaksak, bir ilke bütünlüğünün var olması gerekir; ki şu anda bizi ilgilendiren de tam olarak bu kilisenin tarihidir.

Demek ki bu başlık altında sadece, başlangıcından beri sürekli olarak yakınlaştırıldığı hakiki ve evrensel dini inancın nesnel bütünlüğünün tohumunu ve ilkelerini içeren kilisenin tarihini ele alabiliriz. İlk olarak, Yahudilerin bu (Hıristiyanlara ait) kiliseden hemen önce gelmelerine ve onun tesisi için fiziksel ortamı sağlamalarına rağmen, Yahudi inancının hikâyesini irdelemek istediğimiz bu kilisesel inançla herhangi bir özsel bağlantısının, yani aralarında bir kavram birliğinin bulunmadığı açıktır.

Yahudi inancı asıl biçimiyle bir salt zorlayıcı yasalar toplamıydı ve siyasi örgütlenme bu yasalar üzerine kuruluydu; zira sonradan herhangi bir dönemde yapılan ahlâkî eklemeler hiçbir bakımdan Museviliğe o kadar ait değildi. Yahudilik kesinlikle bir din değildir; ayrı bir nesle ait oldukları için, bir kilise değil, saf siyasi yasalar altındaki bir devlette bir araya gelen bir dizi insanın birliğinden ibarettir. Dahası, salt dünyevi bir devlet olması niyet edilmiştir. Böylelikle, aksi koşullar yüzünden parçalanması söz konusu olursa, gelecekteki (Mesih'in gelişiyle) yeniden tesis edilmesine duyulan (ve özünden bir parça olan) siyasi inanç saklı kalacaktır. Bu

Saf Aklın Sınırları Dâhilinde Din

siyasi örgütlenmenin teokrasiyi temel almış olması ve dolayısıyla, burada sonuç itibariyle vicdan üzerinde kesinlikle bir talebi ya da uygulaması olmayan dünyevi bir hükümdardan ibaret olan Tanrı'nın ismine saygı duyulması, onu dini bir örgütlenme yapmaz. Yahudiliğin, kendi örgütlenmesinin dini olmasına izin vermediğinin kanıtı açıktır. Birincisi, tüm buyrukları siyasi bir örgütlenmenin üzerinde duracağı ve zorlayıcı yasalar olarak koyacağı türdendir, çünkü sadece dışsal edimlerle ilişki halindedirler. Ve On Emir herkese açık biçimde sunulmasa bile, aklın gözünde etik emirler olarak geçerli kalacak olmasına rağmen, söz konusu yasama içinde, ahlâkî yaratılışa üzerine birtakım gereksinimler getirerek (daha sonra Hıristiyanlar ana vurguyu buraya yöneltmiştir), itaati kışkırtacak şekilde betimlenmemiştir; sadece dışsal riayete yöneliktir. İkincisi, buradan açıkça anlaşılır ki, bu yasaları yerine getirmenin ya da ihlal etmenin tüm sonuçları, tüm ödüller ya da cezalar bütün insanlara bu dünyada tahsis edilmiş olanlarla sınırlıdır ve bunlar bile etik kavramlara göre [dağıtılmamıştır], Zira hem ödüller hem de cezalar bu edimlerde ya da suçlarda hiçbir pratik rolü bulunmayan nesillere yöneliktir. Bu durum siyasi bir örgütlenmede uysallık yaratma açısından akıllıca bir araç olabilir, ancak etik bir örgütlenmede her türlü hakla çelişki içinde olacaktır. Üstelik ölümden sonra yaşam inancını kapsamayan hiçbir din düşünülemeyeceğinden, tüm saflığıyla ele alındığında bu inançtan yoksun olduğunu göreceğimiz Yahudilik, kesinlikle dini bir inanç değildir. Aşağıdaki görüşle bunu daha iyi destekleyebiliriz. Yahudilerin de en vahşileri bile olsa, diğer insanlar gibi ölümden sonraki yaşam ve cennet-cehennem inancına [normal olarak] sahip olmaları gerektiğini sorgulamamız çok zordur. Çünkü bu inanç, insan doğasındaki evrensel ahlâki yaratılış aracılığıyla herkesin içine kendiliğinden ve zorla girer. Dolayısıyla bu halkın yasa koyucusunun, Bizzat Tanrı olarak temsil edilmesine rağmen, ölümden sonraki yaşama en küçük bir özen bile göstermemesi kasıtlı olarak ortaya çıkmıştır. Bu onun etik değil, sadece siyasi bir devlet kurmak ve siyasi bir devlet içinde, bu dünyada ortaya çıkamayacak –çıkması halinde, tamamen tutarsız ve uygunsuz bir işlem olacak– ödüllerden ve cezalardan bahsetmek istediğinin göstergesi olsa gerek. Ve esasen, Yahudilerin bilahare ve her biri kendi için, zorlayıcı inançlarının maddeleriyle iç içe geçmiş belli bir dini inancı ifade ettikleri kuşku götürmez olsa da, böyle bir dini inanç asla Yahudilik mevzuatının ayrılmaz bir parçası olmamıştır. Üçüncüsü, Yahudilik bugüne kadar evrensel kilisenin gereksinimlerine uygun bir çağ oluşturma, ya da kendi süresince bizzat bu evrensel kiliseyi kurma konularında yetersiz kaldı. Bunun sebebi Tanrı'nın Kendisi için seçtiğini [ayrıcalıklı olduklarını] düşünmeleri ve diğer tüm halklara düşman kesilip, bunun sonucunda onların da düşmanlığını kazanmış olmalarıydı. Bu bağlamda, bu insanların hiçbir görünür imge aracılığıyla temsil edilemeyen bir ve tek Tanrı'yı, dünyanın evrensel Hükümdarı olarak ortaya koymaları gerçeğine çok büyük bir itibar gösteremeyiz. Çünkü görüyoruz ki, birçok diğer halkın dini öğretileri de aynı yönelim içindedir ve çoktanrıcılığından şüphe edilenler bile, sadece O'nun altındaki birtakım güçlü alttanrılara itibar eder. Çünkü sonuç itibariyle, bir din için kavramına ihtiyaç duyduğumuz ahlâki Varlık, sadece emirlerine herhangi bir gelişmiş ahlâki yaratılışı gerektirmeyecek şekilde itaat edilmesini isteyen bir Tanrı değildir. Dinin bu türden çok sayıda güçlü ve görünmez varlıklara duyulan inançtan doğması çok daha makuldür; yeter ki, "kısmi" farklılıkları içinde, tüm bunların sadece bütün kalbiyle erdemi besleyen insana bağışlanacağını kabul eden bir halk bulunsun – demek istediğim, bu durum, inancın üstelik de mekanik ibadete birincil derecede önem veren tek bir Varlığa bahşedilmesinden daha olasıdır.

O halde bir sistem kurmak söz konusuysa, tek yapabileceğimiz kilisenin genel tarihine, Yahudiliğin kökenini tamamen bir kenara bırakıp tümüyle yeni bir ilke üzerine temellenerek, inancın öğretileri üzerine esaslı bir devrime yol açan Hıristiyanlığın kökeniyle işe başlamaktır. Hıristiyanlık öğretmenlerinin bugün ve muhtemelen başlangıçta da yaşadığı sorun, insanların (her yeni olayı düşünürken gerekli olduğunu iddia ettikleri gibi) yeni inanca sadece eskisinin devamı olarak bakmasını sağlamak için, Yahudilik ile Hıristiyanlığı birleştirici bir iple birbirine bağlamaktır – bu çabalar tek dertlerinin halkın iyice alıştığı eski tapınmanın yerine, insanların önyargılarını doğrudan kışkırtmadan, tamamıyla ahlâkî bir dini koymanın en uygun yolunu keşfetmek olduğunu açıkça ortaya koyar. Tamamen bu halkı diğerlerinden ayırmaya hizmet etmiş olan bedensel işaretten vazgeçecek olmak, eskisinin hükümlerine bağlı olmayan, hatta herhangi bir hükme bağlı olmayan yeni inancın tek bir halk için değil, tüm dünya için geçerli bir dini kapsayacağı yargısını haklı çıkaracaktı.

Böylelikle Hıristiyanlık, hazırlıksız olmasa da, Yahudilikten bir anda doğdu. Ne var ki Yahudilik artık patriarkal ve katışıksız değildi, sadece siyasi anayasa üzerine kuruluydu, ama içinde adım adım açıklanan ahlâkî öğretiler nedeniyle, dini bir inançla hâlihazırda karışmış haldeydi – bu yüzden başka durumlarda cahil olan insanlar, eski (Yunanlara ait) bilgelikten çok şey alabilmişti. Bu bilgelik muhtemelen Yahudiliğin sonradan erdem kavramlarıyla aydınlanması ve dogmatik inancının baskıcı ağırlığına rağmen, devrim için hazırlanması üzerinde etkili oldu; zira tüm yabancı popüler inançlara kayıtsız kalan bir halkın hükmü altında kalarak gücünü kaybetmiş rahiplerin elde ettiği iyi bir fırsattı. Hıristiyanlığın esaslarının Öğretmeni, kendisinin gökyüzünden gelen bir elçi olduğunu ilan etti. Böyle bir göreve layık biri olarak, köle ruhlu bir inancın özünde gereksiz olduğunu ve tek kurtarıcı inancın, insanları "Cennet'teki Baba'larının kutsal olduğu kadar" kutsal hale getiren ve iyi bir yaşam sürmeyle içtenliğini kanıtlayan ahlâki inanç olduğunu açıkladı. Salt Tanrı'yı hoşnut eden insanlığın ilk-örneğine uyan bir örneği, hak etmediği ama övgüye değer bir ölümle[50] bizzat

---

[50] Hayatının kamusal kaydı bununla biter (bu kayıt, kamusal olduğundan, taklit için evrensel bir örnek görevi görebilir). Birer devam olarak eklenen, yeniden dirilişine ve sadece çok yakınlarının gözleriyle tanık olduğu göğe yükselişine dair daha gizli kayıtlar, tarihsel değerlerine zarar vermeksizin salt aklın dâhilindeki dinin menfaatine kullanılamaz. (Bu olaylar sadece aklın ideleri olarak görülürse, başka bir hayatın başlangıcı ve kurtuluş makamına, yani tüm iyiliklerin cemaatine giriş anlamlarına geleceklerdir.) Demek ki bu, sadece bu eklenmiş kısmın tarihsel bir anlatı olmasından değil (zira ondan önceki hikâye de tarihsel bir anlatıdır), kelimesi kelimesine alındığında bir kavramı, yani tüm dünyevi varlıkların, aslen insanın duyusal temsil biçimine çok uygun olan, ama geleceğe dair inancı bakımından akıl için büyük külfet haline gelen maddîlik kavramını da içerdiği içindir. Bu kavram hem insanın içinde bulunan ve bir kişiliğin ancak aynı bedenle koşullandırılarak var olacağını iddia eden kişilik maddeciliğini (psikolojik materyalizmi), hem de bu ilkeye göre uzaysal olması gereken bir dünyadaki zorunlu var oluşun maddeciliğini (kozmolojik materyalizmi) içerir. Bunun aksine, rasyonel dünya-varlıklarının tinselliği hipotezi, aynı kişi hâlâ canlıyken, bedeninin yeryüzünde ölüp kaldığını ve bir ruh olarak (duyusal olmayan niteliğiyle) yeryüzünü çevreleyen (ve adına cennet denen) sonsuz boşluğun şu ya da bu kesimine taşınmaya ihtiyaç duymadan kutsanmışlar makamına varabileceğini iddia eder. Bu hipotez, sadece düşünen bir maddenin anlaşılır kılınmasının imkânsızlığı sebebiyle değil, özellikle materyalizmin ölümden sonra var oluşumuzu, böyle bir var oluşun ancak belli bir madde öbeğinin belli bir formla bağdaştırma üzerine bağlı olduğunu iddia ederek ve basit bir cismin [kendi] doğası üzerine temellenip sürüp gidebileceği ihtimalini inkâr ederek ifşa ettiği olumsallık nedeniyle daha akla yatkındır. Bu son (tinselliğe dair) varsayıma göre, akıl ne ebediyet yoluyla bir bedeni, ne kadar arınmış olursa olsun, yine de (kişilik, bedenin kimliği üzerine kurulacaksa) örgütlenmesinin temelini oluşturan bir ve aynı hamurdan oluşmuş olması gereken ve hayatı boyunca hiçbir büyük aşka nail olamamış bir bedeni sürüklemekle ilgilenir; ne de bedenin de içinden doğduğu bu kalkerli yeryüzünün gökyüzünde, yani, canlı varlıkların var oluş ve idame koşullarını muhtemelen başka maddelerin sağladığı, evrenin başka bir bölgesinde bulunduğunu anlaşılır hale getirebilir.

verdikten sonra, geldiği yer olan cennete geri dönmüş olarak temsil edilir. Arkasında ağızdan ağza gezen (bir vasiyetnamedeki gibi) son isteğini bıraktı ve erdeminin hafızasının gücüne, öğretisine ve örnek olduğu şeye güvenerek, "halen, dünyanın sonuna dek havarileriyle birlikte (Tanrı'yı hoşnut eden insanlığın ideali biçiminde) olacağını" söyleyebildi. Eğer onun şahsı hakkında, kökene ve mevkie dair, muhtemelen de dünya-üstü bir tarihsel inanç sorunu olsaydı, sadece ruhu geliştiren ahlâki inanca ait olarak, doğruluğunun böylesi tüm kanıtlarından vazgeçebilmesine karşın, bu öğretinin mucizelerle doğrulanmasına ihtiyaç duyulurdu. Dolayısıyla bir kutsal kitapta mucizeler ve gizemler kendilerine yer bulur. Öte yandan bunları bilinir hale getirme yolu da mucizevîdir ve sonunda doğruluğu, hem anlam hem de ifade bakımından sadece bilgelikle ispatlanabilen tarihe inanmayı gerektirir.

Tarihsel bir inanç olarak kitaplar üzerine temellenen her inanç, kendi emniyeti için, inancın ilk yayıcılarıyla özel bir uzlaşı içinde bulunduklarından kuşku duyulmayan ve günümüz biliminin devamlı bir gelenekle bağlı kaldığı, o dönemde yaşamış yazarlar tarafından, uğruna bir bakıma denetlenebilecekleri bilgili bir halka ihtiyaç duyar. Bunun aksine, saf akıl inancı böyle belgesel bir doğrulamaya ihtiyaç duymaz, bunun yerine kendini kanıtlar. Söz konusu devrim zamanında, halkın (Romalıların) arasında, Yahudilere hükmeden ve kendi alanlarına yayılmış olan bilge bir topluluk vardı. Dönemin siyasi olaylarının tarihini, kesintisiz bir yazarlar dizisiyle bize ulaştıran da bu topluluktu. Ve Romalılar, Romalı olmayan bağlılarının dini inançlarıyla çok az ilgilenseler de, bariz biçimde ortalarında gerçekleştiği iddia edilen mucizeler karşısında hiç de kuşkucu değildiler. Buna karşın, devrimin de aynı şekilde aşikâr olmasına rağmen, çağdaşları gibi, ne bu mucizelerden ne de mucizelerin egemenlikleri altındaki halk üzerinde gerçekleştirdiği (dini) devrimden bahsettiler. Sadece bir nesilden bile daha sonra, o güne kadar kendileri için (toplu bir karmaşadan geri kalmadan meydana gelmesine karşın) bilinmez olarak kalmış bu inanç değişiminin doğasını sorgulamaya başladılar, ancak bu tarihi kendi kayıtlarından öğrenmek için başlangıcının tarihine eğilmediler. Dolayısıyla bu dönemden, Hıristiyan âleminin kendi bilge halkını yaratmasına kadarki tarihi karanlıktır ve ilk Hıristiyanlar ister ahlâken gelişmiş, ister bütünüyle sıradan insanlar olsunlar, Hıristiyanlık öğretisinin ilk yandaşları üzerinde nasıl bir ahlâki etkide bulunduğu konusunda hiçbir bilgiye sahip değiliz. Yine de Hıristiyan âleminin, kendi içinde bilgili bir toplum haline gelene kadarki, ya da en azından evrensel bilgili halkın bir parçası olana kadarki tarihi, ahlâki bir dinden haklı olarak beklenen hayırlı etki konusunda tavsiye edilecek hiçbir araç sunmamıştır.

Çünkü tarih, münzevilerin ve keşişlerin gizemli bağnazlığının ve dinsel nedenlerle evlenmemenin kutsiyetinin görkeminin, büyük insan kitlelerini nasıl dünyanın işine yaramaz hale getirdiğini; tüm bunlara eşlik eden mucizelerin insanları nasıl ağır zincirlerle kör bir batıl inanca bağladığını; kendini insanlara zorla kabul ettiren bir hiyerarşiyle, Ortodoksluğun korkunç sesinin küstahların, özellikle de Kutsal Kitap tefsircileri olarak "adlandırılanların" ağızlarından nasıl yükseldiğini ve (tefsirci olarak saf akıl seçilmediği sürece, üzerinde genel bir anlaşmaya asla varılamayacak olan) inanç konusundaki mezhepsel düşünceleriyle Hıristiyanlığı nasıl acılı parçalara böldüğünü; Doğu'da, devletin rahipleri birer öğretmen statüsünde (her zaman içinden çıkarak hükümdarlığa yükselmeye meyilli oldukları bu statüde) sıkı sıkıya korumak yerine, onların kaidelerine ve rahipliğe nasıl saçma bir biçimde burnunu soktuğunu -demek istediğim,- bu devletin nasıl en sonunda kaçınılmaz olarak yabancı düşmanlara yem olduğunu ve egemen inancının onlar tarafından nasıl sona erdirildiğini; inancın dünyevi güçten bağımsız olarak kendi tahtını diktiği Batı'da, idare şeklinin (bu düzeni koruyan) bilimlerle birlikte nasıl karmaşaya sürüklendiğini ve Tanrı'nın sözde bir elçisi tarafından güçsüz bırakıldığını; dünyanın iki Hıristiyan kısmının, ölüme yaklaştığında çözünmeleri için leş yiyen böcekleri kendine çeken bitkiler ve hayvanlar gibi, nasıl barbarların istilasına uğradığını; Batı'da ruhani liderin, aforoz tehdidinin sihirli değneği sayesinde krallara nasıl hükmedip hepsini çocuklar gibi hizaya soktuğunu ve onları nasıl dünyanın başka yerlerindeki yabancı savaşlarla (Haçlı Seferleriyle) nüfusu azaltmaya, birbirlerine savaş açmaya, kulları otoriteye karşı isyana, sözde bir ve aynı evrensel Hıristiyan âlemindeki değişik fikirli dindaşlarıyla gözünü kan bürümüş bir nefrete nasıl kışkırttıklarını anlatır. Bugün bile sadece siyasi çıkarlar sayesinde vahşi saldırılardan korunabilen bu anlaşmazlığın kökeninin, despotça emirler veren bir kilisesel inancın temel ilkesi içinde nasıl saklı durduğunu ve halen bunun gibi olaylardan korkulmasına sebep olduğunu anlatır. Hıristiyan âleminin (esasen, tarihsel bir inanç üzerine dikilmiş olsa başka şekilde ortaya çıkamayacak olan) bu tarihi, bir yağlıboya resim gibi tek bakışta incelenirse, *tantum religio potuit suadere malorum*[51] hay-

---

[51] Lucretius, De rerum natura, I, 101: "Din işte böyle kötü eylemleri kışkırtır!"

kırışını açıkça haklılaştırabilir; ama bunun için, Hıristiyanlığın kuruluşundan itibaren ilk amacının, üzerinde hiçbir tartışma yapılamayacak gerçekten saf bir dini inanç sunmak olduğu gerçeğinin karşımızda öylece duruyor olmaması gerekirdi. Hâlbuki insanlığı altüst eden ve halen uzlaşmadığı o kargaşanın tek sebebi şudur: İnsan doğasındaki kötülük yönelimi nedeniyle, başlangıçta sadece saf dini inancın sunulmasına, yani, eski tarihsel inancın kendi önyargılarından yararlanarak, ona inanan ulusu yeni inanca çağırmaya hizmet edecek olanın, netice itibariyle evrensel bir dünya dininin temeli haline getirilmesidir.

Birisi kilisenin tüm bilinen tarihi içinde şu ana kadarki en iyi dönemin hangisi olduğunu sorsa, hiç şüphe duymadan, mevcut durumun en iyi olduğu cevabını veririm. Çünkü hakiki dini inanç tohumunun, şu an Hıristiyan âleminde, çok az kişi tarafından bile olsa apaçık ekildiği gibi, engellenmeden daha da büyümesine izin verilirse, tüm insanları ebediyen birleştirerek yeryüzündeki görünmez Tanrı krallığının görünür temsilini (şemasını) oluşturan bu kiliseye sürekli bir yakınlaşmayı bekleyebiliriz. Çünkü akıl, doğaları itibariyle ahlâki ve ruh-geliştirici olması gereken konularda, sonsuza dek tefsircilerin keyfi iradesine bağlı kalacak bir inancın ağırlığından arınmış ve aşağıdaki ilkeleri dünyanın bu kesimindeki tüm topraklarda bulunan hakiki din yandaşlarına (esasen her yerde apaçık olmasa bile) evrensel olarak sunmuştur. İlki, vahiy ismine riayet eden her şey hakkında yapılan beyanlarda makul bir mütevazılık gösterme ilkesidir. Çünkü hiç kimse, pratik içeriğinde bu kadar çok tanrısallığı kapsayan bir kutsal kitabın, (tarihsel olarak içinde bulunanlar bakımından) gerçekten ilahi bir vahiy olarak görülmesi ihtimalini inkâr edemez. Ayrıca, insanların tek bir dinde birleşmesinin kutsal bir kitap ve onun üzerine temellenmiş bir kilisesel inanç olmadan ortaya çıkarılamaması ya da kalıcılaştırılamaması da mümkündür. Üstelik insan içgörüsünün çağdaş durumuna bakınca, yeni mucizelere yer veren yeni bir vahiy beklemek çok zordur. Dolayısıyla yapılacak en akıllıca ve makul şey, hâlihazırda elimizde olan kitabı kilisesel inancın temeli haline nasıl getirebileceğimizden yola çıkmak ve faydasız, muzır saldırılarla değerinin düşürülmesine karşı koymaktır. Ancak bunu, kurtuluş için elzem olduğunu söyleyerek insanları ona inanmaya zorlamadan yapmamız gerekir. İkinci ilke şudur: Yalnızca kilisesel inanç adına ele alınan kutsal anlatı kendi içinde incelendiğinde, ahlâki maksimlerin benimsenmesi üzerinde hiçbir etki bırakamadığından ve zaten bırakmaması gerektiğinden, ayrıca kilisesel inanca sadece hakiki nesnesinin (kutsiyet için çabalayan erdemin) canlı bir temsilini oluşturması için verildiğinden, bu anlatının her dönemde ahlâkın yararı için öğretilmesi ve yorumlanması gerektiği sonucu çıkar; yine (ortalama insan edilgen inanca batmak konusunda özel ve sağlam bir yönelime sahip olduğundan[52]), hakiki dinin Tanrı'nın bizim kurtuluşumuz adına ne yapmış ya da yapıyor olduğunu bilme-

---

[52] Bu yönelimin nedenlerinden biri emniyet ilkesinde bulunabilir; buna göre içinde doğduğum ve büyütüldüğüm dinin kusurları, içindeki talimatların hem benim tarafımdan seçilmemiş, hem de kendi usavurmam aracılığıyla değiştirilmemiş olduğundan, birer suçlama olarak benim hesabıma değil, bu görev için kamusal olarak belirlenmiş eğiticilerin ve öğretmenlerin hesabına yazılır. Bu ayrıca, bir insanın apaçık din değiştirmesini kolayca tasvip etmemizin dayanaklarından biridir: Burada elbette, başka (daha derin) bir zemin, yani, ahlâki inanç her yerde aynıyken, her insanın tarihi inançlardan hangisinin doğru olduğuna dair kendi içinde hissettiği belirsizliğin ortasında kaldığı bir zemin bulunmasına rağmen, konu hakkında bir tartışma yaratmak son derece gereksiz görünmektedir.

miz ve düşünmemiz değil, bizim buna liyakat adına ne yaptığımız üzerine kurulması için, titizlikle ve sürekli olarak tekrar edilmelidir. Bizim ne yaptığımız sorusu, kendi içinde şüphe götürmez ve koşulsuz bir değere işaret eder, dolayısıyla sadece bu soru bizi Tanrı'yı hoşnut edecek hale getirebilir ve her insan için gerekliliği herhangi bir Kutsal Kitap eğitimi görmeden de tamamıyla ortaya konabilir. Bu noktada hükümdarların görevi, bu temel ilkelerin halka mal olmasını engellememektir. Tam tersine, çok fazla şey tehlikeye atılır ve ilahi Önsezi sürecine izinsiz giren kişi büyük bir sorumluluk üstlenir. Ayrıca en iyi ihtimalle sadece bilginler tarafından keşfedilebilme olanağını lütfedecek olan belli tarihsel, kilisesel öğretiler uğruna, aksi takdirde herkese açık olan belli sivil üstünlükler teklif ya da reddederek, kulların vicdanlarını kışkırtılmaya[53] uygun hale getirir. Bu durumda

---

[53] Bir hükümet, sırf bir insanın dini düşüncelerini kamusal alanda dile getirmesini yasakladığı ve kimsenin gizlice uygun gördüğü şeyleri düşünmesini engellemediği için insan bilincini baskı altında tutar gibi görünmek istemediği zaman, genellikle bunun hakkında şaka yollu konuşuruz, hükümetin hiçbir özgürlük vermediğini, çünkü zaten düşünmeyi engelleyemeyeceğini söyleriz. Yine de en büyük dindışı gücün yapamayacağı şeyi manevi kuvvet yapabilir – bu da, düşünceyi kendi kendine yasaklamak ve gerçekten engellemektir; hatta üzerinde zamansal bir otorite kuranlara, kendi belirttiği dışında bir şey düşünmeyi zorla yasaklayabilir. İnsanların kölelere yakışır ilahi tapınma inancına, yani sadece (insanın ödevlerini yerine getirmek suretiyle Tanrı'ya hakiki bir hizmet sunduğu) ahlâki inançtan daha büyük önem bahşetmekle kalmayıp, her kusur için yegâne telafi gücü olarak gördükleri bu inanca duydukları yönelim nedeniyle, Ortodoksluğun bekçileri, yani ruhların çobanları için, cemaatleri içine tarihe dayanan belli dogmalardan en küçük bir sapmaya, hatta her tür soruşturmaya yönelik göstermelik bir korku aşılamak daima kolay olmuştur – bu korku öyle büyüktür ki, meydana getirmeye çalıştıkları öğretilere dair bir kuşkuya yer vermede kendilerine, hatta düşüncelerinde bile güvenmezler; çünkü bu, kötü ruha kulak vermekle eşdeğer olacaktır. Doğrudur; bu baskıdan kurtulmak için insanın tek ihtiyacı olan istemektir (hâlbuki hükümdar açık itiraflara zorladığında bu da geçerli değildir); ama bir kuralın içten içe karşı koyduğu da tam olarak bu istemedir. Böyle bir bilinç zorlaması (manevi ikiyüzlülüğe götürdüğü için) gerçekten de yeterince kötüdür; yine de dışsal inanç özgürlüğünün kısıtlanması kadar kötü değildir. Çünkü içsel zorlama ahlâki gelişim ve kişinin ödeve karşı hakiki saygısını doğurabilecek tek şey olan özgürlük bilinci aracılığıyla yavaş yavaş kaybolacaktır; hâlbuki bu dış baskı – hakiki kilise varlığını kuran – inananların etik cemaatinde kendiliğinden gelen her tür ilerlemeyi engeller ve cemaatin formunu tamamıyla siyasi hükümlere maruz bırakır.

kutsal olan özgürlüğe verilebilecek zarar dışında kalan şeylerin, devlet için iyi yurttaşlar yaratabilmesi çok zordur. Aralarından, tanrısal eğilimlerin dünyadaki en yüce iyiliğe doğru özgürce ilerlemesini engellemek adına kendilerini ortaya atanlar, hatta böyle bir engellemeyi teklif edenler bile, bunu cemaat içinde vicdanlarıyla düşündükten sonra, iyilik konusunda dünyanın Hükümdar'ının niyetlendiği ilerleme insan gücüyle ya da hüneriyle asla tamamen yok edilemese de, uzun bir süre geciktirilip hatta bir gerilemeye dönüştürülürken, böyle zorlayıcı saldırılardan doğabilecek her tür kötülüğün sorumlusu olmayı isteyeceklerdir.

Tanrı'nın buradaki rehberliğine gelince, gökyüzü krallığı söz konusu tarihsel hikâye içinde, belli dönemlerde ertelenmesine rağmen asla tamamen kesintiye uğramamış bir yaklaşımla, sadece daha yakına getirilmiş olarak değil, aynı zamanda ona ulaşmak üzereymiş gibi temsil edilir. (Vahiy Kitabındaki) Bu anlatıya (Kehanet Kitaplarındaki gibi) dünyanın bu büyük değişiminin, yeryüzündeki görünür bir Tanrı krallığı suretinde (yine, O'nun yeryüzüne inmiş temsilcisinin ve naibinin idaresinde) tamamlanmasına; bir kez daha ona karşı koymaya kalkan asilerin ayrılmasından ve kovulmasından sonra bu vekilin idaresinde dünyada yaşanacak mutluluğa; ayrıca, söz konusu asilerin ve liderlerinin kökünün kurutulmasına dair bir kehanet eklendiğinde ve böylelikle, hikâye dünyanın amacına ulaşmasıyla bittiğinde, tüm bunlar, sadece söz konusu amaca yönelik umudumuzu ve cesaretimizi canlandırıp, çabalarımızı arttırmamızı hedefleyen simgesel bir temsil gibi görülebilir. İncil'in Öğretmeni, havarilerine, Tanrı'nın yeryüzündeki krallığını sadece görkemli, ruhu yücelten ahlâki görünümüyle, yani, ilahi bir devletin yurttaşı olmanın değeri bakımından ifşa etti ve bu amaçla, sadece kendilerinin başarması adına değil, aynı fikirdeki tüm insanları, hatta mümkün olduğunca bütün insan ırkını birleştirmek adına ne yapmaları gerektiğini bildirdi. Ne var ki insanın kaçınılmaz biçimde dilediklerinin diğer kısmını oluşturan mutluluk hakkında, yeryüzündeki hayatları boyunca ona bel bağlamamalarını peşinen söyledi. Bilakis, yeryüzünde en büyük çileler ve fedakârlıklar için hazırlıklı olmalarını buyurdu; yine de (hayatta olduğu sürece insandan, mutluluğun içindeki tüm bedensellikten vazgeçmesi beklenemeyeceğinden) şunları ekledi: "Sevinin ve olağanüstü memnun olun: çünkü cennetteki ödülünüz çok büyük." Kilise tarihine eklenen ve insanın gelecekteki nihai yazgısını ele alan bu ilave, insanı sonunda muzaffer gelecek şekilde, yani, tüm engeller aşıldıktan sonra, daha yeryüzündeyken bile mutlulukla taçlandırılacakmışçasına betimler. İyiliğin, kilisenin mükemmelliğe doğru ilerleyişi sırasında (birinin diğeriyle karışmasına, kısmen iyileri erdeme teşvik etmek, kısmen de kötüleri, başka örneklerden hareketle kötülüğün içinden çekip almak için ihtiyaç duyulduğundan) bu amaca vesile olamayacak kötülükten ayrılması, ilahi devletin tamamlanmış tesisinin takipçisi ve onun son neticesi olarak temsil edilir. Buraya eklenecek olan, devletin durağanlığının ve gücünün nihai kanıtı olarak, kendileri de bir devlet (cehennem devleti) oluşturuyormuş gibi görünen dış düşmanlara karşı kazanılacak zaferdir. Bununla birlikte tüm dünyevi hayat, "(iyi insanlar karşısındaki) son düşmanın da öldüğü, yok edildiği" nihayete varır ve iki taraf için de ölümsüzlük başlar. Bir taraf için kurtuluş, diğeri içinse cehennem. Kilisenin asıl biçimi çözülmüştür; naip, bir cennet vatandaşı olarak kendi düzeyine yükseltilmiş olan insanla bir olur ve böylelikle Tanrı her şeyin içinde olur.[54]

Henüz tarihe katılmamış olan gelecek devirlere dair bu tarih taslağı, hakiki evrensel dinin sunulmasıyla ve doruğuna kadar gideceği öngörülen inançta ortaya çıkan – bizim deneyimdeki bir doruk olarak göremeyeceğimiz, sadece sezebileceğimiz, başka bir deyişle, yeryüzündeki mümkün olan en yüce iyiye doğru sürekli bir ilerleme ve yakınlaşma ile hazırlanabileceğimiz – güzel bir ahlâki dünya-çağı ülküsü sunar (ve bütün bunların içinde gizemli olan hiçbir şey yoktur. Her şey ahlâki bir düzen içinde son derece doğal biçimde hareket eder). Deccal'ın ortaya çıkışı, milenyum ve dünyanın sonunun yaklaştığı haberi – tüm bunlar akılda hak ettikleri simgesel anlamları alabilir; ve bunlardan sonuncusunu (yaşamın sonu gibi, ister yakın ister uzak olsun) peşinen görülmeyecek bir olay olarak temsil etmek, amaç için her zaman hazır durulması gerekliliğini hayranlık verici şekilde ifade etmek ve (bu simgeye biri tarafından entelektüel bir anlam eklenmişse) kendimizi daima ilahi (etik) bir devletin seçilmiş vatandaşları olarak görmek için kullanılabilir. "Tanrı'nın egemenliği ne zaman gelecek?" "Tanrı'nın egemenliği

---

[54] (Gizemli olanlar, mümkün olan tüm deneyimlerin sınırlarının ötesine geçenler ve sadece kutsal tarihe ait olan, dolayısıyla da pratik bakımdan bizim için uygulanabilir olmayanlar bir kenara bırakılırsa) Bu ifade, kilisesel olduğundan insanları dizginlerinden tutacağı kutsal bir kitaba ihtiyaç duyan, ancak tam da bu sebeple kilisenin birliğini ve evrenselliğini engelleyen tarihsel inancın kendiğinden kesileceği ve bütün dünya için aynı derecede aşikâr olan saf dini inanca dönüşeceği anlamında alınabilir. Bu amaç için şu anda bile, saf dini henüz ayıramadığımız mevcut kabuğundan çıkarmak suretiyle çok çalışmamız gerekir.
Kesilip bitmeyecek (çünkü bir araç olarak her zaman yararlı ve gerekli olabilir), yalnızca bitme yetisine sahip olacaktır derken, saf ahlâki inancın manevi durağanlığı belirtilmektedir.

göze görünür bir şekilde gelmez. İnsanlar da, 'İşte burada' ya da 'İşte şurada' demeyecekler. Çünkü Tanrı'nın egemenliği içinizdedir" (Luka XVII, 21:2).[55]

---

[55] Burada bir Tanrı krallığı tikel bir (örneğin Mesih'e dair) akde göre değil, ahlâki (yardım görmeyen akıl tarafından bilinebilecek) bakımdan temsil edilir. İlkinin (*regnum divinum pactitium*) kanıtlarını tarihten çıkarması gerekirdi ve bu noktada eski ve yeni akitlere göre Mesih krallığına bölünür. Şimdi kaydetmek gerekir ki, ilkinin takipçileri (Yahudiler) dünyanın her yanına dağılmış olsalar da, kendilerini bu şekilde sürdürdüler; öte yandan diğer dini cemaatlerin inancı genel olarak arasına dağıldıkları halkın inancı ile genellikle kaynaşmıştır. Bu olgu birçokları için öyle vurucudur ki, bunun şeylerin doğası bakımından imkânsız olduğuna ve ancak özel bir ilahi amaç için olağanüstü bir yazgı olabileceğine hükmederler. Yine de yazılı bir dine (kutsal kitaplara) sahip olan bir halk asla böyle kitaplara sahip olmayan bir halkla (Roma İmparatorluğunda ve sonrasında tüm uygar dünyada olduğu gibi) tek bir inanç içinde ayinler hariç uzlaşmaz; bunun yerine er ya da geç dininden dönenleri ortaya çıkarır. Babil esaretinden (görünüşe bakılırsa, kutsal kitaplarının kamusal olarak ilk kez okunmasından) sonra Yahudilerin tuhaf tanrıların peşinde koşma eğilimleri gerekçesiyle itham edilememesinin sebebi budur; hâlbuki üzerlerinde belli bir etki bırakmış olması gereken Aleksandriyen kültür, bu yönelime sistematik bir biçim kazandırmaları konusunda Yahudilere yararlı olabilirdi. Böylelikle, Zerdüştlük dinine inanan Parsiler de dağılmış olmalarına karşın inançlarını bugüne dek koruyabilmişlerdir; çünkü Dustoorları Zend-Avesta denen kutsal kitaba sahipti. Öte yandan çingene adı altında dört yana dağılan Hindular, Hinduların kutsal kitaplarını bile okumaları yasak olan süprüntü bir topluluktan (Parya) geldiklerinden, yabancıların inançlarıyla karışıp gitmekten kaçınamamışlardır. Yahudilerin başaramadığını, Hıristiyanlık ve ardından Müslümanlık – özellikle de ilki – başarabilmiştir; çünkü bu dinler Yahudi inancını ve ona ait olan kutsal kitapları (Müslümanlık bu kitapların bozulduğunu beyan etse de) önkoşul olarak varsaymıştır. Zira Yahudiler ne zaman, arayışları sırasında kutsal kitaplarını okuma yetisini ve dolayısıyla onlara sahip olma isteğini kaybedip, sonunda sadece bir zamanlar ona sahip olduklarının anısıyla kalakalsalar; eski belgelerini (doğrudan kendilerinden doğan) Hıristiyanların arasında aramaya başlayabiliyorlardı. Bu sebeple Malabar kıyısında çok az sayıdaki ve muhtemelen Çin'de (ilk üyelerinin, Arabistan'daki dindaşlarıyla sürekli bir ticaret ilişkisi içinde bulunmuş olması gereken) cemaate mensup olanları dışarıda bıraksak, bahsedilen ülkeler dışında hiçbir Yahudi bulamayız. Bu zengin topraklara kendi inançlarıyla buradaki inançlar arasında bir benzerlik bulunmaması sebebiyle dağıldıklarından şüphe etmesek de, sonunda tamamen kendilerininkini unuttular. Yahudi halkının dinleriyle birlikte son derece aleyhte koşullar altındaki bu korunmuşluğu üzerine yüceltici kayıtlar dayandırmak son derece tehlikelidir, çünkü iki taraf da onda kendi düşüncelerini [ve onların onayını] bulduğuna inanmaktadır. Birisi ait olduğu halkın devamını ve böyle çeşitli ulusların arasına dağılmasına rağmen karışmadan kalan eski inancını, yani özel lütufkâr bir Tanrı'nın bu insanları gelecekteki bir yeryüzü krallığı için kurtardığının kanıtını görür; diğeriyse gökyüzü krallığın gelişine karşı koyup alt üst olmuş bir devletin uyarıcı kalıntılarını görür – ne var ki bunlar, özel bir Tanrı'nın kısmen bu halktan çıkmış bir Mesih'in geçmişteki peygamberliğinin anısını korumak, kısmen de bu halkı göstererek, inatla Mesih'ten ahlâki değil siyasi bir kavram yaratmaya çalıştıkları için [üzerlerinde uygulanan] cezai adaletin bir örneğini sunmak için halen ayakta tuttuğu kalıntılardır.

GENEL İNCELEME

Dini ilgilendiren her tür inancın içsel doğasını araştırmak, şaşmaz biçimde bir gizeme, başka bir deyişle, aslında her bir birey tarafından bilinebilecek, ama herkese açık biçimde bilinemeyecek, yani evrensel olarak paylaşılamayan bir şeye rastlar. Kutsal bir şey olarak, hem ahlâki, hem de dolayısıyla bir akıl nesnesi olması gerekir ve pratik kullanım için uygunluğu adına içten bilinebilme, buna karşın, teorik kullanım için gizemli bir şey olarak kalma yetisine sahip olmalıdır; aksi takdirde, herkes tarafından paylaşabilecek ve açıkça bilinebilecektir.

Kutsal bir gizem olarak ancak görebileceğimiz şeye duyulan inanç, ilahi bir hatırlatma ya da salt rasyonel inanç olarak ele alınabilir. Bu görüşlerin ilkini benimseme konusunda en büyük ihtiyaca zorlanmıyorsak, ikincisine riayeti maksimimiz yapmamız gerekir. Hisler bilgi demek değildir, dolayısıyla da bir gizemin [mevcudiyetine] delalet etmezler; ve gizem akılla ilişkili olup, buna karşın evrensel olarak paylaşılamadığından, her bireyin kendi aklı içinde yalnız başına (eğer böyle bir şey varsa) onu araması gerekir.

Böyle gizemlerin var olup olmadığı konusunda apriori ve nesnel bir yargıya varmak imkânsızdır. O halde böyle bir şeyin içimizde bulunup bulunmadığını görmek için doğrudan ahlâki yaratılışımızın içsel, yani öznel kısmını araştırmamız gerekir. Yine de ahlâkın zeminlerini kutsal gizemlerin arasında sıralama yetkisine sahip değilizdir. Zira böylelikle sadece kamusal iletişime sokulamayacak olanları sınıflandırabiliriz. Hâlbuki ahlâk kamusal iletişime sokulabilmesine rağmen, nedeni bizim için bilinmez olarak kalacaktır. O halde insanın, iradesinin koşulsuz ahlâk yasası tarafından belirlenebilirliği aracılığıyla farkına vardığı bir özellik olan özgürlük, gizem değildir. Çünkü onun bilgisi herkesle paylaşılabilir. Ancak bu özelliğin bizim için anlaşılmaz olan zemini bir gizemdir. Çünkü söz konusu zemin bir bilgi nesnesi olarak bize verilmez. Yine de bu, pratik aklın nihai amacına (ahlâki gaye idesinin gerçekleştirilmesine) uygulandığında, bizi kaçınılmaz olarak kutsal gizemlere götürenle aynı özgürlüktür.[56]

Saf ahlâki yaratılışa ayrılmaz biçimde bağlı olan en yüce iyilik idesi, bizzat insan tarafından gerçekleştirilemez (bu sadece ona ait olan mutluluk konusu için değil, insanların, kendi bütünlüğü içindeki amaçta birleşmelerinin gerekliliği konusu için de geçerlidir); yine de kendi içinde bu amaç uğruna çalışma ödevini keşfeder. Dolayısıyla kendini, bu amaca ulaşabilmek için tek araç olan, dünyadaki ahlâki bir Hükümdar'ın işbirliğine ya da idaresine inanmak zorunda bırakılmış bulur. Bu noktada önünde, Tanrı'nın [bu amacın gerçekleştirilmesine yönelik] ne yapacağına, genel olarak ger-

---

[56] Benzer şekilde, dünyadaki tüm maddelerin evrensel yerçekiminin sebebi bizim için bilinmezdir, aslında ne derecede olursa olsun bunu asla bilemeyeceğimizi de görürüz: Zira yerçekimi kavramının kendisi içinde koşulsuz yer eden birincil bir devindirici kuvveti önkoşul olarak varsayar. Buna karşın, yasası yeterince bilindiğinden, yerçekimi sır değildir ve herkesin önüne serilebilir. Newton onu görünümler [dünyasındaki] ilahi aynı anda her yerde bulunma yetisi (*omnipresentia phenomenon*) gibi temsil ettiğinde, bu bir açıklama girişimi değil (çünkü Tanrı'nın uzayda var oluşu bir çelişkiyi içinde barındırır), sadece bedensel varlıkların birliğine bir dünya bütünlüğüyle birlikte bakan yüce bir analojidir. Dünyadaki rasyonel varlıkların etik bir devlette birleşmesi ilkesini, kendi kendine yeten bu ilkeyi anlamaya ve bunu o ilke üzerinden açıklamaya dair bir girişimde de aynı sonuç ortaya çıkardı. Bütün bildiğimiz, bizi böyle bir birliğe doğru çeken ödevdir; bu ödeve riayet ettiğimiz zaman görünür hale gelecek bu başarı olasılığı, içgörümüzün sınırlarının tamamen ötesinde bulunur.
Doğadaki saklı şeyler (*arcana*) olan gizemler vardır, bunun yanı sıra siyasette alenen bilinmemesi gereken gizemler (mahremiyetler, *secreta*) da bulunabilir; ancak eninde sonunda her ikisi de ampirik nedenlere dayandıkları ölçüde bizim için bilinir hale gelirler. Her insanın ödev olarak bilmekle yükümlü olduğu şeyler (örneğin, ahlâki olanlar) hakkında bir gizem olamaz; dinin kendine has, yani kutsal gizemi (*mysterium*) yalnızca sırf Tanrı'nın yapabileceği ve ifası bizim yetimizi, dolayısıyla da ödevimizi aşan şeylerde bulunabilir; ve bize uygun olan sadece böyle bir gizemin bulunduğunu bilmek ve anlamaktır, gizemin kendisini kavramak değildir.

çekten de bir şey yapıp yapmayacağına, yapıyorsa, özel olarak neyin Tanrı'ya atfedilmesi gerektiğine dair bir gizem uçurumu açılır. Bu esnada her bir ödev hakkında, kendisi için bilinmez, ya da en azından anlaşılmaz olan bu desteğe layık olmak adına yapması gerekenler dışında hiçbir şey bilmez.

Ahlâki bir dünya Hükümdar'ı fikri, pratik aklımıza sunulmuş bir görevdir. Tanrı'nın Kendi (Doğası) içinde ne olduğunu, biz ahlâki varlıklar için ne olduğunu bilmek bizi çok fazla ilgilendirmez. Öte yandan bizim için ne olduğunu bilmek istiyorsak, ilahi doğanın, bu konudaki ilahi isteğin yerine getirilebilmesi için bütünüyle elzem olan tüm özelliklerini (örneğin böyle bir Varlığın değişmezliğini, her şeyi bilmesini, her şeye kadir oluşunu vs.) kavramamız ve anlamamız gerekir. Bu bağlamdan ayrı olarak O'nun hakkında hiçbir şey bilemeyiz.

Pratik aklın gereksinimine uygun olan evrensel, hakiki dini inanç Tanrı'ya (1) gökyüzünün ve yeryüzünün her şeye kadir Yaratıcısı olarak, yani, ahlâken kutsal Yasa Koyucu olarak, (2) insan ırkının Koruyucusu, cömert Hükümdar'ı ve ahlâki Muhafız'ı olarak ve (3) kendi kutsal yasalarının Yönetici, yani dürüst Yargıç olarak inanmaktır. Bu inanç gerçekten de hiçbir gizem içermez, zira sadece Tanrı'nın insan ırkıyla ahlâki ilişkisini ifade eder; ayrıca insan aklına kendi her yerde kendiliğinden sunar ve dolayısıyla en uygar halkların dininde karşımıza çıkacaktır.[57] Benzer şekilde, böyle bir

---

[57] "Son şeylere" dair kutsal, peygamberce hikâyede, dünyanın yargıcı (iyilik ilkesinin krallığına ait olanları eleyip seçecek ve kendi himayesine alacak kişi) olarak temsil edilen ve bahsedilen Tanrı değil Tanrı'nın Oğlu'dur. Bu da belirtmektedir ki – henüz adalete karşı gelmeyen bir ihsan olan – bu seçimin [kötünün içinden iyiyi seçmenin] cezasını ilan edecek olan, kendi sınırını ve zayıflığını bilen insanlıktır. Bunun aksine, Kendi tanrısallığı (Kutsal Ruh) içinde, başka bir deyişle bilincimize bildiğimiz kutsal yasa uyarınca ve kendi sanılarımız üzerinden temsil edilen, insanların Yargıcı, sadece yasa-

Immanuel Kant

üç katmanlı daha yüce gücü (iktidarı) her zaman ayırt edilebileceğimiz bir devlet olarak görülen halk kavramı içinde de mevcuttur, aksi bir durumun tek şartı, bu devletin burada etik olarak temsil edilmesidir: dolayısıyla hukuki-sivil bir devlette ister istemez üç farklı bölüme [yasama, yürütme ve yargı] ayrılması gereken insan ırkının ahlâki Hükümdar'ının bu üç katmanlı niteliği, bir ve aynı Varlıkta birleştirilmiş gibi düşünülebilir.

---

nın katılığına göre hüküm veriyormuş gibi düşünülebilir. Çünkü bunun ne kadarının bizim adımıza zaaflarımıza atfedileceği konusunda hiçbir bilgimiz yoktur, gözümüzün önünde sadece kendi ihlallerimiz, özgürlüğümüzün bilinci ve tamamen itham edilebileceğimiz görevin ihlali vardır; bu nedenle bizim için bildirilen hükümde ihsan talep etmek için hiçbir temelimiz yoktur.

Bunca eski insanın bu fikirde uzlaşmasının sebebini keşfedebilmemizin tek yolu, onun insanoğlu ne zaman sivil hükümeti ya da (bir analojiyle) dünya hükümetini düşünse, insan aklında evrensel olarak bulunan bir ide olduğunu kabul etmektir. Zerdüştçülük dini Ahura Mazda, Mithra ve Ehrimen olmak üzere üç ilahi kişiliğe sahipti; Hindularda Brahma, Vişnu ve Siva vardı – ancak aralarında fark vardı: Zerdüştçüler üçüncü kişiyi bir yaratıcı ve sadece kötülükle ilgili ceza veren değil, insanın cezalandırılma sebebi olan ahlâkî kötülükle de ilgili olarak, Hindular ise sadece hüküm veren ve cezalandıran olarak temsil ediyordu. Mısır dininde Ptah, Kneph ve Neit vardı ve bu halkın en eski kayıtlarının belirsizliği içinden anlaşıldığı kadarıyla, biricisi maddeden ayrılmıştı ve Dünyanın Yaratıcısı olarak ruhu temsil ediyordu; ikincisi ihsanın devamını ve hükmünü sağlıyordu; üçüncüsüyse bu ihsanın sınırlarını belirleyen bilgelik, yani adaletti. Gotlar Odin'i her şeyin babası, Freya'yı lütuf sahibi, Thor'u da hüküm veren (cezalandırıcı) tanrı olarak tanıyordu. Yahudiler bile hiyerarşik oluşumlarının son döneminde bu fikirlere riayet etmiş gibidir. Çünkü görünüşe göre, Farisilerin İsa'nın kendini Tanrı'nın Oğlu ilan etmesi üzerine bulundukları şikâyet içinde, suçlama Tanrı'nın bir oğlu olması öğretisine değil, Mesih'in bu oğul olmayı dilemesine yöneliktir.

Rahip adaylarının dinde gizemlere inanmaya gereksinim duydukları konusunda hiçbirimizin şüphesi yok; çünkü gizemleri kavrayamadığımız, yani, nesnel var oluşları olasılığını göremediğimiz gerçeği, bizim onları kabul etmememizin, canlı varlıkların üretkenlik yetisini kabul etmemizden daha haklı olmadığını ortaya koyar. İnsan bunu başka türlü anlayamaz, ancak bu anlamda, bizim için gizem olsa ya da böyle kalacak olsa bile onu reddedemeyiz. Ancak bu ifadenin hangi anlamı taşıdığını çok iyi anlıyoruz ve hiçbir şüpheye yer vermeyen farkındalığın yanı sıra, bu yetinin ampirik kavramına da sahibiz. Şimdi inanç için sunulan her gizemden ne anlaşılması varsayılıyorsa onu anlamayı talep etme hakkına sahibiz; ve bu sadece onu belirleyen sözcükleri tek tek anladığımızda, yani her sözcüğü bir anlamla ilişkilendirdiğimizde ortaya çıkmıyor – daha ziyade, bu sözcükler tek bir kavram içinde ele alındıklarında, başka bir anlama da imkân vermeli ve böyle bir birleştirme içinde alınınca her tür düşünceyi boşa çıkarmamalıdır. Biz kendi adımıza dürüstlükle ne zaman istersek, Tanrı'nın bu bilginin vahiy yoluyla bize ulaşmasını sağlaması düşünülemez; çünkü böyle bir bilgi, anlama yetimiz doğası itibariyle uygun olmadığından, bizim özümüzde yer edemez.

Dolayısıyla pratik (bir ödev meselesi) olarak özgürlüğün ne olduğunu kusursuz biçimde anlıyoruz; buna karşın özgürlüğün nedenselliğini (ya da doğasını) teorik bakımdan anlama dileğinde bulunmayı bile çelişkiye düşmeden düşünemiyoruz.

Ve din adına genel olarak, insan ile En Yüce Varlık arasındaki ahlâki ilişkiyi zararlı insanbiçimcilikten temizleyerek, onu bir Tanrı halkının özgün ahlâksallığıyla uyumlu hale getiren bu inanç, başlangıçta özel bir (Hıristiyan) doktrin kalıbı içinde ifade edildiği ve dünyaya sadece bu bağlamda ifşa edildiği için, bu öğretilerin ilanını, bugüne kadar insanlar yüzünden saklı kalmış bir inanç ifşası olarak adlandırabiliriz.

Bu öğretiler, Yüce Yasa Koyucuyu ilk olarak insanların zaafları karşısında vicdan ve hoşgörü (anlayış) olmadan, ya da despotça ve sadece Kendi sınırsız hakkı uyarınca hükmeden biri olarak göreceğimizi; bu durumda O'nun yasalarına da keyfi ve bizim ahlâk anlayışımızdan tamamen bağımsız değil, insanın kutsiyetine hitap eden yasalar olarak bakacağımızı iddia eder. İkincisi, O'nun cömertliğini kullarına yönelik koşulsuz iyi niyetine değil, önce onların, Kendisini hoşnut edebilecek ahlâki karakterine baktıktan sonra, bu gereksinimi bizzat karşılama konusundaki yetersizliğini telafi etmesine bağlamamız gerekecektir. Üçüncüsü, (çelişkiye yol açacağından) O'nun adaleti yardımsever ve müşfik olarak temsil edilemez; O'nun tarafından (karşısında hiçbir insanın dürüst olmadığı) kutsal Yasa Koyucu kişiliğiyle bağışlanmış gibi açıklanması ise daha da olanaksızdır; bilakis, insanların, insanoğlu olarak, kutsal yasanın gereksinimlerine cevap verebildikleri düzeyde, onunla uzlaşmaları üzerine koşullanan bir lütuf olarak düşünülmelidir. Kısacası, Tanrı kendisine özel olarak üç ayrı ahlâki bakımdan hizmet edilmesini ister. Aynı Varlığa ait farklı (bedenen değil, ahlâken farklı) insanlardan bahsedilmesi, bunu ifade etmede yetersiz kalmaz. Bu inanç simgesi aynı zamanda, bu farklılaşma olmasa, insanların Ulûhiyet'i insan bir efendi gibi düşünme eğilimi sebebiyle (çünkü insanın hükümdarlığında hükümdarlar genellikle bu üç niteliği ayırmaz, birbirlerine karıştırırlar ve birbirleri için kullanırlar), insanbiçimci ve kölece bir inanca doğru yozlaşma tehlikesi taşıyan saf ahlâki dinin bütününe de anlam katar.

Ancak (ilahi bir üçlü birliğe) duyulan bu inanç sadece pratik bir idenin temsili olarak değil, Tanrı'nın Kendi içinde ne olduğunu betimlemeye yönelik bir inanç olarak görülse, tüm insani kavramları aşan bir gizem, dolayısıyla da bir insanın kavrayış gücüne uygun olmayan bir vahiy gizemi olacaktı; o halde, bu durumda söz konusu inancın böyle bir gizem haline geldiğini beyan edebiliriz. Ona duyulan inanç, ilahi doğanın teorik bilgisinin bir uzantısı olarak görülerek, insanlar için son derece anlaşılmaz olan ve anladıklarını düşündükleri zaman da insanbiçimci hale gelecek, dolayısıyla da ahlâki iyileşme adına hiçbir şeyin gerçekleşmiş olmayacağı bir kilisesel inanç simgesinin kabulünden ibaret olacaktır. Pratik bağlamda tamamıyla anlaşılıp kavranabilen, ama teolojik bakımdan (nesnenin doğasının kendi içinde belirlenimi bakımından) tüm kavramlarımızı aşan şey (bir bakıma) bir gizemden ibaret kalacak ve ancak (başkasında) ifşa edilebilecektir. Az önce bahsedilen şey bu türe aittir ve bu, bize akıl yoluyla ifşa edilen üç gizeme ayrılabilir.

1. *(İnsanların yurttaş olarak etik bir devlet için yaptığı) İlahi çağrı gizemi.*

İnsanların ilahi kanunlara evrensel ve koşulsuz itaatini ancak kendimizi Tanrı'nın kulları olarak görerek kavrayabiliriz; tıpkı Tanrı'nın sırf doğal nesnelerin yaratıcısı olduğu için tüm doğal yasaların nihai kaynağı olarak görülmesi gibi. Ama varlıkların, güçlerini özgürce kullanmak için yaratılmış olmaları, aklımız için kesinlikle anlaşılmazdır. Çünkü nedensellik ilkesine göre, meydana getirilmiş olarak görülen bir varlığa eylemlerinden dolayı yaratıcı nedenin koydukları haricinde bir içsel zemin atfedemeyiz. Bu durumda (demek ki dışsal bir nedenle) bu içsel zemin onun tüm eylemlerini belirlerdi ve sonuç olarak böyle bir varlık özgür olmazdı. Dolayısıyla, ilahi ve kutsal olan, bu sebeple de sadece özgür varlıkları ilgilendiren yasa, aklımızın içgörüsü aracılığıyla, böyle varlıkların yaratılmış olması kavramıyla uzlaştırılamaz. Bunun yerine şimdi bile, kendi yaratılışları sebebiyle doğaya bağımlılıkları üzerinden değil, özgürlük yasalarına göre mümkün olan saf bir ahlâki gereklilik, yani ilahi devletin yurttaşlığına bir çağrı aracılığıyla belirlenecek, var olan özgür varlıklar olarak görülmelidirler. Böylelikle bu amaca yapılan çağrı ahlâken son derece açık hale gelir, öte yandan böyle bir çağrı olasılığı, spekülasyon bakımından içine girilmez bir gizem olur.

2. *Telafi gizemi.* İnsan, bildiğimiz kadarıyla yozdur ve kendi içinde bu kutsal yasaya hiç uygun değildir. Yine de Tanrı'nın iyiliği, onu bir bakıma var olmaya, başka bir deyişle, belli bir biçimde (Gökyüzü krallığının bir üyesi olarak) var oluşa çağırmışsa, insanın gerekli niteliklerden yoksunluğuna çare olacak, kendi kutsiyetinin bütünlüğü dışındaki araçlara da sahip olması gerekir. Ancak bu, iyiliğin insana atfedilebilmesi için başkasından değil, kişinin içinden doğması gerektiğine dair (insanın kendi içinde sahip olabileceği tüm ahlâki iyiliğin ve ya kötülüğün içinde bulunduğu varsayılan) kendiliğindenlik fikriyle çelişir. Dolayısıyla, aklın anlayabildiği kadarıyla, hiç kimse ne kendi iyi davranışının bolluğuyla, ne de kendi becerisiyle başkasının yerini alamaz; ya

da böyle vekâleten yapılacak bir telafi kabul görüyorsa, onu sadece ahlâki bakış açısına göre varsaymamız gerekir. Zira bu muhakeme için sırrına erişilmez bir gizemdir.

3. *Seçim gizemi.* Vekâleten gerçekleştirilen bu telafinin mümkün olduğu kabul edilse bile, onun ahlâki inanca dayanan kabulü, insanın içinde Tanrı'yı hoşnut edecek bir yaratılışın bulunduğu ön-varsayımını ortaya koyan iyiliğe yönelik niyetin bir belirlenimidir. Hâlbuki insan, doğasındaki ahlâki bozukluk nedeniyle bunu kendi çabalarıyla ortaya koyamaz. Ancak ilahi bir lütfün insanın içinde çalışması, bu yardımın birine uyarken diğerine uymaması ve bu durumun edimlerin hakkıyla değil koşulsuz hükümlere göre oluşu; sonuç olarak da ırkımızın bir kısmının yazgısının kurtuluş, diğerininkinin ebedi lanetlenme olması -bunlar da ilahi bir adalet kavramına uymaz- kuralları bizim için mutlak bir gizem olarak kalan bir bilgeliğe atfedilebilir.

Bu gizemlere gelince, her insanın ahlâki hayatına-tarihine –nasıl olup da dünyadaki her şeyin içinde bir ahlâki iyilik ya da kötülük bulunduğuna ve (kötülük tüm insanların içinde her devirde mevcutsa) iyiliğin kötülük içinden, bazı insanlarda nasıl fışkırıp tesis edileceğine, üstelik bu sırada diğerlerinin nasıl olup da bundan mahrum kalacağına– değindikleri düzeyde, Tanrı bunlar hakkında bize hiçbir şey ifşa etmemiştir ve zaten anlayamayacağımız için gelecekte de edemez. Bizim açıklamak istediğimiz ve anlaşılır hale getirmeye çalıştığımız şey, bir bakıma, insana özgürlüğü açısından ne olduğudur; bu konuda Tanrı isteğini ahlâk yasası aracılığıyla bize gerçekten de ifşa etmiştir, ama kendisine göre yeryüzündeki özgür bir edimin meydana geldiği ya da gelmediği sebepler bakımından, insan araştırılırken neden sonuç yasalarıyla anlaşılması gereken (özgürlükten doğmasına rağmen tarihsel bir olay olan) her şeyi içine bırakmak zorunda olduğu bir karanlıkla baş başa bırakmıştır. Ama davranışlarımızın nesnel kuralı olarak ihtiyaç duyduğumuz tek şey, bize (akıl ve Kutsal Kitap yoluyla) yeterince ifşa edilmiştir ve bu ifşa aynı zamanda her insan tarafından anlaşılabilir.

İnsanın ahlâk yasası aracılığıyla iyi bir yaşam sürmeye çağrılması; içinde bu yasaya karşı duyduğu bastırılamaz saygıdan dolayı kendinde bu iyi ruha duyduğu güvenin ve nasıl olursa olsun bu ruhu tatmin edebileceğine yönelik umudu kendi içinde haklılaştırması; nihayet bahsedilen beklentiyi yasanın amansız buyruğuyla karşılaştırarak, bir yargıcın karşısına çağrılmışçasına kendini sürekli olarak sınaması – işte akıl, kalp ve bilinç bunları öğretir ve bunların yerine getirilmesi için teşvik eder. Bize bundan fazlasının ifşa edilmesini talep etmek küstahlık olur; böyle bir ifşa meydana gelmiş olsa bile, insanın evrensel ihtiyaçları arasında sayılması hakkaniyetli olmaz.

Bahsettiğimiz tüm bunların bir formülünden oluşan bu büyük gizem, pratik ve zorunlu bir dinî ide olarak akıl aracılığıyla tüm insanlar için anlaşılır hale getirilebilse de, dinin, özellikle de kamusal dinin ahlâki temeli olmak için ilk kez o zaman, yani umumi bir şekilde öğretildiği ve bütünüyle yeni bir dinsel çağ başladığı zaman ifşa edildiğini söyleyebiliriz. Genellikle, törensel deyimler sadece belli bir birliğe (bir loncaya ya da bir topluluğa) mensup olanlara yönelik kendilerine ait bir dilin, zaman zaman gizemli ve herkesin anlayamadığı, İsa'dan Önce sadece törensel eylemler (örneğin, birisi ayrıcalıklı bir topluluğa üyeliğe kabul edilmişse) için düzenli olarak (hürmeten) kullanılması gereken bir dilin içinde durur. Ancak fani mahlûkların ahlâki mükemmellikle ilgili en yüce amacı – hiç kimsenin asla tamamen ulaşamayacağı bu amaç – yasa aşkıdır.

Bu fikrin dindeki eşdeğeri şu inancın nesnesi olabilir, "Tanrı aşktır": seven Kişi (sevgisi, insanların O'nun kutsal yasasına riayet ettikleri oranda, onları ahlâken takdir edişidir) olarak Baba'nın önünde saygıyla eğiliriz; Kendini her şeyi kapsayan idesi içinde ifşa ettiği (vahyettiği) düzeyde, onun büyüttüğü ve sevdiği, insanlığın ilk-örneğine O'nun Oğlu deriz; son olarak da bu övgüyü insanların söz konusu onaylayıcı sevginin koşuluyla uzlaşmasına bağlı olarak ortaya koyduğundan, bilgelik üzerine temellenen aşka Kutsal Ruh deriz.[58] Ona bu çok biçimli kişiliği nedeniyle fiilen ya-

---

[58] Kurtuluşun Faili olan Tanrı'ya duyulan sevgi (bizim ona karşılık olarak duyduğumuz sevgi gerçekten O'nunkine göredir), Yasa Koyucu Tanrı'dan duyulan korkuyla, başka bir deyişle, koşullu olan koşulun kendisiyle birleştiren ve dolayısıyla "ikisinden birlikte doğan" bu Ruh, sadece bizi "her hakikate (öveye itaate) götürmekle" kalmaz, aynı zamanda insanın (vicdan mahkemesindeki) gerçek Yargıcıdır. Çünkü yargı, ya liyakatliyakat yoksunluğu, ya da suç ve suçun yokluğu üzerine olmak kaydıyla iki şekilde yorumlanır. (Oğlu'ndaki) Aşk olarak görülen Tanrı, insanları minnettarlıklarının yanı sıra, liyakatlerinin atfedilebilirliği düzeyinde yargılar ve buradaki hüküm şunlardan biridir: layık ya da layık değil. Böyle bir değer halen atfedilebileceği kişileri Kendininmiş gibi elekten geçirir. Yalnız bırakılanlar elleri boş ayrılırlar. Öte yandan Yargıcın (Kutsal Ruh adı altında gerektiği gibi Yargıç olarak anılana ait olan) adalet bağlamında, hiçbir şeye layık olmayanlar için verdiği hüküm sonunda suçludurlar ya da değillerdir, yani sonuç bir mahkûmiyet ya da aklanmadır. Bu yargılama ilk olarak hak edenlerin hak etmeyenlerden ayrılması ve iki tarafın da bir ödül (kurtuluş) için yarışması anlamına gelir. Burada yalnız bırakılmak kastedilen ahlâki mükemmellik, (yasanın gözünde, borçluluğumuzun yanı sıra herhangi bir öveye itaat hesabı bize yazılamayacağından) yasaya ilişkin değildir ve yalnızca ahlâki yaratılış bakımından diğer insanlarla bir kıyasa dairdir. Ve liyakat her zaman bir salt olumsuza (layık olmamak değildir bu), yani, böyle bir iyilik için duyulan ahlâki hassasiyete sahiptir.
Bu nedenle ilk yetiye dair (brabeuta, yani hakem olarak) yargıda bulunan kimse, ödül (kurtuluş) için çabalayan iki kişi (ya da taraf) arasında yaptığı seçimin hükmünü ilan eder; öte yandan ikinci yetiye dair yargıda bulunan kimse (gerçek yargıç), kovuşturma ile savunma arasında kan kararı verecek olan mahkemenin (bilincin) huzurundaki bir ve aynı kişi üzerine hüküm verir. Şimdi, aslında tüm insanların günah suçu işlemiş olmasına karşın, içlerinden bazılarının liyakate ulaşabileceği kabul edilirse, sevgiye dayanarak yargılayan Kişi'nin hükmü etkin hale gelecektir. Bu yargının yokluğunda ortaya yalnızca bir ret hükmü çıkar ve bunun kaçınılmaz sonucu mahkûmiyet kararı olur (zira insan kendisini dürüstlükle yargılayanın eline düşmüştür). Dolayısıyla, be-

karmamız gerekmez (çünkü böyle yapmak bütünlerin çeşitliliğini varsayacaktır; hâlbuki O ebedidir ama tektir); ancak O'na, Kendisi uğruna sevilen hedefin adıyla hitap edebiliriz; O, bu hedefi başka her şeyin üzerinde tutar. Zaten bizim de ahlâki bir birliğe beraber girmek istediğimiz ve girmemiz gereken hedef odur. Bununla birlikte, söz konusu üç katmanlı kişilik altındaki ilahi doğaya duyulan inancın kuramsal beyanı, kilisesel inancın klasik formülünün, bu imanı tarihsel kaynaklardan derlenmiş diğer inanç kiplerinden ayrılması için kullanılan bir kısmıdır sadece. Bu inancı açık ve belirli (tüm yanlış yorumlara kapalı) bir kavramla [Teslis kavramıyla] birleştirme yetisine sahip çok az insan vardır; ve inancın ifşası daha ziyade bilginleri, (bir Kutsal Kitabın felsefi ve bilimsel yorumcuları olarak) birbirleriyle ilişkileri bakımından ilgilendirir ve böylelikle yorum bakımından uzlaşabilirler; zira içindeki her şey ortak anlayış yetisine ya da bugünün ihtiyaçlarına uymaz ve ona duyulacak yalın hakiki inanç hakiki dinî yaratılışı geliştirmez, ona zarar verir.

---

nim düşünceme göre, görünüşte çelişkili olan "Oğul dirileri ve ölüleri yargılamak için geri gelecek" ve "Tanrı Oğlunu dünyaya dünyayı cezalandırsın diye değil, dünya onun sayesinde kurtulsun diye gönderdi" (Yuhanna III, 17) ifadeleri bir araya getirilebilir ve "O'na inanmayan zaten cezalandırılmıştır" (Yuhanna, III, 18) şeklindeki cümleyle uzlaşabilir. Son sözdeki cezalandırma, hakkında "Günah ve dürüstlük bakımından dünyayı cezalandıracaktır" sözünün söylendiği Ruh tarafından gerçekleştirilecektir. Burada gerçekten de uğruna kurulmuş olabilecekleri yalın aklın alanındaki böyle ayrımlar üzerindeki tasalı kuruntuya, yararsız ve külfetli bir şeytanlık olarak bakılabilir; ve ilahi doğaya dair bir sorgulamaya yöneltilirse gerçekten de böyle olacaktır. Ancak insanlar, O'nun dürüstlüğünden kaçamasalar da, günahların söz konusu oldu mu, dini açıdan daima ilahi merhamete başvurmaya yatkın olduğundan, ayrıca, müşfik bir yargıç bir ve aynı kişi olarak anlam bakımından bir çelişki oluşturduğundan, insanların bu konudaki kavrayışlarının tereddütlü ve içsel uyumdan yoksun olması gerektiği, bu kavramların düzeltilmesinin ve kesin bir belirleniminin de büyük pratik öneme haiz olduğu, pratik bir bakış açısıyla ele alındığında bile çok açıktır.

DÖRDÜNCÜ KİTAP

İYİLİK İLKESİNİN HÜKÜMDARLIĞI ALTINDAKİ HİZMET YA DA SAHTE HİZMET ÜZERİNE YA DA DİN VE KİLİSENİN NÜFUZU ÜZERİNE

İyilik ilkesinin oluşumunun temel ilkeleri kamusal hale gelir gelmez, bu ilkenin egemenliği başlar ve "Tanrı krallığının yakın olduğuna"[59] dair bir işaret belirir; zira (idrakin diyarında) gerçekleşmesinin tek koşulu olan nedenlerinin, duyusal dünyadaki görünümünün tam bir gelişimi halen ölçülemez uzaklıkta olmasına rağmen, genel olarak kök saldığı şey hâlihazırda buradadır. Bir kişinin etik bir devletle kaynaşmasının özel bir tür (officium sui generis) ödev olduğunu ve herkes kendi şahsi ödevini aynı şekilde önemserse, gerçekten de buradan ortak bir iyilik içindeki arızi bir uzlaşıyı, özel bir örgütlenmeye bile gerek kalmadan çıkarsayabileceğimizi gördük; yine de [belirtmemiz gerekir ki] böyle bir genel uzlaşı, başka biriyle meydana getirilen bu birlikteliğin aynı amaç için gerçekleştirilmiş ve ahlâkî yasalar altındaki federe, dolayısıyla da kötülük ilkesinin saldırılarına karşı koymak için (çünkü aksi takdirde insanlar birbirleri tarafından bile bu ilkenin araçları olarak hizmet etmek için kışkırtılacaktır) daha güçlü olan bir DEVLET'in kuruluşundan ileri gelen özel bir görev durumundan başkası için umut edilemez. Ayrıca gördük ki, bir TANRI KRALLIĞI olarak böyle bir devlet insanlar tarafından ancak din yoluyla üstlenilebilir ve sonuç olarak, bu dinin kamusal olabilmesi için (ki bir devlet için bu elzemdir), kilisenin görünür formu içinde temsil edilmelidir; dolayısıyla bir kilisenin kuruluşu insanlar üzerine, onlara bağlanmış ve onlardan talep edilen bir görev olarak devrolunur.

Ne var ki, dini yasalar altındaki bir devlet olarak bir kilise kurmak, insandan beklenebilecek olandan daha fazla (hem içgörüye hem de iyi yaratılışa dair) bilgeliği yardıma çağır-

---

[59] Karşılaştırmak için bkz. Matta VI, 20 ve Luka XI, 2.

mak gibi görünür, zira bu amaca yönelik olarak insanın içinde, böyle bir kilisenin kuruluşunun niyet ettiği ahlâki iyiliğin var olması önkoşul olarak özellikle gereklidir. Esasen insanların bir Tanrı krallığı kurması gerektiğini söylemek saçmadır (biri çıkıp da aynı şekilde insanların insan bir monarkın krallığını kurmaları gerektiğini söyleyebilir). Kendi krallığının kurucusu bizzat Tanrı olmalıdır. Yine de, Tanrı'nın Kendi krallığı idesini fiiliyata dönüştürürken doğrudan ne yapabileceğini bilmediğimizden, ayrıca bu krallığın üyeliğine layık olmak için bizim nasıl hareket etmemiz gerektiğini iyi bildiğimiz için, bu ide, insanoğlu tarafından ister akıl ister Kutsal Kitap aracılığıyla keşfedilmiş ve ifşa edilmiş olsun, bizleri inşası son tahlilde krallığın Kurucusu olarak Bizzat Tanrı tarafından ele alınan, öte yandan bu krallığın üyeleri ve özgür yurttaşları olarak, örgütlenmesi her durumda insanlar tarafından gerçekleştirilen bir kiliseyi kurmaya zorlayacaktır. O halde bu örgütlenmeyle uyumlu olarak onun kamusal işleyişini yönetenler arasından, bir kısmı kilisenin hizmetkârları olarak yönetimi, geri kalanlarsa yasalara riayet eden bir yardımcı topluluk, bir cemaat oluşturacaktır.

Şimdi saf bir akıl dini, kamusal bir dini inanç olarak sadece yalın bir kilise idesine izin verdiğinden ve dogmalar üzerine temellenen görünür kilise, insanların örgütlenmesine muhtaç ve elverişli olduğundan, iyilik ilkesinin hükümdarlığı altında hizmet etmeye, görünmez kilise içinde kilisesel bir hizmet olarak bakılamayacağı ve bu dinin hiçbir şekilde, etik bir devletteki memurlar gibi hareket eden meşru hizmetkârlara sahip olmadığı sonucu çıkar; çünkü etik devletin her üyesi doğrudan en yüce kanun yapıcıdan emir alır. Hâlbuki (müşterek biçimde ilahi buyruklar gibi görmemiz gereken) tüm ödevlerimiz söz konusu olduğunda, her zaman Tanrı'nın hizmetinde de bulunduğumuzdan, saf akıl dini, bir kilisenin (yani, buradaki tek bahis konusu olan görünür bir kilisenin) hizmetkârları olarak adlandırılmaları haricinde, tüm doğru düşünen insanlara (memur olarak değilse de) hizmetkâr olarak sahip olacaktır. Bu arada, baskıcı yasalar üzerine kurulan her kilise, yalnızca içinde saf rasyonel (pratik olduğu zaman gerçekten de her inançta bir din inşa eden) inanca sürekli olarak yaklaşan ve zaman içinde (kilisenin içinde tarihsel olan) kilise inancı olmadan da devam edebilen bir ilke bulundurduğu sürece hakiki kilise olabileceğinden, hem bu yasaları, hem de öğretilerini ve kurallarını kararlılıkla o nihai amaca (kamusal bir dini inanca) yönlendirdikleri sürece, onlar için görevlendirmiş kilise memurlarını kiliseye (*cultus*) [hakiki] hizmeti oluşturanlar olarak görebiliriz. Öte yandan bir kilisenin bu görüşü taşımayıp bunun yerine, konuyla ilgili sürekli yaklaşma maksimini lanetli olarak yorumlayıp, kilisesel inancın tarihsel ve baskıcı unsuruna bağlılığı kurtuluşu getirecek tek yol olarak gören hizmetkârları, kiliseye veya bu kilise aracılığıyla temsil edilen şeye, yani, iyilik ilkesinin egemenliği altındaki etik devlete sahte hizmette bulunmakla itham edilebilirler. Sahte hizmetle (*cultus spurius*) kastedilen, bir kişinin aslında uğruna hizmet edilen amaçlara ket vuran eylemlerden oluşan bir hizmete ikna olmasıdır. Bu bir devlette, bir üstün isteğiyle uyuşmanın aracı olarak dolaylı bir değere sahip olanın, bizi onu doğrudan hoşnut edecek olanla aynı şey olduğunun iddia edilmesi ve onun yerine konması durumunda ortaya çıkar. Böylelikle onun amaçlarına ket vurulmuş olur.

BİRİNCİ BÖLÜM
GENEL OLARAK DİNDEKİ TANRI HİZMETİ ÜZERİNE

Din tüm ödevlerin ilahi emirler olarak (öznel bakımdan) kabul görmesidir.[60] Bir şeyi ödevim olarak kabul etmem için ilahi bir emir olarak önceden bilmemi gerektiren din, vahiy edilmiş (ya da vahye ihtiyaç duyan) dindir; bunun aksine doğal dinde, bir şeyi ilahi buyruk olarak kabul etmeden önce, onun ödevim olduğunu bilmem gerekir. Doğal dine sadece ahlâken zorunlu, başka bir deyişle, ödev gözüyle bakana rasyonalist adı verilebilir. İnanç konusunda her tür doğa-

---

[60] Bu tanım aracılığıyla din kavramının pek çok hatalı yorumu genel anlamda bertaraf edilmiş olur. İlk olarak, dinde, inancın teorik idraki ve beyanı açısından hiçbir savlayıcı bilgiye (Tanrı'nın mevcudiyetinin bilgisine bile) ihtiyaç duyulmaz, zira duyularüstü nesnelere dair içgörüden yoksun olduğumuzdan, böyle bir beyan gerçeği örtbas edebilir; bilakis, spekülatif biçimde varsayılan, şeylerin en yüce nedeni bakımından sadece problematiksel bir varsayımdır (hipotezdir). Yine de, ahlâken yasa koyucu aklımızın, uğruna çaba göstermemiz gerektiğini söylediği hedefi de – pratik ve dolayısıyla da özgür, ve nihai amacı olarak bunun gerçekleştirilmesi sözünü veren savlayıcı bir inancı da – göz önünde bulundurur. Bu inanç sadece Tanrı idesine ihtiyaç duyar, zaten ahlâken dürüst (dolayısıyla da güvenilir) tüm iyilik çabalarının da kaçınılmaz biçimde bizi bu ideye götürmesi gerekir; ayrıca teorik kavrayış yoluyla bu idenin nesnel gerçekliğini kanıtlayabileceğini varsaymak zorunda değildir. Aslında, her insanın ödevi haline getirilebilecek şey için, öznel olarak asgari bilgi (bir Tanrı'nın olabileceği ihtimali) bile yeterli olmalıdır. İkincisi, bu din tanımı genel olarak dinin hatalı bir biçimde, doğrudan Tanrı'ya gönderme yapan özel görevlerin bir toplamı olarak temsil edilmesini de engeller; böylelikle insanlığın etik-sivil ödevlerinin yanı sıra, saygın zorunlulukların sorumluluğunu (aksi takdirde insan son derece meyilli olduğu için) bizim üstlenmemizin ve söz konusu ödevlerin eksiklerini, bir ihtimal bu zorunluluklarla telafi etme çabamızın önüne geçer. Evrensel bir dinde Tanrı için özel görev yoktur, çünkü Tanrı bizden hiçbir şey alamaz; O'nun için, ya da O'na göre eylemde bulunamayız. O'ndan duyduğumuz suçlulukla karışık korkuyu, tarif edilen türde bir ödeve dönüştürmeyi istemek, saygıyla karışık korkunun dinin özel bir edimi değil, ödeve uygun olarak yerine getirilmiş tüm eylemlerimizin dini durum olduğunu unutmak demektir. Ve "İnsana değil Tanrı'ya itaat etmeliyiz" dendiği zaman, bunun anlamı sadece, insanı duruma göre yasamacı ya da yargıç yapabilen kanuni emirlerin, aklın koşulsuz biçimde öngördüğü ve ifası ya da ihlali hakkında sadece Tanrı'nın yargıda bulunabileceği ödevlerle çelişkiye düştüğü zaman, Tanrı önceliği insana bırakmalıdır. Ancak bir kilise tarafından Tanrı'dan geliyormuş gibi bildirilen kanuni emirleri, Tanrı'ya insandan daha fazla itaat edilmesi gereken bir durum oluşturan emirler olarak göreceksek, böyle bir ilke kolaylıkla, ikiyüzlü ve hırslı rahiplerin sivil üstlerine isyan eden ve sıkça duyulan bir savaş çığlığına dönüşebilir. Çünkü hoş görülebilir olan, yani sivil otoritenin emrettiği şey, kesinlikle ödevdir; ancak gerçekten de kendi içinde hoş görülebilir olup, sadece ilahi vahiy yoluyla bilebildiğimiz bir şeyin gerçekten de Tanrı tarafından buyrulup buyrulmadığı (en azından büyük bölümü) son derece belirsizdir.

üstü ilahi vahyi inkâr edene ise natüralist denir. Kişi vahyi kabul ediyor, ancak onu bilmenin ve kabul etmenin dinin zorunlu bir gereksinimi olmadığını iddia ediyorsa, ona saf rasyonalist denir. Ancak vahye inanmanın evrensel din için zorunlu olduğunu düşünüyorsa, inanç bakımından kendisine doğaüstücü denecektir.

Rasyonalist, yetisi aracılığıyla ve kendi rızasıyla, kendisini insan içgörüsü dâhilinde sınırlamalıdır. Dolayısıyla asla bir natüralist gibi dogmalaştırmayacak ve ne genel anlamda vahyin manevi olasılığına, ne de hakiki dinin sunumu için ilahi bir araç olarak vahyin gerekliliğine asla itiraz etmeyecektir. Çünkü hiçbir insan bu konuları akıl yoluyla belirleyemez. Dolayısıyla söz konusu soru sadece saf rasyonalistin ve doğaüstücünün inanç konusundaki karşılıklı taleplerini, başka bir deyişle, birinin ya da ötekinin yegâne hakiki din için zorunlu ve gerekli, ya da sadece arızi olarak gördüğü şeyi ilgilendirir.

Din ilk kökenine ve manevi olanağına göre (burada doğal ve vahiy edilmiş din olarak ikiye bölünür) değil de, onu başkalarıyla yaygın biçimde paylaşılır kılan özellikler bakımından sınıflandırıldığında, iki türde olabilir: Ya (bir kez ortaya çıktıktan sonra) herkesin kendi aklıyla ikna olabileceği doğal din, ya da birinin başkalarını sadece (onlara rehberlik etmesi gereken) öğretim yoluyla ikna edebileceği öğrenilen din. Bu ayrım son derece önemlidir, çünkü bir dinin insanlığın evrensel dini olma ehliyeti ya da ehliyetsizliği hakkındaki çıkarıma asla sadece dinin kökeninden varılamaz. Böyle bir çıkarım ancak onun genel yayılıma yönelik yetisinden ya da yetisizliğinden elde edilebilir ve her insan için bağlayıcı olması gereken söz konusu dinin asıl kişiliğini oluşturan da bu yetidir.

Aynı şekilde böyle bir din, hem doğal hem de vahiy edilmiş olabilir. Bunun koşulu söz konusu dinin, insanlar gereğince erken ya da geniş bir alanda karşılaşılmasa bile, onu sadece kendi akıllarını kullanarak keşfetmiş olabilecekleri ve olmaları gerektiği şekilde yapılanmasıdır! Dolayısıyla buna dair belli bir zaman ve mekândaki bir vahiy insanoğlu için gayet bilgece ve yararlı olabilir, çünkü bu şekilde sunulan din bir kez buraya gelmiş ve kamusal olarak bilinir hale getirilmişse, şu andan itibaren herkes onun hakikati konusunda kendi kendine ve kendi aklıyla ikna olabilir. Bu durumda din, öznel olarak vahiy edilmiş olmasına rağmen, nesnel bakımdan doğal bir dindir. Dolayısıyla da doğal din adını alma yetkisine sahiptir. Çünkü esasen böyle doğaüstü bir vahyin gerçekleşmiş olması, söz konusu din ne anlaşılırlık, ne kesinlik, ne de insanların kalbindeki gücü bakımından en küçük bir kayba bile uğramadan bir süre sonra tamamen unutulabilir. Manevi doğası bakımından sadece vahiyle gelmiş olarak görülen dinden farklıdır. Tamamen emniyetteki bir gelenekle ya da kutsal kitaplar gibi kayıtlarla korunmamış olsa, dünyadan yok olup gitmiş olacak ve ya zaman zaman kamusal olarak tekrar edilen, ya da her bireyin içinde sürekli olarak bulunan doğaüstü bir vahiy olarak ortaya çıkması gerekliliği ister istemez doğacaktır. Çünkü bu vahiy olmadan böyle bir inancın yayılması ve ilerlemesi imkânsızdır.

Yine de en azından bir dereceye kadar her din, vahiy yoluyla gelmiş bile olsa, doğal dinin belli ilkelerini kapsamak zorundadır. Çünkü düşünce, vahyi bir din kavramına – bu kavram ahlâki bir kanun yapıcının isteğine yönelik bir zorunluluktan çıkarılmış olsa da, aklın saf bir kavramı olduğu için – ancak akıl yoluyla ekleyebilir. O halde vahiy edilmiş

Saf Aklın Sınırları Dâhilinde Din

bir dine bile bir yandan doğal, öte yandan öğrenilen bir din olarak bakabilmemiz ve bu iki kaynağın hangisinden neyin ve ne kadarının geldiğini sınayabilmemiz gerekecektir.

Vahiy edilmiş (en azından bu gözle bakılan) bir din hakkında konuşmaya kalkıyorsak, tarihten belli bir örneği seçmeden bunu yapamayız, çünkü anlaşılır olmaları için örnek olarak bazı olayları kurmamız gerekir ve bunları tarihten almadığımız takdirde gerçek olma olasılıkları tartışılır hale gelebilir. Yapacağımız en iyi şey, genel olarak vahiy edilmiş din idemizi açıklama aracı olarak böyle örnekleri içeren, özellikle de etik, dolayısıyla akılla ilişkili doktrinlerle yakın bir birliktelik içindeki belli bir kitabı benimseyip kullanmaktır. Sonrasında onu, dinle ve erdemle vahiy bakımından ilgilenen, böylelikle içinde bizim için saf, dolayısıyla da evrensel bir akıl dini olarak görülebilecek her şeyi araştırmak için yapılan ve kendi içinde yararlı olan işlemi örneklendiren çeşitli kitaplardan biri olarak inceleyebiliriz. Yine de bu çalışmayla, vahyin pozitif öğretilerinin özeti olarak görülen söz konusu kitabın yorumu için belirlenmiş insanların işine burnumuzu sokmak ve onların eğitim üzerine temellenmiş yorumuna itiraz etmek istemeyiz. Aksine, bilim adamları ve filozoflar bir ve aynı amaca, yani ahlâken iyi olana yöneldiğinden, bilimi kendi rasyonel ilkeleri aracılığıyla, başka bir yoldan ulaşmayı beklediği noktaya getirmek, bilimin de lehine olur. Bu noktada seçilecek kitap, Hıristiyan öğretisinin kaynağı olarak düşünülen Yeni Ahit olabilir. Niyetimize uygun olarak tanıtlamamızı iki bölümde yapacağız: İçeriğine ve içindeki ilkelere atıfta bulunarak, öncelikle, bir doğal din olarak Hıristiyanlık; ardından öğrenilmiş bir din olarak Hıristiyanlık.

BİRİNCİ KISIM
BİR DOĞAL DİN OLARAK HIRİSTİYANLIK

(Aracının özgürlüğüyle ilişkisi bakımından) Kendi nihai amacını oluşturanın kavramıyla birleşen ahlâksallık olarak, insanın bu amacın bütünlüğüne uygun sürekliliğine atfedilen Doğal din, yorulmak bilmeyen verimliliğine rağmen, teorik akıl için, onun pratik hedefler uğruna yeterli olduğu ve en azından tüm insanlardan kendi sonucu olan bir ödevi gereksindiği konusunda herkesin ikna olabileceği kadar az bir yeti varsayabilen, aklın saf pratik bir idesidir. Bu din hakiki kilisenin başlıca gereksinimine, yani, herkes için geçerlilik (*universitas vel omnitudo distributiva*), başka bir deyişle, evrensel ittifak anlamındaki evrensellik ehliyetine sahiptir. Bu bağlamda onu bir dünya dini olarak yaymak ve korumak için memurlara (*officiales*) değil, görünmez kilisenin hizmetkârlarından oluşan bir camiaya (*ministerium*), başka bir deyişle, yüksek mevki sahiplerine değil, öğretmenlere kesinlikle ihtiyaç vardır. Çünkü her bireyin rasyonel dininde henüz evrensel bir birlik (*omnitudo collectiva*) olarak bir kilise mevcut değildir ve esasen yukarıdaki idede de bunun üzerine düşünülmemiştir.

Yine de böyle bir ittifak kendiliğinden sağlanamaz; dolayısıyla görünür bir kilise haline getirilmeden evrensel olarak yayılamaz; bilakis, bu kilise söz konusu ittifaktan kendiliğinden ortaya çıkmasa da, ya da hâlihazırda kurulmuş bile olsa, (yukarıda gösterildiği gibi) özgür yandaşları tarafından kalıcı bir inançlılar topluluğu statüsüne ulaştırılsa da (çünkü böyle bir dinde, ışığı görenlerden hiçbiri, dini hissiyat bakımından başkalarının ahbaplığına gereksinim duyduğuna inanmaz), onu görünür hale getirmek ancak kolektif bir ittifak, başka bir deyişle, bir saf akıl dininin ilkeleri altındaki (görünür) bir kilisedeki inananlar birliği dâhil edildiği zaman mümkündür. O halde, yardım almamış akıl için anlaşılır olan doğal yasalara, yasamaya ilişkin saygınlığın (otoritenin) eşlik ettiği belli baskıcı kurallar eklenmediği sürece, insanlar için özel bir ödev ve en yüce amaçları, yani evrensel bir görünür kiliseye daimi katılımlarının aracını oluşturan şeyin eksik kalacağı sonucu çıkar; ve yukarıda bahsedilen otorite, böyle bir kilisenin kurucusu olabilmek için aklın saf kavramlarını değil, bir olgular [*Factum*] dünyasını önkoşul olarak varsayar.

Şimdi, tarihsel bir kayıtın (ya da en azından temelden karşı konamayacak yaygın bir inancın), saf ve nüfuz eden, bütün dünya için anlaşılır (dolayısıyla doğal) bir dini yorumlayan ilk kişi olduğunu söylediği bir öğretmenin geçmişte var olduğunu varsayalım. Öğretileri bize kadar korunmuş olduğundan, bu durumda onları sınayabiliriz. Diyelim ki yaptığı her şey zahmetli, ama ahlâki amaçlara götürmeyen baskın bir kilisesel inanç (baştan savma tapınması, esasında sadece baskıcı olan ve zamanında dünyada güncel olmuş tüm diğer inançların bir çeşidi görevini gören bir inanç) nazarında hatasızdır. Bunun yanı sıra söz konusu kişinin bu evrensel akıl dinini tüm dini inançların en yüce ve zaruri koşulu haline getirdiğini, sonrasında da ona, söz konusu ilkeler üzerine kurulu bir kiliseyi vücuda getirme aracı olarak hizmet etmek üzere formlar ve mezhepler sağlayan belli kaideler eklediğini varsayalım. Şimdi, bu amaca yönelik hükümlerinin tesadüfîliğine ve içlerindeki keyfilik [*Willkürlichen*] unsurlarına karşın, ayrıca, bunların hakiki evrensel kilise tanımlamasına karşılık geldiğine itiraz etmemize rağmen, insanları bu kilisede birleşmeye çağırmış, üstelik de bunu, söz konusu inanca külfetli yeni kaideler eklemeden, ya da kendine has ve dinin kurucu unsurları olarak kendi içlerinde gerekli olan kutsal pratiklerin içine kabul ettiği eylemleri başka bir şeye dönüştürmeye kalkmadan yapmış kişi olma saygınlığını ondan esirgeyemeyiz.

Bu tariften sonra, söz konusu kişinin her tür dogmadan arınmış dinin kurucusu sıfatıyla (özünde keyfi bir iradeye[61] sahip olmadığı için) tüm insanların yüreklerine işlenmiş olarak değil, ilk hakiki kilisenin kurucusu olarak saygı görmesi gerektiği konusunda yanılgıya düşemeyiz. İlahi bir görev olarak itibarının kanıtlanması için, tarihsel kayıtlar ne olursa olsun (çünkü bizzat fikrin içinde kabul görmesi için yeterli zemin mevcuttur) öğretilerinden bazılarını genel olarak dinin şüphe götürmez kanıtları olarak öne sürebiliriz. Elbette bu öğretiler saf aklın öğretilerinden başkası değildir, zira sadece bunlar kendi kanıtını içinde taşır ve dolayısıyla diğerlerinin kanıtı esasen onlara bağlı olmalıdır.

İlk olarak, insanın Tanrı'yı hoşnut edebilmesinin tek yolunun harici ve sivil ya da baskıcı kilise ödevlerinin ifası değil, kalbin saf ahlâkî yaratılışı olduğunu (Matta V, 20–48); düşüncedeki günahların Tanrı nazarında eylemdekine denk olduğunu (V, 28); genel olarak insanın ulaşmak için çaba göstermesi gereken hedefin kutsiyet olduğunu (V, 48); örneğin, birinden yürekten nefret etmenin, öldürmekle eşdeğer olduğunu (V, 22), birinin komşusuna verilen zararın, ilahi tapınma edimleriyle değil, bizzat komşuyu tatmin ederek telafi edilebileceğini (V, 24) ve doğru sözlülük noktasında onu

---

[61] "Keyfi irade," "willkürlichen Ursprunge" olarak geçer.

tehditle, yemin aracılığıyla[62] koparmaya dair sivil aracın, bizzat doğruluğa duyulan saygıya zarar verdiğini (V, 34-37); insan yüreğinin doğal ama kötücül yöneliminin tamamen tersine çevrilmesi gerektiğini, tatlı intikam hissinin hoşgörüye (V, 39-40), düşmanların nefretinin de ihsana (V, 44) dönüştürülmesinin lazım geldiğini iddia eder. Böylelikle, Yahudi hukukuna tam olarak hakkını verme niyetinde olduğunu söyler (V, 17). Buradan hareketle, kutsal kitaba dair öğretimin değil, saf akıl dininin bu yasanın yorumcusu olması gerektiği açıktır, çünkü bu bilgi uyarınca ele alındığında, tüm bunların tam tersini sağlıyordu. Üstelik darboğaz ve dar yol nitelemelerinde, tüm insanların ara ahlâki ödevden kurtulmak için başvurdukları ve kiliseye karşı ödevlerini yerine getirdikleri konusunda dokunulmazlık sağlayan yanlış hukuk yorumlarının farkındadır (VII, 13).[63] Bunun yanı sıra bu saf yaratılışların kendilerini edimlerde de (VII, 16) göstermesi gerektiğini söylerken, diğer yandan, En Yüce Yasa Koyucuya Elçisi aracılığıyla dua ve övgüler sunarak iyi işlerdeki eksikliklerini kapatacaklarını ve lütfe yaranacaklarını

---

[62] Sivil bir mahkeme huzurunda, dini öğretmelerin itirafa zorlama yöntemine – dürüstlük değil, salt batıl inanç üzerine kurulu bu yönteme – karşı duran açık yasağın neden bu kadar önemsiz görüldüğünü anlamak zordur. Çünkü burada etkinliğine en çok güvenilen şeyin batıl inanç olduğu şuradan bellidir: Doğruluğu bir (dünyadaki varlıklar içinde en kutsal olan) insanoğlunun haklarına dair karara bağlı olan ciddi bir beyanda, doğruyu söyleyeceğine inanılmayan kişinin, sanki bu yüksek mahkemeye hesap verip vermemek kendi elindeymiş gibi, söz konusu beyanın yanı sıra, (böyle bir yalanla hiçbir olayda kaçınamayacağı) ilahi cezaları kendine çağırma aracı olarak kullandığı bir formül sayesinde doğruyu söyleyeceğine inanılır. Yukarıda alıntılanan Kutsal Kitap parçasında, yeminle tasdik biçimi saçma bir varsayım ve aslen gücümüz dâhilinde olmayan bir şeyi, sanki sihirli sözcüklerle gerçeğe dönüştürmek gibi temsil edilmiştir. Ancak burada, hakikatin iddia içinde Evet, Evet ve Hayır, Hayır'ın ötesindeki her şeyin kötülükten geldiğini söyleyen bilge Öğretmen'in, yeminlerin sonucunda ortaya çıkan kötü etkiyi – yani, onlara daha fazla önem verilmesinin ortak yalanı neredeyse onayladığını – göz önünde bulundurduğu son derece açıktır.

[63] Hayata giden dar geçit ve dar yol, iyi yaşam sürme yoludur; birçoğunun bulduğu ferah rüzgâr ve geniş yol ise kilisedir. İnsanların kaybolmasından kilise ya da onun öğretileri sorumlu değildir; ancak kiliseye giriş ve onun kaidelerini kabulleniş, ya da ayinlerini yerine getirmek, Tanrı'nın istediği hakiki hizmet edilme yöntemiymiş gibi görülmektedir.

sananların sinsi umutlarını inkâr eder (VII; 21). Bu edimlerin bir öykünme örneği olarak alenen (V, 16) ve neşeli bir ruh hali içinde yerine getirilmesi gerektiğini, kölelere zorla yaptırılıyormuş gibi ifa edilmemesinin lâzım geldiğini (VI, 16); böylelikle de dinin, iyi topraktaki bir tohum ya da bir iyilik mayası gibi, kendi içsel gücü aracılığıyla yavaş yavaş bir Tanrı krallığı haline geleceğini (XIII, 31–33) beyan eder. Son olarak tüm ödevleri (1) bir evrensel yasa, yani: Ödevini bizzat ödevin koşulsuz itibarı için yerine getir, yani Tanrı'yı (bütün ödevlerin Yasamacısını) her şeyden çok sev; (2) bir de tikel, başka bir deyişle, insanın evrensel ödev olarak tüm insanlarla dışsal ilişkisini ilgilendiren bir kural olarak, yani: Herkesi kendin gibi sev, öyle ki, onun iyiliğini kişisel çıkarların itici sebeplerinden değil, aracısız olan iyi niyetten çıkar, kuralını birleştirir. Bu buyruklar sadece erdem yasaları değil, aynı zamanda peşinden koşmamız gereken kutsiyetin kaideleridir ve bu kaidelerin peşinde olmaya erdem denir.

Böylelikle bu ahlâki iyiliği son derece edilgen biçimde, ellerini kavuşturmuş, gökten inecek ilahi bir armağanmış gibi bekleme eğiliminde olan herkesin umutlarını yok eder. Daha yüce bir ahlâki nüfuzun, kendisinde eksik olan ahlâki kişiliği ve bütünlüğü kesinlikle sağlayacağına dair tembel bir özgüvenle, insanın (verilmiş bir yetenek gibi) doğasında bulunan doğal iyilik eğilimini kullanmadan bırakan kişi, bu ihmali yüzünden, doğal eğilimi sayesinde yaptığı iyiliğin bile kendisine yarar sağlamasına izin verilmeyeceği tehdidiyle karşı karşıya kalır (XXV, 29).

İnsanların, mutluluğun bir kişinin ahlâki davranışına oranla, özellikle de ikincisinin uğruna birincisinin feda edilmesi konusunda böyle bir adaletle paylaştırılacağına dair son derece doğal beklentisi üzerine, öte dünyada bu fedakârlıklar için bir ödül vaat eder. (V, 11, 12), Ancak bu davranış bakımından, ödevlerini ödül (ya da hak ettiği cezadan kurtulmak) uğruna yerine getirenlerle, onu sadece ödevin kendisi için ifa eden daha iyi insanlar arasındaki eğilim farklarının farkında olduğundan, ikincisine daha farklı bir biçimde davranılacaktır. Kişisel çıkarı, yani bu dünyanın tanrısı tarafından yönetilen insan, ondan vazgeçmeyip sadece akıl yoluyla kullanımını düzelttiği ve şimdinin kısıtlayıcı sınırının ötesine yaydığı zaman, kendi [hizmetkâr] kişiliği içinde, efendisini [kişisel çıkarını] aldatan ve "ödev" uğruna yaptığı fedakârlıkların karşılığını gören biri olarak görülür (Luka, XVI, 3–9). Çünkü bir gün, belki de kısa süre içinde, dünyanın feda edilmesi gerektiğini ve bu dünyada sahip olduğu hiçbir şeyi öbür dünyaya giderken götüremeyeceğini anladığı zaman, kendisinin ve efendisi olan kişisel çıkarın, yoksullardan bir şeyler koparmak ve böylelikle, bir bakıma, başka dünyada ödenecek birtakım çekleri elde etmek adına meşru bir hakkı bulunduğunu düşündüğü şeyi hesabından düşmeye karar verebilir. Bu noktada böyle hayırlı eylemlerin itici sebepleri bakımından hiç şüphesiz ahlâklı bir biçimde değil zekice ve ahlâk yasasına uygun şekilde, en azından yasanın bilgisi uyarınca hareket eder ve bunun için de gelecekte ödülsüz kalmayacağını umabilir.[64] Bunu, halis ödev dürtü-

---

[64] Gelecek hakkında hiçbir şey bilmeyiz ve ahlâkın güdüleriyle ya da bu güdülerin amaçlarıyla bağıntılı olanlar dışındakileri bilmeye çalışmamız gerekli değildir. Yerine getirenlere öbür dünyada iyi sonuçlar getirmeyecek hiçbir iyi eylem bulunmadığı inancı buradan doğar; dolayısıyla insan, hayatının sonunda kendini ne kadar ayıplanmaya değer görürse görsün, bu noktada elinde olan en azından bir iyi eylemde daha bulunmaktan geri kalmamalıdır ve yine aynı inanç uyarınca, böyle yaparak, bu eylemde sahip olduğu saf iyi niyete göre, eylemin, suçu azaltıcı hiçbir şey sağlamadan iyi edimlerin eksiğini kapatacağı varsayılan eylemsiz aklanmalardan daha değerli olduğunu umabilecektir.
Mendelssohn bir İsrail oğlunun dinini değiştirmesi için getirilen her isteği reddetmek adına, Hıristiyanlığın geleneksel temsilindeki bu zayıf noktadan ustaca yararlanır.

sünden hareketle yoksula yapılan hayırla karşılaştıralım. Buna göre (Matta, XXV, 35–40) böyle bir eylemin bir ödülü beraberinde getireceğini ya da bu sayede cennetle mükâfatlandırılmalarının adeta bir yükümlülük olduğunu akıllarına bile getirmeden yoksulların yardımına koşanlar, sırf ödüle aldırmadan böyle davrandıkları için dünyanın Yargıcı tarafından Krallığı için gerçekten seçilenlerdir. İncil'in Öğretmeni de, öte dünyadaki ödüllerden bahsettiği zaman, bunları bir eylem güdüsü değil, yalnızca (insanoğlunun rehberliğindeki ilahi lütfün ve bilgeliğin amacının ruh yüceltici bir temsili olarak), akıl insanın yazgısının bütünlüğü içinde gözden geçirdiğinde, en saf saygının ve en büyük ahlâki onayın bir nesnesi haline getirmek istediği apaçık ortaya çıkacaktır.

O halde burada bütün insanlara kendi akılları aracılığıyla anlaşılır ve ikna edici biçimde sunulabilen tam bir din vardır; öte yandan onun bizim için (insanların taklit edebilme yetisi oranında) örnek alınacak bir ilkörnek olma imkânı ve hatta zorunluluğu, dikkat edilmesi gerekir ki, ne söz konusu öğretilerin doğruluğuna, ne de herhangi bir dışsal onay (herkese göre konular olmayan bilimin ve mucizelerin onayını) talep eden öğretmenin yetkisine ve değerine sahip olmayan bir örnek aracılığıyla açık hale getirilmiştir. Burada Öğret-

---

Çünkü ona göre, Yahudi inancı Hıristiyanların beyanı uyarınca, Hıristiyanlık üstyapısının temeli olan alt yapıdır ve Yahudiliğin terk edilmesini talep etmek, birinin çıkıp da ikinci katında oturmak için bir evin zemini yıkmasıyla eşittir. Asıl niyeti oldukça açıktır. Şunu kasteder: Önce Yahudiliği dininizin içinden tamamen çıkarın (bir antikite olarak daima inancın tarihsel hikâyesi içinde kalabilir); o zaman teklifinizi danışıp görüşelim. (Aslında bu durumda geriye, kaidelerden arınmış saf ahlâki din kalacaktır.) Eğer dışsal riayetlerin boyunduruğunun yerine başka bir tanesini, yani – vicdanlılar için çok daha ağır olan – kutsal tarihe duyulan inanç boyunduruğunu koyacaksa, yükümüz bir parça bile hafiflemeyecektir.
Ne olursa olsun, bu halkın kutsal kitaplara kesinlikle daima korunacak ve dinin yararına olmasa bile bilim adına değerli kalacaktır: çünkü başka hiçbir halkın tarihi, belli bir güvenilirlik içererek bu kadar geriye, bildiğimiz dindışı tarihin tamamının düzenlenebileceği antikite çağlarına (hatta dünyanın başlangıcına) kadar gitmez; böylelikle de diğer tarihlerin yarattığı büyük boşluk, bu kutsal kitaplar tarafından doldurulur.

men için bir onay aracı gibilermişçesine önceki (Tevrat'taki) mevzuata ve fikir edinmeye başvurulursa, öğretilerinin doğruluğunu destekler biçimde değil, sadece tamamen ve kör gibi eskiye bağlı kalan insanlara sunulmuş gibi ortaya konurlar. Baskıcı dogmalarla dolu kafaları akıl dini için neredeyse tamamen elverişsiz olan insanlara yapılan bu sunum, bu dinin bilgisiz ancak en azından bozulmamış insanların aklına sokulmasından daima daha zordur. Bu nedenle hiç kimse, aslında her yerde bir dini öğretinin parlamasına izin vermesine ve tüm insanlar için herhangi bir öğrenim gideri olmadan anlaşılır ve ikna edici olması gerekenlere açıkça sık sık temas etmesine rağmen, o devirlerin önyargılarını benimsemiş, şimdiyse kafa karıştırıcı haliyle itinalı bir tefsir gerektiren bir beyan bulduğuna şaşırmamalıdır.

İKİNCİ KISIM
ÖĞRENİLMİŞ BİR DİN OLARAK HIRİSTİYANLIK DİNİ

Bir dinin zorunluluk olarak, zorunlu oldukları akıl yoluyla bilinemeyen, bununla birlikte gelecek nesillere (özsel içeriği bakımından) yozlaşmadan aktarılacak dogmalar ortaya koyması, (sürekli bir vahiy mucizesi varsaymak istemiyorsak) bilgililerin muhafızlığına verilmiş kutsal bir emanet gibi görülmelidir. Çünkü mucizelerin ve edimlerin eşlik ettiği bu din, başlangıçta, hatta akılda hiçbir onaylanma bulamadığı durumda bile, her yere girebilmesine rağmen, bu mucizelerin bildirimi, söz konusu bildirim aracılığıyla onaylanmaya ihtiyaç duyan öğretilerle birlikte, zaman içinde yeni nesiller için yazılı, buyurgan ve değişmez bir öğretim gerektirir.

Bir dinin temel ilkelerinin kabulüne mükemmel inanç (*fides sacra*) denir. O halde Hıristiyanlık inancını bir yandan saf rasyonel bir inanç, öte yandan vahiy edilmiş bir inanç (*fides statutaria*) olarak ele almamız gerekir. Saf rasyonel inanca, herkesin özgürce razı olduğu (*fides elicita*), ikincisine ise buyrulmuş bir inanç (*fides imperata*) olarak bakılabilir. Herkes kendi aklı aracılığıyla insanların kalbinde yatan ve kimsenin arınmış olmadığı kötülüğe; kendi yaşam biçimi aracılığıyla Tanrı'nın huzurunda haklı çıkmaya her daim hazır olmasının imkânsızlığına, aynı zamanda O'nun nazarında geçerli olan böyle bir haklılığın zorunluluğuna; kilisesel ayinleri ve dinin gerektirdiği mecburi hizmetleri, yoksun olduğu doğruluğun yerine koymaya çalışmanın beyhudeliğine ve bunun yanında, yeni bir insan olmanın kaçınılmaz zorunluluğuna ikna olabilir: ve tüm bunlara ikna olmak da dinin bir parçasıdır.

Saf Aklın Sınırları Dâhilinde Din

Ancak Hıristiyan öğretisinin aklın yalın kavramları üzerine değil, olgularda temellendiği noktasından yola çıkınca, ona artık sadece Hıristiyanlık dini değil, bir kilisenin de temeli haline getirilmiş olan Hıristiyan inancı denir. O halde böyle bir inanca adanmış olan kilisenin iki katmanlı bir görevi vardır: bir yandan kilisenin tarihsel inanca, öte yandan aklın pratik ve ahlâki inancıyla uygun olarak dönüştürülmesi. Hıristiyan kilisesinde bunlar kendi içlerinde yeterli olarak birbirinden ayrılamaz; ikincisi birincisi için elzemdir, çünkü Hıristiyan inancı dini bir inançtır; birincisi de ikincisi için zaruridir, çünkü bu inanç öğrenilmiş bir inançtır.

Öğrenilmiş bir inanç olarak Hıristiyan inancı tarihe dayanır ve temeli (nesnel olarak) bilgelik tarafından tesis edilmediğinden, kendi içinde ne özgür (*fides elicita*) ne de içgörünün içinden yeterli teorik kanıtlar şeklinde çıkarılabilen bir inançtır. Saf rasyonel bir inanç olsa, ilahi bir Yasa Koyucuya duyulan inanç olarak üzerine temellendiği ahlâk yasaları koşulsuz olarak buyruklar verse de, özgür bir inançmış gibi düşünülmesi gerekirdi ve Birinci Bölümde de bu şekilde sunuldu. Aslında, bu inanç bir ödev haline getirilmemiş olsa, tarihsel bir inanç olarak alındığında bile, tüm insanların eğitilmiş olması koşuluyla özgür bir teorik inanç olabilirdi. Ancak cahiller de dâhil olmak üzere tüm insanlar için geçerli olacaksa, sadece buyrulan değil, aynı zamanda buyruğa körü körüne (*fides servilis*), yani gerçekten ilahi bir buyruk olup olmadığını araştırmadan itaat eden bir inançtır.

Ne var ki Hıristiyanlığın vahiyle gelmiş öğretilerinde, hiçbir şekilde, vahiy edilmiş önermelere koşulsuz bir inanç duyarak yola çıkılıp, sonrasında bilimsel bilginin onun arkasından, bir bakıma arkadan saldıran bir düşmana karşı savunma olarak gelmesi istenemez; zira böyle yapılsaydı, Hıristiyan inancı sadece bir *fides imperata* değil, bilfiil *servilis* de olurdu. O halde her zaman en azından bir *fides historice elicita* olarak öğretilmesi gerekir. Yani, öğrenim kesinlikle, vahiy edilmiş imansal bir doktrin olarak görülen inancın içinde artçı değil öncü bir birlik oluşturmalıdır. Sonrasında metin üzerine çalışan ve dindışı öğrenimden tamamen vazgeçemeyen küçük bilim adamları (rahipler) cemaati, kendileri Kutsal Metinlerden habersiz olan (aralarında dünya devletlerinin hükümdarlarının da bulunduğu) uzun cahiller (din adamı olmayanlar) kafilesini de arkalarından sürükleyecektir. Ancak bunun olması engellenecekse, doğrulama ve itibar bir doğal dindeki yüce buyuran ilke olarak Hıristiyan dogmatiğinde, insan aklına uygun olmalıdır; ayrıca vahiyle gelmiş olan ve bir kilisenin hem üzerine kurulu olduğu, hem de yorumcu ve koruyucu olarak bilgili insanlara ihtiyaç duyan öğreti, sadece bir araç, ama çok değerli olan ve bu öğretiyi cahiller için bile anlaşılır hale getirecek, ayrıca yaygınlaştırıp devamlılaştıracak bir araç olarak anılmalı ve geliştirilmelidir.

İyilik ilkesinin egemenliği altındaki kilisenin asıl hizmeti budur; öte yandan vahiy edilmiş inancın dinden önce geldiği türe sahte-hizmet denir. Sahte hizmette ahlâki düzen tamamen alt üst edilmiştir ve sadece araç olması gereken şey koşulsuz olarak (bir amaç olarak) emredilir! Burada, cahillerin ne akıl ne de (doğruluğu ispatlandığı derecede) Kutsal Kitap aracılığıyla inanamayacakları önermelere inanmak mutlak bir ödev (*fides imperata*) olacak ve buna ilişkin diğer ayinlerle birlikte, eylemin ahlâki belirlenim zemininden yoksun olmasına karşın, bu inanç zorunlu bir hizmet olarak kurtarıcı inanç katına yüceltilecektir. Bu ikinci ilke üzerine kurulan bir kilisenin, başka örgütlenmelerinki gibi hizmetkârları (*ministri*) değil, sadece emir veren yüksek memurları (*officiales*) vardır. Bu memurlar hiyerarşik saltanat içinde dışsal güçle bezenmiş ruhani yetkililer olarak belirmeseler (ki bir Protestan kilisesinde böyledir) bile- hatta buna karşı sözlü itirazda bulunsalar dahi- onun hak ettiği (ve her zaman Kutsal Kitabın en büyük yorumcusu olan) hizmetin saf rasyonel dinini yağmalayıp, Kutsal Kitaba dair öğrenimin ancak kiliseye dair inancın menfaati için kullanılabileceğini emrederek, kendilerinin bir Kutsal Kitabın seçilmiş yegâne yorumcuları olarak görülmelerini isterler. Bu yolla, kilise hizmetini (*ministerium*), her ne kadar bu gaspı gizlemek adına mütevazı hizmet ifadesinden yararlansalar da, kilise üyelerinin (*imperium*) hâkimiyeti haline getirirler. Ancak akıl için kolay olabilecek bu egemenlik bize pahalıya, yani büyük öğrenim giderlerine mal olur. Çünkü "doğa konusunda kör olduğundan, bütün antikiteyi kendi aklınca alçaltır ve kendini de onun altına gömer."[65]

Olayların gidişatı bir kez buraya vardı mı, şöyle devam eder: Öncelikle Mesih'in öğretisini halka sunma adına ilk kez yayanlar tarafından bilgece benimsenen söz konusu yöntem, dinin tüm devirler ve halklar için geçerli olan bir parçası olarak alınmış, netice itibariyle her Hıristiyan'ın, Mesih'i gelmiş olan bir Yahudi olduğuna inanmak zorunda kalınmıştır. Yine de bu, Yahudi halkının Kutsal Kitabı, tüm insanlara vahiy edilmiş olduğuna inanılarak kabul görse de, bir Hıristiyan'ın gerçekten de hiçbir (baskıcı) Yahudilik yasasıyla bağlanmadığı olgusuyla uyuşmaz. Bununla birlikte bu Kitabın aslına uygunluğu büyük bir zorluğu içerir (bu aslına

---

[65] Bu alıntının kaynağı bulunamamıştır.

uygunluk, sadece içindeki metinlerin ve hatta Hıristiyanların kitaplarındaki bütün kutsal tarihin, bu kanıt uğruna kullanılmış olması gerçeğinden hareketle kesinlikle kanıtlanamaz). Hıristiyanlığın başlangıcından ve hatta kendi kayda değer gelişiminden önce, Yahudilik eğitimli halk insanlar arasında bir dayanak bulamamıştı, yani, başka halklardaki eğitimli çağdaşları tarafından henüz tanınmıyordu; dolayısıyla tarihsel kaydı denetime tabi değildi ve sonuç olarak kutsal Kitabına, eskiliği bakımından, tarihsel güvenilirlik kazandırılmamıştı. Bunun yanı sıra, onu çevirilerden öğrenmek ve bu şekliyle gelecek kuşaklara aktarmak yeterli değildir; bilakis, onun üzerine temellenen kilise inancının kesinliği, tüm gelecek devirlerde ve tam insanlar arasında İbrani diline (yazılı sadece bir kitabı bulunan bir dilden bilgi edilebileceği düzeyde) aşina bilim adamları olmasını gerektirir. Ve buna sadece genel anlamda bir tarihsel bilimin ilgi alanı olarak değil, insanoğlunun kurtuluşunun bağlı olduğu şey olarak bakılmalıdır. Öyle ki, dünyanın hakiki dinini sağlama almak için İbraniceye yeterince aşina insanlar bulunmalıdır.

Hıristiyanlık dini de, kutsal olayları bizzat bilgili insanların huzurunda gerçekleşmiş olmasına rağmen, tarihsel kaydı, bu din halkın bilgili topluluğu arasında bir dayanak edinmeden önce, bir kuşaktan fazla ertelenmiş olması bakımından benzer bir yazgıya sahipti; dolayısıyla kayıtların doğruluğunun kanıtlanması çağdaşlarının onayından yoksun kalacaktı. Yine de Hıristiyanlık, ilk Öğretmeninin ağzından bir baskı değil ahlâk dini olarak çıkmış biçimde açıklandığından ve böylelikle akılla mümkün olan en yakın ilişkiye girip akıl yoluyla, tarihsel öğrenim olmadan kendi kendine tüm devirlerde ve tüm halklar arasında büyük bir güvenilirlikle yayılabildiği için, Yahudiliğe göre büyük bir üstünlüğe sahiptir. Ancak Hıristiyan cemaatlerinin [*Gemeinde*] ilk kurucuları, Yahudilik tarihini kendi tarihleriyle sarmalamayı gerekli gördüler; bunu o zamanki durum düşünülünce son derece ustaca ve muhtemelen yalnızca söz konusu duruma gönderme yaparak becerdiler; böylelikle de Hıristiyanlığın kutsal mirası içinde Yahudilik tarihi de bize kadar ulaştı. Ancak kilisenin kurucuları inancın zorunlu maddeleri arasında bulunan ve olaylara dayanan bu tavsiye araçlarını bir bünyede topladılar ve onları meşru gücü Konseylerin elinden alan veyahut doğrulukları bilim yoluyla ispatlanan geleneklerle ya da yorumlarla çoğalttılar. Bu bilime, ya da onun tam karşıtı olan, rahip olmayan herkesin de gördüğünü iddia edebileceği manevi ışığa gelince, inancın bu aracıların etkisiyle ne gibi değişimlere uğrayacağını bilmek imkânsızdır. Ancak dışımızdaki ya da içimizdeki dini aradığımız sürece bundan kurtulamayacağız.

İKİNCİ BÖLÜM
BASKICI BİR DİNDE TANRI'YA YAPILAN
SAHTE HİZMET ÜZERİNE

Tek hakiki din sadece yasalardan, başka bir deyişle, koşulsuz gerekliliğinin farkına varabileceğimiz, dolayısıyla da (ampirik olarak değil) saf akıl yoluyla vahiy edildiklerini kabul edeceğimiz pratik ilkelerden oluşur. Salt hepsi eşit düzeyde iyi farklı formları olabilen kilise uğruna, birtakım kaideler, yani saf ahlâki yargımız tarafından keyfi ve olumsal görünen, ancak ilahi kabul edilmesi gereken hükümler bulunabilir. Bu nizami inancın genel anlamda Tanrı'ya hizmet etmek için gerekli olduğunu iddia etmek ve onu insanın Tanrı tarafından takdir edilişinin en yüce koşulu olarak görmek, sonunda sahte hizmete, yani, Bizzat Tanrı'nın talep ettiği hizmetin doğrudan tersini yaparak sözde bir Tanrı'yı onurlandırmaya götüren dini yanılsamadır.[66]

---

[66] Yanılsama [*Wahn*] bir şeyin salt temsiline, o şeyin kendisiymiş gibi bakma aldanışıdır. Böylelikle zengin bir pinti, servetinden istediği zaman yararlanabilmesi için belli bir zamanın gelmesini bekleyerek, onu hiçbir zaman kullanmamanın yerine geçmesi için yeterli gördüğü açgözlü yanılsamayı yaşar. Onur yanılsaması, sadece saygının kendisine verilmesi gereken değerin, özünde sadece saygılarının dışsal ifadelerinden (belki de içsel ifadelerle hiç ilgilenmezler) ibaret olan başkaları tarafından övülmesini öngörür. Unvan ve mevki tutkusu da buradan doğar, zira bunlar başkaları üzerindeki üstünlüğün dışsal temsilleridir. Hatta deliliğe bile böyle [*Wahnsinn*] denir, çünkü basbayağı salt bir hayal temsilini şeyin kendisi yerine koyar ve onu bu şekilde değerlendirir. Bu noktada, şu ya da bu amacın aracısına sahip olmanın bilinci (kişi bu mülkiyetten yararlanmadan önce) salt temsil içinde amaca sahip olmak demektir; dolayısıyla sadece bir temsille yetinip, bunun diğerinin yerini alabileceğini düşünmek, sözünü ettiğimiz pratik yanılsamadır.

Kulağa gerçekten de tehlikeli gelmesine rağmen, her insanın kendi için bir Tanrı yarattığını söylemek hiçbir şekilde kınanamaz, hatta kişinin, kendisini Yaratanı onurlandırmak adına, kendisi için ahlâki kavramlara uygun böyle bir Tanrı yapması (ve dünyada Kendisine eşit bir nesneyi ifşa edebilen bir Varlığı betimleyen sonsuz büyüklükteki özellikleri O'na eklemesi) gerekir. Çünkü hangi şekilde olursa olsun, bir varlığın ona başkası tarafından bildirilip Tanrı diye tanımlanması, hatta (mümkünse) böyle bir varlık ona görünse de, ilk olarak yapması gereken şey, ona saygı gösterme ve tanrı olarak bakmaya yetkin olup olmadığına karar vermek için, bu temsili kendi idealiyle karşılaştırmaktır. Dolayısıyla salt vahiyden doğan, başka bir deyişle, bu kavramı tüm saflığıyla mihenk taşı olarak belirlememiş bir din olamaz. Bu olmadan Tanrı'ya yapılan her tür gönderme putperestlik olur.

Saf Aklın Sınırları Dâhilinde Din

1. Dini Yanılsamanın Evrensel Öznel Zemini Üzerine

Tanrı'nın ve Varlığının kuramsal temsili içinde, kaçınılması çok zor ama yine de yeterince (ödev kavramlarını etkilemediği sürece) zararsız olan insanbiçimcilik, O'nun iradesiyle pratik ilişkimiz ve hatta ahlâkımız bakımından son derece tehlikelidir; çünkü burada kendimiz için bir Tanrı yaratırız, üstelik de onu, bize nasıl en kolay yarar sağlayacağına inanıyorsak o formda yaratır ve ahlâki yaratılışımızın en iç kısmı üzerine çalışmayı gerektiren dur durak bilmez yorucu çabadan kaçarız. İnsanın bu bağlamda kendini açık ve kesin biçimde ifade etmek için kullandığı temel ilkeye göre, sadece Ulûhiyet'i hoşnut etmek adına yaptığımız her şey (ahlâksallığa katkıda bulunmasa bile, karşıt da olmaması koşuluyla) Tanrı'ya, Kendisine itaatkâr hizmetkârlar olarak hizmet etme gönüllülüğümüzü gösterir; böylelikle de aynı zamanda O'na (*in potentia*) hizmet etmiş oluruz. İnsan Tanrı'ya hizmet etmek için sadece bu fedakârlıkların yeterli olmadığına inanır. Yunanlardaki ve Romalılardaki gibi şölenler ve hatta toplu oyunlar sıklıkla bu işlevi yerine getirmek durumunda kalmıştır ve insanın yanılsamasına göre, Ulûhiyet'in bir halka, hatta tek bir bireye karşı bağışlayıcı olması için halen yeterlidir. Buna karşın fedakârlıklar (kefaretler, cezalandırma, hac yolculukları, vs.) daima daha güçlü, Tanrı katında daha etkili ve günahlardan arınmak için daha uygun görülmüştür. Çünkü O'nun isteğine (ahlâki olmasa da) sınırsız itaati daha etkin biçimde gösterirler. Böyle yararsız kendini cezalandırma durumları arttıkça ve insanın genel ahlâki gelişimi için daha hazırlıksız hale geldikçe, daha kutsal olduklarını sanırlar. Çünkü bu cezalar dünyada hiçbir işe yaramasa da zahmetli çabalara mal olduklarından, doğrudan Tanrı'ya adanmışlık kanıtı gibi görülürler. Bu eylem Tanrı'ya hiçbir şekilde hizmet etmese de, Tanrı'nın buradaki iyi niyeti ve aslında O'nun ahlâki buyruklarına uyamayacak kadar zayıf olan, ancak bu konudaki onaylanmış iyi niyeti sayesinde bu eksikliği kapatan kalbi gördüğü söylenir. Burada muhtemelen, amaca dair entelektüel idelerle uyuşmak, ya da bu idelerin tersinde işledikleri zaman baskı altına almak[67] için kullanılacak duyusal imgelem gücünü yüceltici bir araç olması dışında, kendi içinde hiçbir ahlâki değeri bulunmayan bir yönteme duyulan yönelim açıktır. Düşüncemiz içinde bu yönteme bizzat ereğin, ya da aynısına denk gelen bir şeyin değerini atfettiğimiz için, Tanrı'ya adanmış yaratılışların kendisine ait olan değeri, bu mizaçları edinmeye uydurulmuş (ve adına dindarlık denen) düşünce yapısına yorarız. O halde böyle bir izlek, bazılarında daha ahlâki görünen çeşitli biçimlerde varsayımlarda bulunabilen bir dinsel yanılsamadan ibarettir. Fakat bütün formları içinde, elde olmayan bir kandırmaca olmakla kalmaz; bilakis, bir araca, amaçtan ileri gelen değer yerine kendine has bir değer atfeden bir maksim haline gelir. Dolayısıyla yanılsama, bu maksim nedeniyle, tüm bu biçimlerde aynı derecede saçmadır ve aldatmacaya yönelik gizlenmiş bir eğilim olarak kınanması gerekir.

---

[67] Duyusal olanla anlaksal olan arasında yaptığım ayrım ne zaman kendilerine uymasa, saf aklın kritiğinin kendisiyle çeliştiğine inananlar için, bu noktada, duyusal araçlardan anlaksal (saf ahlâki yaratılışa dair) olanın ilerleyişinden, ya da ilkinin ikincisine karşı koyduğundan bahsedilse, böyle iki heterojen ilkenin etkisi, doğrudanmış gibi düşünülmemelidir. Yani, duyusal varlıklar olarak yasaya karşı ya da onun yararına, ancak entelektüel ilkenin, yani, bedensel güçlerimizin kendini eylemlerde ifade eden özgür seçimler aracılığıyla belirlenmesi sayesinde çalışabiliriz; bu şekilde neden ve sonuç gerçekten homojen olarak temsil edilebilir. Ancak duyularüstü ile ilgili olan (yani, içimizde bulunan ve anlaşılmaz özgürlük niteliği içinde saklı duran öznel ahlâki ilkesi), örneğin, saf ahlâki yaratılış bakımından, sadece onun, insanın içindeki neden sonuç ilişkisine temas eden (ki aslında bu yeterlidir) yasasına dair bir içgörüye sahibizdir; yani, duyusal dünyadaki olaylara benzer eylemlerin olanağını, insanın ahlâki yapısı bakımından, ona atfedilebilirmiş gibi açıklayamayız, çünkü bunlar özgür edimlerdir ve çünkü bütün olayların açıklanma zemini duyular dünyasından devşirilmelidir.

2. Dini Yanılsama Karşısındaki, Dinin Ahlâki İlkesi

Başlangıç olarak, kanıt gerektirmeyen bir ilke olarak şu önermeyi ele alıyorum: İyi yaşam sürme haricinde, insanın Tanrı'yı hoşnut etmek için yapabileceğini düşündüğü her şey dini yanılsamadan ve sahte ilahi hizmetten ibarettir. İnsanın yapabileceğine inandığı her şeyi kastediyorum. Zira burada, tüm yapabileceklerimizin ötesinde, sadece Tanrı'nın bizi kendisini hoşnut edecek insanlara çevirebileceği, en yüksek bilgelik düzeyinde birtakım gizemler bulunabilir. Yine de kilise böyle bir gizemin ifşa edildiğini duyuracaksa, kutsal hikâyenin bize naklettiği böyle bir vahye duyulan inancın ve onu (ister manen ister madden) kabul etmenin, kendi içlerinde bizim Tanrı'yı hoşnut edecek hale gelmemizi sağlayan araçlar oldukları düşüncesi, tehlikeli bir dini yanılsama olacaktır. Çünkü bu inanç, kişinin değişmez itikadının manevi bir itirafı olarak, özünde korku aracılığıyla zorlanan bir eylemdir ve dürüst bir insan bundansa, tüm diğer şartlarla uzlaşacaktır. Zira diğer bütün zorunlu hizmet durumlarında en fazla gereksiz bir şey yapmış olacaktır, hâlbuki burada, doğruluğuna ikna olmadığı bir beyanla, kendi vicdanına zarar vermiş olur. O halde, insanın, (kendine sunulan bir iyiliğin kabulü gibi) kendi içinde ve kendiliğinden, kendisini Tanrı'yı hoşnut edecek duruma getirebileceğine kanaat getirdiği itiraf, bu itiraf hizmetinde doğrudan Tanrı'ya yönelmesi halinde, dünyada uygulamaya konacak ahlâk yasalarına [itaate] dair iyi bir yaşam sürmenin yanında uygulayabileceğini sandığı bir tercih olur.

İlk olarak, Tanrı huzurunda söz konusu olan dürüstlük yoksunluğumuz bakımından, akıl bizi tamamen tesellisiz bırakmaz. Akla göre, gerçekten de ödeve adanmış bir yaratılışla, zorunluluğunu yerine getirmek için elinden geldiği kadarını yapan (en azından yasayla tam bir uyum sağlamak için sürekli bir yaklaşma halinde olan) kimse, kendi elinde olmayanın (bu aralıksız yaklaşma eğilimini sürekli hale getirebilecek olan) en yüce Bilge tarafından bir şekilde sağlanacağını umabilir. Ne var ki akıl bunu, bu yardımın yapılacağı yöntemi belirlemeye ya da yardımın nerede meydana geleceğini öğrenmeye kalkmadan söyler. Yardım öyle gizemli olabilir ki Tanrı onu bize en iyi ihtimalle, sadece içindeki pratik olanı anlayabileceğimiz simgesel bir temsil olarak ifşa edebilir ve bu sırada biz, O bize böyle bir gizemi ifşa etmek istese bile, Tanrı'nın insanla olan ilişkisini ne teorik bakımdan kavrayabiliriz, ne de kavramlara uygulayabiliriz. Şimdi varsayalım ki, belli bir kilise, Tanrı'nın insanoğlundaki ahlâki eksikliği hangi yolla kapattığını kesin olarak bildiğini iddia etsin; ayrıca doğal bir yolla akıl için bilinmez olan bu doğrulama araçlarına aşina olmayan ve bu bakımdan onu dini bir ilke olarak kabul etmeyip kabullenmeyen tüm insanların ebedi lanetle cezalandırılacağını söylesin: Bu durumda, gerçekten de, inançsız olan kimdir? Umduğu şeyin nasıl meydana geleceğini bilmeden inanan mı, yoksa insanın kötülükten arınma yolunu bilmekte kesinlikle ısrar eden, bilmediği takdirde de bu arınmaya dair tüm umudundan vazgeçen mi? Temel olarak ikinci kişi bu gizemi bilmekle o kadar da ilgilenmez; bilme isteğinin sebebi, ifşa edilmiş her şeye inanmanın, kabulün, kabullenmenin ve üzerine titremenin içinden kendine (manen de olsa) ilahi bir hizmet çıkarmaktır. Bu hizmet, iyi bir yaşam sürmek için kendi gücünü tamamen, kısacası, gereksiz yere harcamadan ilahi yardımı kazandıran; belki de söz konusu yaşam sürmeyi doğaüstü bir biçimde ortaya koyan ya da aksi biçimde hareket ettiğinde, en azından bu ihlalinde düzeltmeler yapabilecek olan bir hizmettir.

İkincisi, insan en azından yukarıdaki maksimden yola çıkarsa, sahte Tanrı hizmetinin (hurafenin) sınırı yoktur; çünkü bir kez bu maksimin ötesine geçildi mi, (ahlâksallıkla doğrudan çelişenler hariç) her şey keyfi hale gelir. Tanrı'ya her şeyi önerir; -kendisine en az şeye mal olacak şekilde ve hem insanlığın yararına, hem de bizzat kişinin kendisinin, dünyada (bir keşiş, fakir, ya da rahip olarak) kayıp olan kendisinin kurban edilmesi için daha iyi kullanılabilecek laf kalabalığıyla (önerir)- tek önermediği şey, ahlâki yaratılışıdır. Ve kalbini de Tanrı'ya verdiğini söylediğinde, Tanrı'yı hoşnut edecek bir yaşam sürmeyi kast etmez. Söylemek istediği, bahsi geçen fedakârlıkların o yaratılış yerine kabul edilmesi için duyduğu candan istektir. (*Natio gratis adhelans, multa agendo nihil agens*. Phaedrus.[68])

Son olarak, insan bir kez, kendi içinde Tanrı'yı hoşnut edici, hatta gerekirse teskin edici olduğu varsayılan, ancak saf ahlâki olmayan bir hizmet maksimini gözden geçirmişse, O'na bir bakıma mekanik biçimde ve önceliklerini birbirlerine devredebilecek hizmet etme yöntemleri arasında esaslı bir fark yoktur. Değer (ya da değersizlik) bakımından benzeştirler ve birine, duyusallığa düştüğü için suçlu hale gelmesi nedeniyle değil, Tanrı'ya duyulan hakiki saygının bir

---

[68] Fabllar II, 5. Kant 1. ve 3. satırlarda geçen şu bölümü alıntılar:
Est ardelionum quaedam Romae natio
Trepide concursans, occupata in otio
Gratis anhelans, multa agendo nil agens.

"Roma'da bir dizi işgüzar,
Aceleyle şuraya buraya koşar,
Aylaklıktan meşguller çok,
Sebepsiz kesilmiş solukları,
Uğraşırlar ya, bir şey yaptıkları yok"

ve tek entelektüel ilkesinden küçük bir yoksunluğu sebebiyle daha mükemmelmiş gibi bakmak, yapmacık bir tavırdan ibarettir. Adanmış kişi ister kural uyarınca kilisenin yolunu tutsun, ister Loretto'daki ya da Filistin'deki tapınaklara hacca gitsin; gökyüzü mahkemesine ettiği duaları ister ağzıyla, ister (dileklerinin amacına ulaşması için bir şeye yazılması, ancak bir şeyle, örneğin bayraklara yazılmışsa rüzgârla, bir tür dönen silindirin içine konmuşlarsa elle hareket ettirilmesi gerektiğine inanan) Tibetliler gibi bir dua çarkıyla ifade etsin, Tanrı'ya ahlâki hizmet için birbirinin yerine geçen her şey değer bakımından bir ve eşittir. Burada önemli olan şey dışsal formdaki farklılık değildir; her şey Tanrı'yı hoşnut edecek hale gelmeye yönelik biricik ilkenin benimsenmesine ya da reddedilmesine -canlılığını, görünümleri olan eylemlere sunduğu oranda salt ahlâki mizaca mı, yoksa göstermelik eğlencelere ve tembelliğe[69] mi bel bağladığımıza- bağlıdır. Peki, korkudan sinmiş dini yanılsamayla birlikte, genel kendini aldatma sınıfı içinde düşünülebilecek insan yetisinin sınırları üzerinde süzülen baş döndürücü bir erdem yanılsaması olamaz mı? Hayır! Erdemin yapısı, kendiliğinden Tan-

---

[69] İnanç için görece daha az kanun ortaya koyan bir mezhebin yandaşlarının, bu olgu sayesinde kendilerini bir nevi asilleşmiş ve daha aydınlanmış hissetmeleri psikolojik bir olgudur. Hâlbuki aynı zamanda, bu kanuni inancın öyle büyük bir kısmını alıkoymuşlardır ki, hayali saflık yüceliklerinden, kilisesel yanılsama içindeki kardeşlerine (hep yaptıkları gibi) aşağılamayla bakacak bir durumları kalmamıştır. Bunun sebebi, ne kadar küçük olursa olsun, bu inanç farklılığı nedeniyle kendilerini saf ahlâki dine birazcık daha yakın görmeleridir. Hâlbuki onu, aklın daha da edilgen kaldığı dindarca ayinler aracılığıyla tesis etme yanılsamasına bağlı kalırlar.
Sadece ruhani bir pederin (*pappa*) otoritesine işaret eden bu isim (*Pfaffentum*), sırf, ne kadar mütevazı ve popüler olduklarını açıklarlarsa açıklasınlar, kiliseciliğin [*ecclesiasticism*] tüm formlarında bulunan ruhani bir despotizmin hizmetindeki kavram dolayısıyla, yasalayıcı ve tenkit edici bir anlama da aynı şekilde sahip olabilir. Mezhepleri karşılaştırırken, pratikleri ve ayinleri bakımından başka biriyle çeliştiği için diğerine saygısızlık etmek ister gibi görünmeyi kesinlikle istemem. Formları, zavallı ölümlülerin yeryüzündeki Tanrı krallığını duyular aracılığıyla algılayabilmesine hizmet eden girişimler olduğu sürece hepsi aynı saygıyı hak eder; ancak aynı şekilde, bu idenin (görünür bir kilisedeki) temsilini, şeyin kendisiymiş gibi gösterdiklerinde hep birlikte suçlanmalıdırlar.

rı'yı hoşnut eden ve dünyadaki en yüce iyiyle [*Weltbesten*] uyumlu olan gerçek bir şeyle meşguldür. Bir kendi kendine yetme yanılsamasının, birinin kendini başkasının kutsal ödevi idesiyle eşit düzeyde görme yanılsamasının da buna iliştirebileceği doğrudur; ancak bu sadece olumsaldır. Söz konusu yapıya en yüksek değeri yüklemek ise bir yanılsama değil, kilisenin ibadete özgü uygulamalarına duyulan inanç gibi, dünyadaki en yüce iyiyi daha da yücelten doğrudan bir katkıdır.

Üstelik insanların erdem ilkesi sayesinde yapabildiklerine doğa; yalnızca tüm ahlâki gücümüzdeki eksikleri kapatmaya hizmet eden, ama yine de, bu güçlerin yeterliliği de bizim ödevimiz olduğundan, sadece istenen ya da ümit ve rica edilen şeye lütuf adını vermek; ikisini birden Tanrı'yı hoşnut edecek bir yaşam sürmek için gerekli olan yaratılışın etkin nedenleri olarak görmek ve ikisini birbirinden ayırmakla yetinmeyip, birbirlerine karşı kışkırtmak, (en azından kilisede) alışkanlık haline gelmiştir.

Lütfûn etkilerini doğanınkilerden (erdeminkilerden) ayırabileceğimiz, ya da ilkini kendi içimizde bilfiil yaratabileceğimiz kanaati bağnazlıktır. Çünkü duyularüstü bir nesneyi deneyim yoluyla tanımamız hiçbir şekilde mümkün değildir. Onu bize indirecek bir etki yaratma çabasını gösterebilmemiz ise daha da imkânsızdır; yine de zaman zaman, coşkulu bir kalpten ileri gelen ve ahlaksallık için ortaya koyduğu, açıklayamadığımız, haklarındaki cehaletimizi itiraf etmemiz gereken birtakım hareketler ortaya çıkar: "Yel dilediği yerde eser... ama nereden gelip nereye gittiğini bilemezsin, vs."[70] Böyle ilahi etkileri kendi içimizde gözlemeyi istemek bir nevi çılgınlıktır ve elbette, bunun içinde herhangi bir

---

[70] Bkz. Yuhanna III, 8.

yöntem bulunamaz (çünkü o sözde manevi vahiylerin daima ahlâki, dolayısıyla da rasyonel fikirlere bağlanması gerekir). Geriye sadece, dine zarar veren bir kendini aldatma kalır. Bu konu hakkında tek söyleyebileceğimiz şey, lütufkâr işlerin olacağına ve hatta belki bunların erdeme yönelik mücadelemizin eksiklerini tamamlamada zorunlu olduklarına inanmamız gerektiğidir. Bunun ötesinde onların ayırt edici işaretleri bakımından bir şey belirleme konusunda hiçbir yetiye sahip değiliz. Onları yaratmak için bir şey yapmamız ise daha da olanaksız.

Dini tapınma eylemleri aracılığıyla, kendimizi Tanrı'nın huzurunda aklama açısından herhangi bir şey başarabilme yanılsaması, dinsel batıl inançtır. Aynı şekilde, Tanrı'yla bir araya gelme olduğu varsayılan şey için çabalayarak bunu başarmak istemekse dinsel bağnazlıktır. Herkesin iyi bir insan olmaya bile gerek duymadan yerine getirebileceği eylemler (örneğin, inancın baskıcı maddeleri aracılığıyla, kiliseye bağlı kanun ve disiplin aracılığıyla vs.) sayesinde Tanrı'yı hoşnut etmeyi istemek batıl bir yanılsamadır. Buna batıl denmesinin sebebi, doğa dışındaki şeyler (örneğin, ahlâki iyilik) üzerinde kesinlikle hiçbir etkide bulunamayacak olan doğal (ahlâki değil) araçları seçmekle yetinmesidir. Bir yanılsama, üzerine düşündüğü araçlar duyularüstü olup, insanın gücü dâhilinde değilse ve bu araçlarla belirlenen duyularüstü gayenin ulaşılmazlığını kabul etmiyorsa, bağnazlık olarak adlandırılır; çünkü bu En Yüce Varlığın aracısız mevcudiyeti hissi ve bunun diğer tüm hislerden, hatta ahlâki histen bile ayrılması, insan doğasının hakkında hiçbir duyumsal hükme sahip olmadığı bir sezgiye dair hassasiyet oluşturacaktır. Çünkü batıl yanılsama birçok birey için elverişli olan ve en azından Tanrı'yı hoşnut edecek bir yaratılışa sahip olma konusundaki engellere karşı koymasını sağlayan araçları içerir. Akla gerçekten bu dereceye kadar müttefiktir ve sadece araç olanı doğrudan Tanrı'yı hoşnut edecek bir nesneye dönüştürme muhtemelen sakıncalıdır. Bunun aksine, dini yanılsama aklın ahlâki ölümü demektir; çünkü sonuç itibariyle akıl olmazsa din diye bir şey mümkün olmaz. Zira genel olarak her tür ahlâktaki gibi, temel ilkeler üzerine kurulması gerekir.

Bu yüzden kilisesel bir inancın temel ilkesine, her türlü dini yanılsamaya çare bulan ya da engel olan bu ilkeye göre, böyle bir inanç şimdilik tamamen bir kenara bırakamadığı baskıcı maddelerin yanı sıra, gelecekte bu maddelerden tamamen kurtulabilmek için, iyi yaşam sürme dinini gerçekten amaç edinmiş bir başka ilkeyi de içinde barındırmalıdır.

3. İyilik İlkesine Sahte Hizmette Bulunan Bir Yönetim Olması Açısından Kilise Nüfuzu Üzerine

Güçlü ve görünmez varlıklara duyulan ve güçsüzlük hissi içine kök salmış doğal korkusu aracılığıyla çaresiz insanların elinden alınan itibar, bir dinle değil, kölece bir tanrı (ya da put) tapınmasıyla başladı. Bu tapınma belli bir kamusal olarak meşru biçime kavuştuğunda bir tapınak hizmetiydi ve ancak insanların ahlâki kültürü gitgide yasalarla kaynaştıkça bir kilise tapınması [*Tempeldienst, Kirchendienst*] halini aldı. Her ikisinin temelinde de bir tarihsel inanç vardı; sonunda insanoğlu böyle bir inanca geçiciymiş gibi bakar oldu ve onun içinde saf bir dini inancın simgesel temsilini ve yükselme araçlarını gördü.

Gerçekten de yöntem bakımından kocaman bir fark görebiliriz; ancak ilke açısından Tunguzlu bir Şaman'la, kilisenin ve devletin üzerinde benzer bir idareyi sağlamış Avrupalı bir piskopos, ya da (inancın liderlerini değil, kendi temsil biçimlerine göre davranan yandaşlarını düşünecek olursak) sabahları bir ayı postundan çıkardığı pençeyi başının üzerine yerleştirip "beni öldürme!" diye kısa bir dua eden Wogulite arasında, veyahut Connecticut'taki yüceltilen Püritenler ve Bağımsızlar arasında bir fark yoktur: çünkü ilke bakımından, ikisi de bir ve aynı sınıfa, yani, Tanrı'ya olan ibadetleri asla insanı (belli basıcı dogmalar ya da belli keyfi hükümlerin kutsanmasına duyulan inanç bakımından) daha iyi biri yapacak şeylerden oluşmayanlar sınıfına aittir. Sadece, Tanrı'ya hizmeti sırf iyi bir yaşam sürme eğilimi içinde görme niyetinde olanlar, bütünüyle farklı ve diğerinden çok daha soylu olan bir ilkeye, başka bir deyişle, sayesinde içinde tüm doğru düşünen insanları barındıran (görünmez) ve özsel doğası itibariyle tek hakiki evrensel kilise olabilecek bir kilisenin üyesi haline geldikleri ilkeye geçmiş olmaları sayesinde, diğerlerinden ayrılırlar.

Hepsinin niyeti, insanın yazgısını yöneten görünmez Kuvvet'i kendi çıkarları uyarınca yönetmektir ve sadece, bu beceriyi nasıl gösterecekleri konusundaki davranışları bakımından birbirlerinden ayrılırlar. Eğer söz konusu Kuvvet'i izan sahibi bir Varlık olarak görür, dolayısıyla da O'na kendi paylarını bekledikleri bir irade atfederlerse, çabaları sadece, O'nun iradesine maruz kalan mahlûklar olarak, yaptıkları ya da kaçındıkları şeyler aracılığıyla O'nu hoşnut edebilecekleri tavırlardan oluşacaktır. Eğer O'nu ahlâki bir Varlık olarak düşünürlerse, O'nun ihsanını kazanma koşulunun ahlâki bakımdan iyi bir yaşam sürmek, özellikle de böyle bir davranışın öznel ilkesi olarak saf bir yaratılış olduğuna akıl yoluyla kolayca ikna olacaklardır. Ancak buna ek olarak En Yüce Varlık, yardım almamış bir akılla bilemeyeceğiz bir biçimde, yani, içlerinde ahlâki bir şey bulamadığımız, fakat ya O emrettiği için, ya da itaatimiz açısından O'nu ikna etmek için özgürce giriştiğimiz eylemler yoluyla hizmet edilmeyi bekleyebilir. İki yöntem biçiminde de, bize sistematik olarak sıralanmış etkinliklerin birleşik bir bütününü sunması durumunda, eylemlerimiz genel olarak Tanrı'ya yapılan bir hizmeti oluşturur. İkisi bir araya getirilecekse, her biri, Tanrı'yı doğrudan hoşnut etme yollarından biri gibi görülmeli, ya da içlerinden birine, hakiki Tanrı hizmeti olan diğerinin aracı olarak bakılmalıdır. Tanrı'ya yapılan ahlâki hizmetin (*officium liberum*) O'nu doğrudan hoşnut ettiği ortadadır. Ancak bu hizmet, eğer para karşılığı yapılan hizmetin (*officium mercenarium*) salt ve başlı başına Tanrı'yı hoşnut ediyor gibi görülmesi mümkünse, insanın ilahi nazarda aklanmasının en üstün koşulu olarak tanınamaz (bu onay ahlâk kavramı içinde zaten mevcuttur); çünkü bu durumda hiç kimse, ödevi ya da birbirlerini nasıl tamamladıklarını bakımından bir karara varmak için, belli bir durumda hangi hizmetin daha değerli olduğunu bilemeyecektir. Dolayısıyla kendi içlerinde ahlâki değere sahip olmayan eylemler, ancak davranış biçiminde aracısız iyi olanlar (başka bir deyişle, ahlâksallığı yücelttikleri düzeyde), başka bir ifadeyle, Tanrı'ya ahlâki hizmette bulunmak adına yerine getiriliyorlarsa, ilerlemesini sağlayan araç görevi gördükleri zaman Tanrı'yı hoşnut edici olarak kabul edilirler.

Demek ki Tanrı'nın gözünde haklılaştırılması ve böylelikle isteklerine ulaşma adına, kendi içinde Tanrı'yı hoşnut eden (yani ahlâki) hiçbir şey barındırmayan eylemlerden araç olarak yararlanan kişi, bütünüyle doğal araçlarla doğaüstü bir sonuç elde etme becerisine sahip olduğu yanılsaması altında hareket eder. Böyle girişimlere alışkanlık olduğu üzere büyücülük deriz. Ancak (bu ifade kötülük ilkesiyle ilişkisine bağlı bir kavram olma anlamını içinde taşıdığından, öte yandan yukarıda bahsedilen girişim, yanlış anlaşılma yüzünden, ahlâken iyi bir niyetle ele alınıyormuş gibi düşünülebileceğinden) onun yerine, başka bağlamlarda aşina olduğumuz fetişizm sözcüğünü kullanmak istiyoruz. Bir insanın neden olduğu doğaüstü bir sonuç, onun konuyu ele alışı bakımından, olanağı Tanrı üzerinde çalıştığı ve dünyada bulunan, kendi güçlerinin, hatta içgörüsünün bile açığa çıkaramadığı ve Tanrı'yı hoşnut edip etmeyeceğini bile bilmediği bir sonucu ortaya çıkarmak için O'ndan yararlandığı varsayımı üzerine temellenen bir etki olacaktır. Ancak bu, söz konusu kişinin kendi kavrayışı içinde bile saçmadır.

Ancak bir insan sadece kendisini (etkin bir iyi yaşam sürme niyetiyle) dolaysız olarak ilahi lütfün nesnesi haline getiren araçlarla değil, belli usuller aracılığıyla da, kendi yetersizliğinin doğaüstü yardımla kapatılmasına değer biri olmaya çalışıyor ve iyi ahlâki isteklerinin nesnesini elde etme yetisine sahip olmak için sadece, dolaysız bir değeri olmayan, ancak ahlâki yaratılışın ileriye taşınmasına hizmet eden araçlar olan usullere uyum sağlıyorsa, elbette ki doğal acizliğini telafi etmek için doğaüstü bir şeye güveniyor demektir. Ancak bu, (ilahi irade üzerinde etkide bulunan) insanın neden olduğu değil, alınmış olan, yani ümit edebileceği, fakat meydana gelmesini sağlayamayacağı bir şeydir. Ancak görebildiğimiz kadarıyla kendi içlerinde ahlâki ya da Tanrı'yı hoşnut edecek hiçbir şey barındırmayan eylemlerini, dileklerinin Tanrı tarafından doğrudan yerine getirilmesini beklemesi için bir araç, hatta bir koşul olarak görüyorsa, bir yanılsama kurbanıdır. Şöyle ki, bu doğaüstü yardım üzerinde ne fiziksel bir denetimi, ne de ona dair ahlâki bir hassasiyeti olmamasına rağmen, onu kendi içlerinde ahlâksallıkla hiçbir ilgisi bulunmayan (ve yerine getirilmeleri için Tanrı'yı hoşnut edecek bir yaratılış gerektirmeyen, üstelik en iyi insanlar tarafından olduğu gibi, en kötü insanlar tarafından aynı şekilde ortaya konabilecek olan) doğal becerilerle – dua formülleriyle, çıkarcı bir inancın beyanıyla, kiliseye dair hükümler aracılığıyla, vs. – elde edebileceği ve bir bakıma ilahi yardımı büyü yoluyla çağırabileceği yanılsamasına kapılmıştır. Çünkü salt fiziksel araçlarla ahlâken etkili olan bir neden arasında, ahlâki nedenin, fiziksel olandan hareketle özel etkinlikler için belirleyici olarak temsil eden aklın kavrayabileceği herhangi bir yasa uyarınca hiçbir bağlantı yoktur.

O halde din için zorunlu olduğundan bir vahiy gerektiren baskıcı yasaya itaat etmeye öncelik atfeden, bu itaate sadece ahlâki yaratılış bakımından bir araç olarak değil, Tanrı'yı aracısız hoşnut etmenin nesnel koşulu olarak gören, dolayısıyla (Tanrı'yı ancak şartlı biçimde hoşnut edebilecek tarihsel inancı, bu işi doğası itibariyle yapabilecek tek şey olan iyi bir yaşam sürmeye uydurması gerekirken) iyi bir yaşam sürmeye yönelik çabaları bu tarihsel inancın arkasına koyan kişi, Tanrı'ya yapılacak hizmeti salt bir fetişizme çevirir ve hakiki dine yönelik tüm çabaları yıkıcı bir sahte hizmet ortaya koymuş olur. İki iyi şeyi birleştirmek istediğimizde, hangi sırayla birleştikleri çok şeyi değiştirir! Hakiki aydınlanma tam da bu ayrımda yatar. Bu yolla Tanrı hizmeti her şeyden önce özgür ve dolayısıyla ahlâki bir hizmet haline gelir. Eğer kişi ters taraftan yola çıkarsa, üzerinde Tanrı'nın çocukluğunun özgürlüğü değil,[71] bir yasanın (baskıcı yasanın) boyunduruğu bulunacaktır ve bu yasa, yalnızca tarihsel olarak bilinebilen, dolayısıyla da herkes için bir ikna nesnesi olamayacak koşulsuz bir inanç gereksinimi olduğundan, vicdanlı bir insan için din çerçevesinde buyrulan tüm diğer kanunlardan çok daha ağır bir boyunduruk[72] olacaktır. Dini kanunların törenle yerine getirebilmesi için bir kişinin kurulu bir kilise devletiyle uyumunu sağlamak yeterlidir; böylelikle onlara Tanrı'nın kurduğu kurumlar gibi bakma inancını icra etmeye ne içten ne dıştan bir ihtiyaç duymayacaktır. Zaten vicdanı gerçek bir yük altında bırakan da ikincisinin itirafıdır.

O halde kilise nüfuzu, bir kilisenin fetiş bir ibadetin egemenliği altına girecek şekilde tesis edilmesidir; ve bu koşul, kilisenin temelini ve özünü ahlâki ilkelerin yerine baskıcı buyrukların, inanç kurallarının ve hükümlerin oluşturduğu her yerde daima bulunur. Şimdi gerçekten de, fetişizmin neredeyse ahlâka, dolayısıyla da dine yer bırakmayarak, onların yerini işgal etmeye kalkışacak kadar çeşitlendiği ve mekanikleştiği çeşitli kilise türleri vardır; böyle bir fetişizm, pa-

---

[71] Bkz. Romalılar, VIII, 21.
[72] Herkes için bağlayıcı olan ödev, ona kendi ve kendi aklı tarafından dayatılmış olarak görüldüğünde, "O boyunduruk kolaydır ve yük hafiftir;" ve dolayısıyla söz konusu boyunduruğu özgürce üstüne almıştır. Ne var ki sadece, ilahi emirler olarak görülen ahlâk yasaları bu türdendir; hakiki kilisenin Kurucusu ancak bunlar için, "Emirlerim azap verici değildir" diyebilir. Bu ifade sadece söz konusu buyrukların, itaat edilmelerinin zorunluluğun herkes tarafından kendiliğinden anlaşılabileceği, dolayısıyla da burada insana zorla dayatılan hiçbir şey olmaması sebebiyle, külfetli olmadıkları anlamına gelir; öte yandan hiçbir yararını göremediğimiz gaddarca buyurgan emirler, en iyi çıkarlarımız için (kendi aklımız aracılığıyla olmasa da) dayatılsalar bile bir nevi sıkıntıdır (angaryadır) ve ancak zorlama altında onlara maruz kalmayı kabul edebiliriz. Ne var ki içlerinde, söz konusu ahlâk yasalarının emrettiği kaynaklarının saflığı dâhilinde bakıldığı zaman, insanın en zor bulduğu eylemler bunlardır ve bunların yerine en külfetli dini angaryayı bile memnuniyetle üstlenecektir.

ganlığın sınır komşusudur. Ancak liyakatin ve layık olmamanın son derece bağlayıcı olan bu ilkenin doğasına bağlı olduğu bu noktada, hiçbir şekilde söz konusu değildir. Bu ilke özgür bir saygıyı, ahlâki yasaya her şeyden önce gösterilmesi gereken saygı olarak değil, zorunlu bir hizmet olarak görülen hükümlere itaat olarak düzenlerse; dayatılan kurallar ne kadar az olursa olsun, koşulsuz zorunlu olarak konuldukları sürece bu inanç, kitlelere hükmeden ve (dine değil) bir kiliseye bağımlılıkla ahlâki özgürlüklerini ellerinden alan fetiş bir inanç olarak kalır. Bu hiyerarşinin yapısı monarşi, aristokrasi ya da demokrasi biçiminde olabilir; bu sadece örgütlenmeyle ilgili bir konudur; anayasası her biçimde despotiktir ve daima despotik olarak kalır. Nerede inançsal hükümler anayasadaki kanunlar içinde bir yer bulmuşsa, orada anayasanın aklı ve hatta sonunda Kutsal Kitap öğrenimini bilfiil bir kenara bırakabileceğine inanan bir ruhban sınıfı hüküm sürmektedir. Çünkü anayasa, görünmez Yasa Koyucunun iradesinin yegâne yetkili muhafızı ve yorumcusu olarak, inancın buyruklarını tek başına yönetme otoritesine sahiptir ve bu yüzden, bu gücüyle, ikna etmesi değil sadece buyurması gerekir. Ancak ruhbanlar sınıfı haricindeki herkes (ki bunlara siyasi devletin başı da dâhildir) din dışı mesleklerden olduğundan, kilise netice itibariyle devleti mutlak güçle değil, insanların yüreğindeki nüfuzu, buna ek olarak da, devletin, ruhani bir disiplinin insanları düşünceleri bakımından hazır hale getirdiği bir koşulsuz itaatten türetebileceğini varsaydığı baş döndürücü bir menfaat vaadi aracılığıyla yönetir. Ne var ki bunun sonunda, ikiyüzlülük alışkanlığı fark edilmeden kulların bütünlüğünün ve sadakatinin altını oyar, onları sivil görevler dâhilindeki hizmetlerde bile açıkgöz bireyler haline getirir ve sonunda, hatalı olarak benimsenmiş tüm ilkeler gibi, amaçladığı şeyin tam tersini ortaya çıkarır.

* * *

Bütün bunlar, ilk bakışta tek kurtarıcı dini inanç ilkelerine dair zararsız bir yer değiştirme gibi görünenin kaçınılmaz sonucudur, zira başlangıçtaki tek sorun, hangisinin (diğerinin bağlı kılınacağı) en üstün koşul olarak ilk sıraya atanması gerektiğidir. Bu inanç bütün insanlık için elverişli olacağından, hakiki mutluluklarına temas eden bu aydınlanmaya sadece "et peşindeki bilge adamların"[73], eğitimli ya da bilge olanlar çağrılmayacak, aynı zamanda "dünyanın en budala şeylerinin"[74], yani en cahil ve kavrama bakımından en sınırlı olanların bile böyle bir talimata ve manevi inanca sahip çıkabilmesi gerekecektir. Gerçekten de bir bakıma tarihsel bir inançmış gibi görünür, özellikle de belgelerinin anlaşılması için gereksinim doğuran kavramlar bütünüyle antropolojik ve duyuma ciddi biçimde uygunsa, bu tanıma kusursuz biçimde uyar. Ne de olsa kendisine hiçbir anlam iliştirilmesi zorunluluğu yokken, böylesine duyusal olarak betimlenmiş ve basit bir anlatıyı kavramak ve onu başkalarıyla paylaşmaktan, ya da gizemli sözcükleri tekrar etmekten daha kolay ne olabilir! Böyle bir inancın, özellikle de vaat edilen büyük faydasıyla birlikte, evrensel bir ilgi uyandırması ne kadar da kolaydır; üstelik uzak bir geçmişten bu yana özgün olarak kabul gören bir kaydın üzerine temellenmiş böyle bir anlatının doğruluğuna inanmak ne kadar da köklüdür! O halde böyle bir inanç gerçekten de en yaygın insan yetilerine bile

---

[73] Bkz. Korintliler I, 26.
[74] Bkz. Korintliler I, 27.

uygundur. Bu noktada, böyle bir tarihsel olayın beyanının, onun üzerine temellenen davranış kurallarına inançla birlikte, yalnızca ya da öncelikli olarak dünyadaki eğitimlilere ya da bilgelere nasip olacağı söylenemese de, bu bilgeler de söz konusu inancın dışında bırakılmış değildir; sonuç itibariyle bunun gibi, (ne kadar samimi bir niyetle olursa olsun) çok sayıda çelişkiye maruz kalmış bir inancı, insanı kurtuluşa götüren tek evrensel inancın en üstün koşulu olarak benimsemenin akla gelebilecek en saçma eylem olduğu konusunda, kısmen doğruluğu, kısmen de açıklamasının yapılacağı anlam bakımından çok sayıda şüphe doğabilir.

Öte yandan, sadece akla dayanmasına ve hiçbir tarihsel öğreti gerektirmemesine karşın, her insana, en basit insana bile, sanki yüreğine kazınmışçasına yakın duran pratik bir bilgi –yetkisi konusunda herkesle uzlaşmamız için sadece adını koymamız gereken ve herkesin bilincindeki koşulsuz bağlayıcı gücü, yani, ahlâk yasasını içinde taşıyan bir yasa – mevcuttur. Üstelik bu bilgi ya tek başına ve kendiliğinden Tanrı'ya inanca yöneltir, ya da en azından Tanrı kavramını ahlâki bir Yasa Koyucu olarak belirler; böylelikle de bizi her insan tarafından anlaşılabilir olmakla kalmayan, aynı zamanda en yüksek düzeyde saygıdeğer bir saf dini inanca götürür. Ayrıca, bu yönelimi öyle doğal biçimde gerçekleştirir ki, bir deney yapmak istesek, talimat olarak verilmemiş olsa bile, herhangi birinden tüm bütünlüğü içinde temin edilebileceğini görürüz. Dolayısıyla bu bilgiden hareketle yola çıkmak ve onunla uyumlu tarihsel inancın da peşinden gelmesine izin vermek, sadece bir sağgörü edimi değildir; böyle bir bilgiyi, sayesinde dini bir inancın vaat edeceği herhangi bir kurtuluşun iştirakçileri olmayı umabileceğimiz en büyük koşul yapmak görevimizdir de. Bu öylesine doğrudur ki, sadece saf dini inancın tarihsel inanç üzerindeki yorumu temin edilecekse, tarihsel inancı evrensel olarak bağlayıcı görürüz. Ya da (belli bir evrensel olarak geçerli öğreti içerdiği için) onun geçerliliğine izin verme yetkisine sahip oluruz; öte yandan ahlâken inanan kişi, saf dini niyetinin canlılığını daha ileri götürdüğü sürece, tarihsel inanca da daima açıktır. Tarihsel inanç ancak bu şekilde saf bir ahlâki değere sahiptir, çünkü burada özgürdür ve hiçbir tehdide maruz değildir (zira öyle olsa, dürüst olması imkânsızdır).

Şimdi, bir kilisedeki Tanrı hizmeti ilk olarak, Tanrı'ya insanlık için genel olarak belirlenmiş yasalara uygun biçimde saf ahlâki saygı gösterilmesine yönelik olsa bile, böyle bir hizmette dini öğretinin içeriğini sadece dindarlık öğretisinin mi, erdemin mi, yoksa özel olarak birinin ya da diğerinin mi oluşturması gerektiğini sorabiliriz. Bu adlandırmaların ilki, yani dindarlık öğretisi, belki de *religio* sözcüğünün anlamını (bugün anlaşıldığı şekliyle) nesnel manada en iyi ifade edendir.

Dindarlık Tanrı'ya ilişkin ahlâki yaratılışa dair iki belirlenimden oluşur: Tanrı korkusu, O'nun zorunlu ödeve (bir kulun ödevlerine), yani yasaya hürmete dair emirlerine itaat etme durumudur; öte yandan Tanrı aşkı, birinin kendi seçimiyle ve yasanın (bir oğlun ödevinin) onaylanmasından hareketle itaat eylemidir. O halde her ikisi de ahlâksallığın yanı sıra, ahlâkın amaçladığı ancak bizim güçlerimizi aşan en yüce iyiyi gerçekleştirmek için elzem olan özelliklerle donanmış duyularüstü bir Varlık kavramını içerir. Bu Varlık idesinin bizimle ahlâki ilişkisinin ötesine, O'nun doğasına dair bir kavrama geçersek, onu insanbiçimci, dolayısıyla da temel ahlâki ilkelerimize doğrudan zararlı bir şekilde düşünme tehlikesi vardır. Sonuç olarak böyle bir Varlık idesi, spekülatif olanla birlikte yürümez; akıl, aklın kökeni ve daha ziyade gücü, tamamıyla, kendine yeten ödev belirlenimimizle olan ilişkisi üzerinden temellenir. Bu durumda, gençliğe verilen ilk dersler ve hatta vaiz kürsüsünden gelen söylemler içinde hangisi daha doğaldır: Erdem öğretisini dindarlık öğretisinden önce yorumlamak mı, yoksa dindarlığınkini erdeminkinden önce (hatta belki de erdem öğretisinden hiç bahsetmeden) yorumlamak mı? İkisinin de birbirleriyle zorunlu bir bağıntı içinde durduğu açıktır. Ancak aynı türden olmadıkları için, bunun mümkün olmasının tek yolu, ikisinden birinin amaç, diğerininse sadece araç olarak anlaşılması ve izah edilmesidir. Ne var ki erdem öğretisi (Tanrı kavramından bile ayrı olarak) kendiliğinden mevcuttur, öte yandan dindarlık öğretisi, ahlâkımız bakımından, nihai ahlâki amaca dair yetersizliğimizi telafi edici sebep olarak kendimize açıkladığımız bir amaç kavramını içerir. Dolayısıyla dindarlık öğretisini kendi başına ahlâki bir çabanın nihai gayesini oluşturamaz ve (iyilik ve hatta kutsiyet için savaşım olarak) bu çabanın kendi yetersiz olduğu nihai gayeyi ümit etmesini temin ettiğinden, sadece içindeki, bizi daha iyi bir insan yapacak olanı, yani erdemli yaratılışı güçlendirme aracı görevi görebilir. Bunun aksine erdem öğretisi insanın ruhundan gelir. İnsan ona zaten sahiptir; elbette gelişmemiştir, ancak dini kavram gibi, birtakım hesaplar yoluyla makul kılmaya ihtiyaç duymaz. Bu erdem kavramının saflığı içinde, başka türlü asla ikna olamayacağımız bir yetiye (içimizdeki en büyük engelleri yönetebilme yetisine) dair bilinç uyanışının içinde, insanlığın, insanın kendi kişiliği dâhilinde saygı göstermesi gereken itibarı ve onu elde edecekse çaba göstermesi gereken insan yazgısı içinde – tüm bunların içinde ruhu yücelten ve onu tam da, sırf kutsallığı ve erdemin Yasa Koyucusu olduğu için tapınmaya değer olan Tanrısallığa götüren bir şey vardır; öyle ki insan, bu kavrama kendi maksimlerini etkileme gücünü vermekten halen uzak dursa bile, belli bir dereceye bu fikirle zaten asilleşmiş hissettiği için, onun tarafından alıkonmayacaktır; hâlbuki bu durumda bile, söz konusu ödevi bizim için bir emre dönüştüren bir Dünya-Hükümdarı kavramından hâlâ çok uzaktır. Ancak bu son kavramla yola çıkmak atak insanın (erdemin özünü oluşturmaya kadar varabilecek) cesaretini uyandırma ve dindarlığı despotça emir veren bir güce karşı kuyruk sallayan kölece bir itaate dönüştürme tehlikesini doğurabilir. Birinin kendi ayakları üzerinde durma cesareti, telafi öğretisiyle, bu öğretinin etik öğretiyle devam etmesi durumunda, kendiliğinden güçlenir. Bu öğreti söz konusu durum içinde, değiştirilemeyen her şeyden kurtarılmış gibi gösterilir ve insanın önünde yeni bir yaşam biçimine giden bir yol açar. Öte yandan, bu ilke ilk sıraya konursa, yapılmış olanı yapılmamış hale getirmeye (kökünü kazımaya) yönelik beyhude çaba, bu telafinin benimsenmesine dair korku, iyilik için tam bir yetersizlik içinde bulunduğu fikri ve yeniden kötülüğe kayıp gitme kaygısı, insanın cesaretini çalıp götürecek[75] ve onu büyük ya da hiç-

---

[75] Halklar arasındaki çeşitli inanç türleri, onları belli bir zaman sonra, bir kişilik verir. Bu kişilik sivil ilişkilerde kendini dışarıdan görünür biçimde ifşa eder ve sonrasında, yaradılıştan gelen evrensel bir özellikmiş gibi onlara atfedilir. Böylelikle, altındaki halkın hepsi anlaşılır ve bazısı zahmetli olan işler aracılığıyla diğer tüm halklardan ayıracağı ve onlarla her türlü kaynaşmadan kaçınacağı orijinal tutumu içindeki Yahudilik, insan kaçma ithamını kendi üzerine çekmiş oldu. Müslümanlık ise küstah bir gurura sahip olarak tanımlanır; çünkü inancının tasdikini mucizelerde değil, zaferlerde ve çok sayı-

Saf Aklın Sınırları Dâhilinde Din

bir şeyin yapılamayacağı, iç çekmekten ibaret bir ahlâki edilgenlik durumuna sürükleyecektir. Ahlâki yaratılışı ilgilendirenler bakımından, her şey kişinin, birinin ödevlerini sınıflandırdığı en yüce kavrama bağlıdır. Tanrı'ya saygı, kendisine bağlı erdemle birlikte ilk sıraya konduğunda, [saygıya dair] bu amaç bir put haline gelir. Yani Tanrı, yeryüzündeki ahlâken düzgün davranışla değil, tapınma ve kendimizi zorla kabul ettirme yoluyla memnun etmeyi umabileceğimiz bir Varlık olarak düşünülür; o zaman din de bir putperestlik olur. Ancak dindarlık erdemin, erdemden vazgeçmemize

---

da halkın fethedilmesinde bulur, yine çünkü ibadet pratiklerinin tümü cesaretli türdendir. Hindu inancına gelince, [Muhammed] inancında bahsedilen, cesaret bakımından üretken nedenlere tamamen karşıt bir sebepten dolayı, yandaşlarına korkak bir kişilik sunar.

Şimdi, Hıristiyan inancına karşı en samimi niyete sahip olanlar, ama insani yozlaşmadan hareketle ve her tür erdemi ümitsizlikle iterek, dini ilkelerini sadece (yukarıdaki bir güçten beklenecek olan ilahiliğe yönelik edilgen bir tavır ilkesi anlamındaki) dindarlık içine yerleştirenler bakımından, bu inanca da benzer bir ithamda bulunulabilmesinin sebebi, elbette Hıristiyan inancının içsel doğası değil, onun kalbe ve zihne sunuluş şeklidir. Böyle insanlar asla kendilerine güven duymayıp, sürekli bir telaşla doğaüstü bir yardım bulmak için etraflarına bakınırlar ve tam da (mütevazılık olmayan) bu özveri içinde, ihsan elde etmek için bir araca sahip olduklarını sanırlar. Bunun dışa dönük ifadesi (ister softalıkta, ister sahte adanmışlıkta olsun) kölece bir zihin yapısına işaret eder.

Bu kayda değer olgu (inancın içindeki izan sahibi insanlara rağmen, bu cahil gurur) kurucusunun, Tanrı'nın birliği kavramını ve O'nun duyularüstü doğasını yeryüzünde bir kez daha tek başına kendisinin yenilediği sanısından da kaynaklanabilir. Kendine bir başarıyla adil biçimde bir itibar sağlayacak olsaydı, putperestlikten ve çoktanrıcılığın karmaşasından kurtararak, halkını gerçekten de asilleştirdiğini başarmış olabilirdi. Dini cemiyetin üçüncü türünün [Hıristiyanlığın] yanlış anlaşılmış bir mütevazılık üzerine temellenmiş karakter özelliklerine gelecek olursak, bir kişinin yasanın kutsiyetini göz önünde bulundurarak kendi ahlâki değerlendirmesini yaparkenki, kendini beğenmişlikten kaynaklanan sapma, onun için bir aşağılamayı değil, bu yasayla uzlaşma adına daima daha da yaklaşan ve içimizdeki asil yaratılışa uygun bir kararlılığı ortaya çıkarmalıdır. Ne var ki, gerçekten de söz konusu gelişim için gerekli cesarete dayanan erdem, bunun yerine, hâlihazırda kendini beğenmişlik konusunda şüphe duyulan bir isim olarak putperestliğin alanına sürgün edilmiş ve dalkavukça bir ihsan takipçiliği erdemin yerine yüceltilir olmuştur.

İbadete dair ikiyüzlülük (yobazlık, *devotia spuria*) dindarlık pratiğini hoşnut edici eylemlerle (insani görevlerin yerine getirilmesi aracılığıyla) değil, korku ifşaları aracılığıyla Tanrı ile doğrudan bir alışverişle tanımlama alışkanlığına dayanır. O halde bu pratik, söz konusu batıl inanca, bağnaz ve hayal ürünü duyularüstü (ilahi) hisler yanılsamasını eklemediği takdirde, zorunlu bir hizmet (*opus operatum*) olarak sınıflandırılmalıdır.

229

sebep olacak bir vekili değildir; bilakis, tüm iyi amaçlarımızın sonunda başarıya ulaşması umuduyla taçlanmamızı sağlayan şey, erdemin mükemmelleştirilmesidir.

4. Bilincin İnanç Konularındaki Rehberliği Üzerine

Buradaki soru, bilincin nasıl yönlendirileceği değil (çünkü bilinç kılavuza ihtiyaç duymaz; bir bilince sahip olmak yeterlidir), en kafa karıştırıcı ahlâki kararlarda bile kendisinin nasıl bir rehber olacağıyla ilgilidir. Bilinç, kendi içinde ödev olan bir bilinçlilik durumudur. Ancak, tüm temsillerimizin idraki yalnızca mantıksal amaçlar için gerekli, dolayısıyla da (temsillerimizi açıklığa kavuşturmak istediğimiz zaman) koşullu bir manada gibi görünürken, böyle bir bilinçlilik durumunu anlamak nasıl mümkün olabilir ve sonuç olarak, nasıl koşulsuz bir ödev olmaz?

İnsanın Yanlış olan hiçbir şeye maruz kalmaması gerektiği (*quod dubitas, ne feceris!* Büyük Plinius),[76] hiçbir kanıt gerektirmeyen temel bir ahlâki ilkedir. Dolayısıyla yerine getirmeye niyetli olduğum eylemin doğru olduğunun bilincinde olmak, koşulsuz bir ödevdir. Bir eylemin gerçekten doğru ya da yanlış olduğuna hükmedense bilinç değil idraktir. Üstelik tüm olası eylemlerin doğru ya da yanlış olduğunu bilmek de mutlak bir zorunluluk değildir. Ama söz konusu olan benim gerçekleştirmeyi amaçladığım eylemse, onun hakkında sadece bir hükme varmam ya da düşünce oluşturmam yetmez, aynı zamanda yanlış olmadığından emin olmam da gerekir;

---

[76] Bkz. Mektuplar, I, 18: Si tutius putas illud cautissimi cuiusque preceptum: quod dubites, ne feceris. "...son derece tedbirli bir adamın yasasının daha güvenli olduğunu düşünüyorsan: 'Hakkında şüphen varsa, yapma.'"

bu gereksinim, karşıtı olasılıkçılık[77], yani, bir eylemin doğru olabileceği düşüncesinin bile onun yerine getirilmesini temin ettiği ilkesi olan bir bilinç postulatıdır. Dolayısıyla bilinç şöyle de tanımlanabilir: Yargıda bulunmaya, kendi üzerine yargıda bulunmaya dair ahlâkî yetidir ki; sadece bu tanım, kapsadığı kavramların öncelikli açıklamasına büyük ölçüde ihtiyaç duyar. Bilinç, eylemler üzerinde, yasa dâhilinde olan vakalarmış gibi yargıda bulunmaz; çünkü bunu, öznel ve pratik (dolayısıyla bir nevi vicdan diyalektiği olarak *casus conscientiae* ve vicdan muhasebesi şeklinde) olduğu ölçüde akıl yapar. Bilakis bu noktada, eylemlerin (doğru ya da yanlışlıkları üzerine) değerlendirmesini tam bir dikkatle ele alıp almadığını konusunda akıl kendini yargılar ve bu özenli değerlendirmenin yapılıp yapılmadığı lehinde veya aleyhinde tanıklık etmesi için insanın kendisine çağrıda bulunur.

Örneğin, yasanın belirlediği inancının emsalsizliğine şehitlik derecesine [şehitliği dayatmaya] kadar sıkı sıkıya bağlı olan ve inançsızlıkla suçlanıp, tanrıtanımaz adı verilen (bunun dışında iyi bir yurttaş olan) biri üzerinde yargıda bulunacak bir engizisyon mahkemesi üyesini ele alalım. Şimdi soruyorum: Onu ölüm cezasına çarptırırsa, birinin çıkıp bu cezayı (hatalı da olsa) vicdanına göre verdiğini mi söyler? Öte yandan başka biri, mahkeme üyesi ister sadece yanılmış, ister kasten yanlış davranmış olsun, onu vicdandan tamamen yoksun olmakla suçlamayacak mıdır? Zira böyle bir du-

---

[77] Cizvitler ve Kefaretçiler (Alphons Liguori) tarafından metodik olarak geliştirildiği şekliyle. Olasılıkçılığın 1577 yılında Dominikan Rahibi Bartholomew Medina tarafından ortaya konan klasik formülü şöyledir: si est opinio probabilis, licitum est eam sequi, licet opposita est probabilior" (Berlin Baskısı Notu). Şöyle tercüme edilebilir: Aksi düşünce daha olasıysa da, bir düşünce olasıyla, peşinden gitmeye izin verilebilir.

rumda onun yüzüne, muhtemelen yanlış davranmadığından asla tam emin olamayacağını söyleyebiliriz. Büyük olasılıkla doğaüstü biçimde ifşa edilmiş (muhtemelen *compellite intrare*[78] deyişiyle uyum içindeki) bir İlahi İrade'nin, inanmayanlarla birlikte varsayımsal inançsızlığı da bitirmesi için kendisine izin verdiğine yürekten inanıyordu. Fakat vahiy edilmiş böyle bir öğretiden ve onun yorumundan, ona dayanarak bir insanoğlunu yok etmeye cesaret edebilecek kadar emin miydi gerçekten? Bir İlahi İrade olağanüstü biçimde bilinir hale getirdiği emriyle aksine hükmetmemişse (bunu en uzak ihtimali de hesaba katmış olmak için söylüyorum), bir insanı dini inancından dolayı yaşamdan mahrum bırakmak kesinlikle yanlıştır. Ancak Tanrı'nın bu korkunç kararı her zaman ifade etmiş olması, ancak tarihsel belgelere dayanarak iddia edilebilir ve asla zorunlu bir kesinliğe sahip değildir. En nihayetinde, vahiy engizisyon üyesine ancak insanlar aracılığıyla ulaşmış ve insanlar tarafından yorumlanmıştır. Ona (kendi oğlunu koyun gibi öldürmesi için İbrahim'e verilen emir gibi) Bizzat Tanrı'dan gelmiş olsa bile, bu örnekte bir yanlışlığın hüküm sürmesi hiç de mümkün değildir. Ancak böyleyse, engizisyon üyesi en üst düzeyde yanlış olacak bir şey yapma riskine girecek ve tam da bu eylemle şuursuzca davranmış olacaktır. Tam tarihsel ve görümsel inançlar için durum budur; yani, içinde bir hata bulunabilme ihtimali daima saklı kalır. Dolayısıyla böyle bir inancı, buyurduğunun

---

[78] "Bulduklarını gelmeye zorla." Bkz. Luka, XIV, 23: "Çıkıp yolları ve çit boylarını dolaş, bulduklarını gelmeye zorla da evin dolsun." "Augustine bu ifadeyi 93. ve 185. Mektuplarda, kilisenin putperestlere, tanrıtanımazlara ve hizipçilere karşı önlem alma ödevini belirtmek için kullanır" (Berlin Baskısı).

ya da izin verdiğinin yanlış olabileceği, yani kendi içinde ve başlı başına kesin olan insani bir göreve itaatsizlik riski olasılığıyla takip etmek mantıksız olur.

Dahası da var: Vahiyle gelmiş ve kendi içinde kabul edilebilir olan böyle bir pozitif (olarak görülecek) yasa tarafından emredilmiş bir eylem olsa bile, ruhani hükümdarların ya da öğretmenlerin, bu yasaya kendi adlarına muhtemelen kani olduktan sonra, bunu insanlara bir inanç maddesi olarak kabul edilmek üzere (mevkilerini ceza olarak kaybetme cezası karşılığında) dayatıp dayatmamaları gerektiğine dair bir soru ortaya çıkar. Bu konudaki bir inanç sadece tarihsel kanıtlar üzerine temellendiğinden ve insanların yargısı içinde (bu yargıyı en küçük bir teste tabi tutmaları halinde) yorumlar ya da geçmiş klasik tefsirler aracılığıyla içeri sızmış mutlak bir yanlış olasılığı daima baki kalacağından, rahip insanların en azından Tanrı'ya duydukları inanç kadar hakiki olan bir şeyi, başka bir deyişle, Tanrı'nın huzurundaymışçasına, kesin olarak bilmedikleri bir şeyi itiraf etmeleri talebinde bulunacaktır. Örneğin dindarlığın süreçsel ve kamusal gelişimi için belli bir günün bir kenara bırakılmasının kabullenilmesi; ya da rahip olmayanların anlamaktan bile aciz olduğu bir gizeme sıkı sıkıya inandığını itiraf etmesi, doğrudan Tanrı tarafından buyrulan dinin bir bölümü olarak bu şekilde olacaktır. Burada din dışı meslekten gelen insanın ruhani üstü, kendisinin asla ikna olmadığı şeye diğerlerini inanmaya zorlayarak vicdana tamamen zıt hareket etmiş olacaktır; işte bu yüzden ne yaptığı üzerine adil ve iyi bir biçimde düşünmesi gerekir, zira böyle baskıcı bir inançtan ileri gelen her tür istismarın hesabını vermelidir. Demek ki, inanılan şeyde doğruluk da bulunabilir; aynı zamanda bu inançta (hatta belki sadece, ona dair manevi bir itiraf içerisinde) yalancılığa da rastlanabilir. Bu durumda ise söz konusu inanç lanetlidir. Yukarıda bahsedildiği gibi, önceden (örneğin Protestanlar) köleler gibi bir inanç boyunduruğu altında olduklarından, düşünce özgürlüğü[79] için henüz sadece bir başlangıç yapmış olan insanlar, derhal (pozitif ve rahiplere özgü emir-

---

[79] Aşağıdaki ifadelerin akıllı insanlar tarafından bile kullanılması konusunda, kendimi teskin edemediğimi kabul ediyorum: "(Sivil özgürlük uğruna mücadeleye girmiş) Belli bir halk, henüz özgürlük için yeterince olgun değildir"; "Bir toprak sahibinin köleleri henüz özgürlüğe hazır değildir"; ve dolayısıyla, benzer şekilde, "İnsanoğlu genel olarak inanç özgürlüğü için yeterince olgun değildir." Çünkü böyle bir varsayıma göre, özgürlüğü bir kere tesis etmedikçe asla ona ulaşamayacağımız için, özgürlük asla gelmeyecektir (gücümüzü özgür ve amaca yönelik biçimde kullanabilmemiz için özgür olmamız gerekir). İlk girişimler gerçekten de ham olacak ve şu anda, emirler altında ve başkalarının denetiminde bulunduğumuz durumdan genel olarak daha tehlikeli bir durum çıkacaktır; yine de (sadece özgürken ortaya koyabileceğimiz) kendi çabalarımız haricinde hiçbir şekilde akla dair olana ulaşamayız. Gücü elinde tutanların, dönemin şartlarının zoruyla, bu üç bağı koparma işini uzak, çok uzak geleceğe ertelediklerini zaman hiçbir itirazda bulunmuyorum. Ancak bir kez bu bağlara maruz kalanların özleri itibariyle özgürlük için uygun olmadıkları ve birinin onları sürekli olarak özgürlükten daha uzağa atarak aklanabileceği ilkesi uyarınca ilerlemek, insanı özgürlük için yaratan Ulûhiyet'in ayrıcalıklarını ve yeteneklerini gasp etmek demektir. Eğer biri böyle bir ilkeyi yerine getirmeyi becerebiliyorsa, bir devlette, hanede ve kilisede hüküm sürmek elbette daha yerinde olacaktır. Ama bu aynı zamanda daha adil midir?
Şu ya da tarihsel öğretiye kutsal bir hakikat olarak inanmayan kişinin lanetli olduğunu söyleyecek cesareti kendinde bulan biri, şöyle de diyebilmelidir: Şu anda sana söylediğim şey doğru değilse, ben de lanetleneyim! Böyle dehşet verici bir beyanda bulunacak biri olsa, ona karşı, bir hacı hakkındaki Pers atasözünün öngördüğü tavrı takınmayı tavsiye ederim: Bir kişi bir kez Mekke'de (hacı olarak) görülmüşse, onun yaşadığı evden çık; oraya iki kez gitmişse, onu bulabileceğin sokağı terk et; ama oraya üç kez gitmişse, adamın oturduğu şehri, hatta ülkeyi terk et!
Ey samimiyet! Sen, yeryüzünden uçup göğe gitmiş Astrea, (vicdanın ve dolayısıyla tüm manevi dinlerin temeli) sen, nasıl tekrar bize getirilebilirsin? Çok fazla şikâyet edilmesine rağmen, (birinin bildiği hakikati bütünüyle dile getirmesindeki) o dürüstlüğün insan doğasında bulunamayacağını kabul edebilirim. Ancak samimiyet (birinin söylediği her şeyin doğrulukla söylenmiş olmasını) talep edebilmeliyiz ve eğer doğamızda gerçekten de geliştirilmesi tamamıyla göz ardı edilen bir samimiyet eğilimi yoksa, insan ırkının kendi nazarında ister istemez en büyük aşağılamanın nesnesi olması gerekir. Ancak zihin niteliğine dair bu arayış öyledir ki, çok sayıda ayartıya açıktır ve birçok özveri gerektirir. Dolayısıyla, ahlâki güce, yani (kazanılması gereken) erdeme ihtiyacı vardır; üstelik diğer her şeyden daha önce korunması ve geliştirilmesi gerekir, çünkü aksi bir yönelimin kök salmasına izin verilirse, onun kökünü kazımak en zor iştir. Ve şimdi alışıldık yetiştirilme tarzımızı burada önerilen öğretim çeşidiyle, özellikle de dini konular, ya da daha doğru bir ifadeyle, içindeki öğretilere dair soruları cevaplamadaki hafıza sadakatinin, bizzat (asla sınava tabi tutulmayacak olan) itirafın aslına uygunluğuna bakmadan, kutsal olarak beyan ettiği şeyin ne olduğunu bile bilmeyen birinden inançlı biri yapmak için yeterli kabul edildiği o inanç öğretileri bakımından karşılaştıracak olursak, içsel ikiyüzlülükten başka hiçbir şey üretmeyen samimiyet yokluğuna artık şaşırmayız.

lere ait olana) inanmaya ne kadar az ihtiyaç duyarlarsa, o kadar asilleşmiş olacakları gibi bir düşünceye kapılırlar; şimdiye dek bu tür bir girişimde bulunmamayı başaramamış ya da istememiş olanlar içinse tam tersi geçerlidir. Çünkü bu son grubun ilkesi şudur: Borçlu olduklarımızın yanı sıra yerine getirdiğimiz şeylerden bir zarar gelmeyeceği, hatta yardımı bile dokunabileceği için, çok fazla inanmak, çok az inanmaktan daha münasiptir. İnanç konularındaki kesinlik maksimi (*argumentum a tuto*) olarak adlandırılan şey, yalancılığı dini günah çıkarma dâhilindeki temel bir ilke (din her hatayı iyiye dönüştürdüğü, dolayısıyla dürüst olmamanın da çaresini getirdiği için, kişinin daha da kolay onayladığı bir ilke) haline getiren bu yanılsama üzerine temellenir. Buna göre, Tanrı'ya dair öğrettiklerim doğruysa, hedefi vurmuşumdur; asılsızsa, ama başlı başına yasak bir şey de değilse, ona sadece boş yere inanmış ve aslında gerekli olmayan, ama sonuç itibariyle bir ihlal değil, yalnızca bir külfet olan bir şey hakkında zahmete girmişimdir. İkiyüzlü insan, itirafının dürüst olmamasından, vicdanın çiğnenmesinden ileri gelen tehlikeyi hiçe sayar; hatta bir şeyin doğasının o şeyin kendisi olduğu durumda, koşulsuz bir güvenle iddia edilemeyeceğinin farkında olduğu için, Tanrı'nın huzurunda bile bir şeyin kesin olduğunu beyan etmekle meşguldür. Yalnızca dinle bağdaşan hakiki kesinlik maksimi, öncekinin tam tersidir: Kurtuluş aracı ya da koşulu olarak kendi aklımla değil de esin yoluyla bilebileceğim ve itirafımın bünyesine ancak tarihsel bir inanç aracılığıyla katabileceğim, ayrıca saf ahlâki ilkelerle çelişmeyen her ne varsa – buna gerçekten de ne inanabilir, ne de kesin olarak öğretebilirim, fakat onu kesin olarak ne kadar yanlışsa, ancak o kadar reddedebilirim.

Bununla birlikte, bu konuda hiçbir şeyi belirlemeden, içinde bulunan her faydalı şeyin, iyi bir yaşam sürerkenki ahlâki yaratılışımdaki bir kusurdan dolayı ona olan liyakatimi yitirmediğim sürece, benim için yararlı olacağını umabilirim. Bu maksimin içinde hakiki ahlâki kesinlik, yani, bilinç gözünde kesinlik vardır (ve bir insandan bundan fazlası beklenemez); öte yandan, bana uğraşsızlığım yüzünden gelebilecek zararlı sonuçları beceriyle bertaraf eden sözde sağgörülü aracın yanında, en büyük tehlike ve belirsizlik bulunmaktadır; öyle ki, iki tarafın da iyiliğini isterken, ikisinin de gözünden düşebilirim.

Bir mezhebin kurucusunun, ya da bir kilisenin öğretmeninin, hatta her insanın, dogmalara ilahi vahiylermiş gibi bakan bir inancı manen benimsemiş olması kaydıyla, kendisine şunu sormasına izin verelim: Gerçekten de bu dogmaların doğruluğunu iddia etme konusunda, kalbi bilen kişi nazarında ve senin için değerli ve kutsal olan her şeyi kaybetme riskine rağmen mi kendine güveniyorsun? En cesur inanç öğretmeninin bile böyle bir soru karşısında korkudan titreyeceğini öngörmemek için, hakikatten de fazlasıyla aşağılayıcı bir insan doğası (ki insan doğası netice itibariyle iyiliğe tamamen duyarsız değildir) anlayışına sahip olmam gerekir. Peki, durum buysa, hiçbir şüpheye yer vermeyen böyle bir inanç beyanında ısrar etmek ve hatta böyle bir iddianın cesaretinin başlı başına bir ödev ve bir Tanrı hizmeti olduğunu ilan etmek, (dinin benimsenmesi gibi) tüm ahlâki konularda kesinlikle gerekli olan insan özgürlüğünü tamamen ayaklar altına alıp, "Tanrım, inanıyorum; inançsızlığıma yardım et!" diyerek iyi niyete bile yer bırakmamak, vicdanlı olmakla ne kadar tutarlıdır?

GENEL İNCELEME

İyi insanın özgürlük yasaları altında kendi çabasıyla yapabileceği her şey, lütuf denen ve doğaüstü bir yardımla gerçekleştirebileceklerinden ayrılır ve doğa olarak adlandırılabilir. Doğa ifadesinden, özgürlükten ayrılmış fiziksel bir mülkiyeti anlamıyoruz; onu sadece bu yetinin yasalarına (erdem yasalarına) en azından aşina olduğumuz ve bu sayede akıl onu, [fiziksel] doğaya benzeş görüp, ona dair görünür ve anlaşılır bir ipucu sahibi olduğu için kullanıyoruz. Öte yandan lütfun bizi ne zaman, ne konuda ve ne kadar başarıya ulaştıracağı konusunda tamamen karanlıkta kalıyoruz ve akıl bu açıdan, (kutsiyet olarak bakıldığında, ahlâksallığın da ait olduğu) doğaüstü olanlarla ilgili durumlarda genellikle olduğu gibi, ortaya çıkmak için uyacağı yasalar hakkında bilgisiz bırakılır.

Ödevimizin tamamını yerine getirmek için ahlâki yetimize ve hatta tamamıyla arınmamış ve kesinlikle zayıf olan yaratılışımıza doğaüstü bir katılım kavramı, kusurlu da olsa, aşkın bir kavramdır ve gerçekliğini hiçbir deneyimin bize temin edemeyeceği yalın bir fikirdir. Sadece pratik bağlamdaki bir fikir olarak kabul edildiğinde bile çok tehlikeli ve akılla uzlaştırılması zor olabilir. Zira bize ahlâken iyi bir davranış olarak emanet edilen şey, yabancı araçlar yoluyla değil, sadece kendi güçlerimizi mümkün olan en iyi şekilde kullanmamız aracılığıyla meydana gelmelidir. Yine de buna (yani, yan yana meydana gelen bu iki şeye) dair imkânsızlık gerçekten de kanıtlanamaz; çünkü özgürlüğün kendisi, kavranış biçimi bakımından doğaüstü hiçbir şey içermese de, bizim için, olanağı açısından, kendiliğinden ancak kusurlu özgürlük belirlenimine bir katkı gibi görmek isteyeceğimiz doğaüstü etken kadar anlaşılmazdır.

Şimdi en azından özgürlüğü belirleyecek olan özgürlük yasalarını (ahlâk yasalarını) biliyoruz. Ancak doğaüstü yardım konusunda – bizim için algılanabilir olan belli bir ahlâki gücün gerçekten yukarıdan mı geldiğine, ya da bunun hangi durumlarda ve hangi koşullar altında beklenebileceğine dair – hiçbir şey bilemeyiz. Dolayısıyla, ihsanın bizim içimizde, doğanın etki edemediği yere etki edeceğine dair genel varsayım dışında, yalnızca kendi güçlerimizden azami derecede yararlanmamız koşuluyla, ne onunla (iyi bir yaşam sürmek için gösterilen sürekli çabanın ötesinde bir) işbirliğini kendimize nasıl getirebileceğimiz konusunda, ne de onu hangi durumlarda umacağımızı belirleme konusunda, bu fikirden daha fazla yararlanamayız. Bu fikir bütünüyle aşkındır; ve kendimizi aklın kullanımına elverişsiz hale getirmemek, ya da pasif bir rahatlık içinde, içimizde aramamız gereken şeyin yukarıdan gelmesini bekleme tembelliğine düşmemek için, onu kutsal bir şey olarak saygılı bir mesafede tutmak bile yararlıdır.

Bu araçlar insanın kendi gücü içinde sahip olduğu tüm aracısız nedenlerdir ve belli bir amaca bunlar sayesinde ulaşılabilir. İlahi yardıma layık olmak için, ahlâki doğamızı mümkün olan her şekilde iyileştirmek adına dürüst bir çaba göstermekten ve böylelikle kendimizi ilahi onay için mükemmelleşmiş bu doğanın uygunluğuna -bu mükemmelleşme bizim elimizde değilse- elverişli hale getirmekten başka yol yoktur (ve olamaz); çünkü beklemekte olduğumuz ilahi yardımın tek amacı bizim ahlâksallığımızdır. Katışık insanın bu yardımı burada değil, belli (esasen gücünün yettiği, ancak kendi içlerinde insanı daha iyi biri yapamayan, yine de bu düşünceye göre tam da söz konusu sonuca doğaüstü bir yolla varacağı sanılan) duyusal düzeneklerde arayacağı apriori olarak zaten beklenir; ve gerçekte olan da budur. (Yukarıda söylenenlerin ışığında), bir, sözümona ihsan aracı, içsel olarak tamamen kendiyle çelişse de, burada hakiki dine zararlı olduğu kadar yaygın da olan bir kendini kandırma aracı görevi görür.

Sadık olanların, O'nun krallığına ait kulluk, ama aynı zamanda bu krallığın (özgürlük yasası altındaki) vatandaşlığı olarak anlaması gereken hakiki (ahlâkî) Tanrı hizmeti, gerçekten de başlı başına görünmez bir krallık, yani kalbin (ruha ve hakikate yönelik) bir hizmeti gibidir. Doğrudan Tanrı'ya münhasır olan eylemleri değil, sadece ilahi buyruklar olarak tüm hakiki ödevlere itaat eğilimini içerir. Yine de görünmez olanın, insan için görünür (duyusal) olan aracılığıyla temsil edilmesi gerekir. Üstelik uygulanabilirlik adına görünür olanın eşliğinde olmalıdır ve anlaksal bile olsa, bir bakıma (belli bir analoji uyarınca) algısal hale getirilmelidir. Bu basitçe Tanrı'ya hizmet etmedeki ödevimizi kendimiz için betimleme aracıdır; bu araç gerçekten vazgeçilmez olsa da, yanlış yorumlanmaya son derece yatkın olma tehlikesini taşır; çünkü üzerimizde süzülen bir yanılsama yüzünden kolaylıkla Tanrı hizmetinin kendisi sanılabilir ve gerçekten de ondan böyleymiş gibi bahsedilebilir.

Bu sahte Tanrı hizmeti, kendi ruhuna ve hakiki anlamına, yani, kendini bizim içimizdeki ve dışımızdaki bir Tanrı krallığına adamış bir yaratılışa geri döndürüldüğünde, akılla bile dört ayrı ödev usulüne bölünebilir; ayrıca bu usullerle zorunlu bir ilişki içinde bulunmayan belli benzer ayinler, yine de onlarla ilişkili hale gelmiştir; zira ayinlerin ödevler için bir şema[80] görevi gördükleri düşünülmüş, bu nedenle de geçmiş devirler boyunca duyumsal uyanış ve dikkatimizi hakiki Tanrı hizmetine vermemiz açısından yararlı bir araç olarak görülmüştür. Hepsi de ahlâki iyiliği daha ileri götürme niyeti üzerine temellenirler ve şöyle sıralanırlar: (1) (özel dua) – bu iyiliği kendi içimizde sağlam biçimde tesis etmek ve kalpteki iyilik eğilimini sürekli uyanık tutmak için; (2) (kiliseye gitme) – dini öğretilerin ve dileklerin (benzer eğilimlerle birlikte) ifade edilmesi ve böylelikle genel olarak paylaşılması için, meşru olarak adanmış günlerdeki kamusal toplantılar aracılığıyla iyiliğin dışarı yayılması; (3) (Hıristiyanlıkta, vaftiz) – inanç cemaatine yeni giren üyelerin kabulü aracılığıyla iyiliğin gelecek kuşaklar içinde bir ödev olarak yayılması; ayrıca böyle bir iyilik konusunda yönlendirilmeleri; (4) (cemaat) – bu cemiyetin, söz konusu üyelerin etik bir yapılanmaya katılımını sürekli hale getirmek için, tekrarlanan kamusal bir tören aracılığıyla devamlılığının sağlanması ve bunun gerçekten de karşılıklı hak eşitliği ilkesi ve ahlâki iyiliğin tüm getirilerine ortak katılım uyarınca gerçekleştirilmesi.

Dinin alanına atılan ve saf ahlâki anlamda anlamayıp, kendi içinde Tanrı'yı hoşnut etmek için bir araç olarak başvurduğumuz ve dolayısıyla, O'nun aracılığıyla tüm dileklerimizin yerine getirilmesi olarak gördüğümüz her başlangıç adımı, fetiş inançtır. Bu inanca göre, ne doğa yasaları, ne de aklın ahlâki yasaları uyarınca hiçbir sonuç ortaya koyamayacak olan şey, yine de, buna sağlam bir inanç duymamız ve

---

[80] Şema, özünde bu karaktere sahip olmayan bir şeyin zamansal-mekânsal, ya da duyusal formudur. Yukarıda gönderme yapılan "belli analoji," muhtemelen Saf Aklın Eleştirisi'ndeki şema doktrinidir (Aşkın Analitik, Kitap II, Bölüm I.)

bu inancın yanına belli usuller eklememiz halinde, isteneni bizzat ortaya çıkaracaktır. İnancın, dindeki her şeyin, sadece eylemden doğabilecek olan ahlâki iyiliğe dayandığını kabul ettiği noktada bile, duyumsal insan, geleneğe (usulen olana) saygı gösterirse, Tanrı'nın onu bizzat eylemin yerine kesinlikle kabul edeceği düşüncesiyle, bu çetin yoldan sıyrılabileceği gizli bir yol arar. Tembel bir güvenle, ya da kendi içinde sahte olan bir güvenle bile hayali kurulan bir ihsan olmasa, bunun kesinlikle Tanrı adına bir aşkın ihsan örneği olarak anılması gerekirdi. Böylelikle kamusal inancın her türünde, insan kendi için ihsan aracı olmak üzere belli pratikler icat etmiş olur. Ancak tüm bu türler içindeki pratikler, Hıristiyan olduklarından, elbette aklın pratik kavramlarıyla ve onlara uygun eğilimlerle ilişkili değildir. (Örneğin Muhammed inancında beş büyük emir vardır: yıkanma (abdest), dua (namaz), oruç, zekât ve Mekke'ye hac. Bunlar içinde sadece zekât, hakiki erdemli ve aynı zamanda dini bir eğilimden ileri gelmesi dolayısıyla, insani bir ödev olarak diğerlerinden ayrılır ve böylelikle özgün bir ihsan aracı olarak görülmeyi gerçekten de hak eder. Ancak tam aksine, gerçek şudur ki, o da diğerlerinden ayrı bir yere konmayı hak etmez, çünkü bu inanç altında, zekât da yoksullar adına Tanrı'ya sunulanların, bir adak olarak yoksulların elinden zorla alınmasıyla bir aradadır.)

Esasen, (akıl yasalarına göre ne teorik ne de pratik bir kullanımın nesnesi olmayan) doğaüstüne yönelik olan aklımızın sınırlarını aşma ihtimalini içeren üç çeşit yanıltıcı inanç bulunabilir. İlk olarak, deneyim aracılığıyla meydana gelişini kendi kendimize anlamamızın imkânsız olduğu bir şeyi bilme inancı (mucizelere inanmak). İkinci olarak, kendi aklımız yoluyla hiçbir kavramını oluşturamayacağımız en iyi ahlâki çıkarlarımızın, rasyonel kavramlarımız içinde yer alması gerektiği yanılsaması (gizemlere inanmak). Üçüncüsü, yalnızca doğal araçların kullanımıyla, bizim için bir gizem, yani Tanrı'nın ahlâkımız üzerindeki nüfuzu olan bir etki doğurabilme yanılsamasıdır (ihsan aracına inanmak). Bu yapay inanç kiplerinin ilk iki tanesini, elinizdeki eserin önceki iki Kitabının Genel İnceleme bölümlerinde ele almıştık. O halde bize (ihsan işlerinden, yani karşısında edilgen kaldığımız doğaüstü ahlâki etkiler bakımından, daha ileri düzeyde ayrılan) ihsan araçlarını incelemek kalıyor (ancak bunların hayali deneyimi, tamamen duygulara ilişkin bağnaz bir yanılsamadır).

1. Dua; içsel ve formel bir Tanrı hizmeti, dolayısıyla da bir ihsan aracı olarak düşünüldüğünde, dua da batıl bir yanılsamadır (bir fetiş oluşturmadır); çünkü o da dileyenin manevi yaratılışına dair bu gibi bilgilere ihtiyaç duymayan bir Varlığa yöneltilmiş belirli bir dilekten fazlası değildir; o halde duayla hiçbir sonuca varılmaz ve Tanrı'nın buyrukları olarak görüp yükümlü olduğumuz ödevlerden hiçbirini yerine getirmez; yani Tanrı'ya gerçekten hizmet edilmiş olmaz. Her eylemimiz ve sakınmamızla Tanrı'yı hoşnut etmek adına içten bir istek, yani, bunları, Tanrı'ya hizmet için yapılıyorlarmışçasına yerine getirmek için tüm eylemlerimize eşlik eden eğilim, duanın ruhunu oluşturur ve bizde "kesintisiz biçimde"[81] mevcut olabilir, hatta olmalıdır. Ancak bu (sadece manen de olsa) dileği sözcükler ve kaidelerle sarmak[82] en fazla içimizdeki söz konusu eğilimin sürekli olarak

---

[81] Bkz. Selanikliler, V, 17.
[82] Duanın ruhu olan samimi istek, insanın sadece (niyetinin Tanrı idesi aracılığıyla canlandırılması için) kendi üzerine çalışma isteğidir; öte yandan, kendini sözcüklerle ve

böylesine dışarıdan görünür biçimde ifşa ettiği diğerinde, Tanrı üzerinde çalışır. Birinci manada alınırsa, bir dua, dua eden kişi Tanrı'nın mevcudiyetinin bütünüyle kesin olduğunu onaylayabilecek iddia da bulunamasa bile, kusursuz bir samimiyet içinde dile getirilebilir; bir hitap olan ikinci biçimle ise, bu En Yüce Varlığın bizzat mevcut olduğunu varsayar, ya da en azından O'nun mevcudiyetine kani olmuş gibi bir tavır takınır. Düşüncesiyse, bu böyle olmasa bile, bu şekildeki eyleminin en azından kendisine hiçbir zarar vermeyecek ve her şeye rağmen yarar sağlama ihtimalinin daha yüksek olmasıdır. Dolayısıyla, böyle tam bir samimiyet ikinci (sözlü) duada, ilkinde (duanın saf ruhunda) olduğu gibi bulunamaz.

Dindar ve iyi niyetli, ancak bu saflaştırılmış dini kavramlar bakımından etrafı kuşatılmış olan ve başka biri tarafından yüksek sesle dua ederek değil, ama sadece duanın davranışsal güdüsü bakımından dikkati çelinmiş bir kişiyi düşündüğünde, herkes bu son ifademizin doğruluğunu onaylayacaktır. Ben böyle söyleyince, elbette herkes, böyle şaşırmış bir adamın, sanki utanması gereken bir durumdaymış gibi, kargaşaya ya da utanca düşmesini bekleyecektir. Ama neden? Çünkü kendi kendine yüksek sesle konuşurken yakalanan bir adamdan, küçük bir delilik nöbeti geçirdiğine dair kuşku duyulur; ve böylelikle bir insanı tek başına, sadece önünde başka birinin olduğunu düşünen biri olsaydı – ki burada durum böyle değildir – bulunabileceği bir meşgale ya da davranış içinde görürsek, onu (hiç de haksız olmayan bir biçimde) yargılarız.

İncil'in Öğretmeni duanın ruhunu, sadece bütün bunları değil, bizzat duanın kendisini (sözlü teloffuzu) de vazgeçilmez hale getiren bir formül içinde, hayranlık verici bir şekilde açıklamıştır. İnsanın duada bulduğu tek şey, zayıflığımızın bilinciyle birlikte ele alındığında, Tanrı'nın krallığına layık bir üye olmak için duyulan sürekli arzuyu içinde taşıyan, iyi bir yaşam sürme azmidir. Dolayısıyla Kendi bilgeliği içindeki Tanrı'nın reddedebileceği fiili bir isteği içermez; sadece, eğer hakikiyse (etkinse) hedefine (Tanrı'yı hoşnut eden bir insan olmaya) kendiliğinden ulaşan basit bir dilektir bulunur. Varoluşumuzu bir gün daha sürdürebilme araçlarına (örneğin ekmeğe) dair dilek bile, doğrudan onun devamlılığı için değil, sadece hayvani olarak duyulan bir ihtiyacın sonucu olarak istendiğinden, [içimizdeki] insanın özel bir isteğinden ziyade, içimizdeki doğanın bizden ne talep ettiğinin bir itirafıdır. İnsanın isteği başka bir gün yine ekmek olacaktır; ancak bu, burada açık biçimde bertaraf edilmiştir.

Yukarıda betimlenen türden bir dua, (sadece Tanrı idesiyle canlanmış olan) ahlâki yaratılışın içinden doğar ve duanın ahlâki ruhu olduğundan, kendi hedefini (Tanrı'yı hoşnut edebilmeyi) kendisi ortaya koyar. Sadece böyle bir dua inançla ifade edilebilir ve burada inançtan kastımız, duanın duyulacağına duyulan imandır. Ancak bize bu teminat sadece içimizdeki ahlâksallık tarafından sağlanabilir, çünkü sadece bu günkü ekmek için yalvarmış olsak bile, kimse bunun duyulduğundan emin olamaz; başka bir deyişle, yerine getirilmesi Tanrı'nın bilgeliğiyle zorunlu bir birliktelik gerektirir; belki de bu bilgeliğe göre, yalvaran kişinin bugün ekmek yokluğundan ölmesi daha uygundur. Üstelik birinin isteğinin sürekli ısrarı sayesinde, Tanrı'nın Bilgeliğinin tasarısında (mevcut yararımıza dair) bir değişiklik yapmasının sağlanamayacağı düşüncesi, sadece saçma değil, aynı zamanda küstah bir yanılsamadır. Dolayısıyla ahlâki olmayan bir nesne için edilen duanın kesinlikle işitileceğini, yani, inançtaki böyle bir hedef için dua edemeyeceğimizi düşünemeyiz. Hatta hedefin gerçekten de ahlâki, ama sadece doğaüstü bir etkiyle mümkün olduğu (en azından, onu ortaya çıkarmak için uğraşmak istemediğimizden, bu kaynaktan beklediğimiz – örneğin, fikir değişikliği, yeniden doğuş denen, yeni bir insana bürünme) durumda, en azından Tanrı'nın (kendimizden kaynaklanan) eksiğimizi doğaüstü bir biçimde tesis etmek açısından Bilgeliğine uygun bulacağı o kadar belirsizdir ki, aksini beklemeye hakkımız vardır. Demek ki insan, inancı içinde bunun için bile dua edemez.

Yukarıda belirtilenlerin ışığında, mucizeler yaratan (aynı zamanda manevi duayla sürekli birleşecek olan) bir inancın durumunun ne olacağını açıklayabiliriz. Tanrı, sonuçları doğaüstü bir biçimde ortaya çıkarsın diye gücünü insana ödünç veremeyeceğinden (çünkü bu bir çelişki olur) ve insan, kendi adına, kendi oluşturduğu yeryüzündeki olası iyi amaç-

yeniden çabuklaştırılmasını sağlayabilir ve ilahi onay bulma konusunda hiçbir doğrudan etkide bulunamaz; işte tam da bu nedenle herkes için bir ödev olamaz. Çünkü bir araç, ancak belli bir amaç uğruna kendisine ihtiyaç duyan kişi için öngörülebilir; fakat her insanın bu (kendi içinde ve gerçekten kendisiyle konuşmaya, ancak görünürde daha anlaksal biçimde Tanrı ile konuşmaya dair) araca ihtiyaç duymadığı açıktır. Bilakis, bir kişinin bu amaç için ahlâki yaratılışının sürekli bir aydınlanması ve yücelmesi aracılığıyla çalışması gerekir ki, içimizdeki o dua ruhu tek başına yeterince canlansın ve onun belgesi (en azından bizim yararımıza yöneltilmiş olarak) nihayet geri çekilsin. Çünkü belge daha ziyade, belli bir amaca dolaylı olarak yönelen her şey gibi, (öznel olarak alındığında adanma denen) ahlâki idenin etkisini za-

---

lara bakıp da, ilahi Bilgeliğin bu konudaki yargısını belirleyemeyeceği için, ayrıca yine insan, kendi içinde beslediği dilek aracılığıyla, ilahi Kudretten kendi amaçları uğruna yararlanamayacağından, mucizelerden gelen bir ödül, yani, sahip olup olmadığı insana bağlı olan ("Bir hardal tanesi kadar imanınız olsa, vs.") [Bkz. Matta XVII, 20; Luka XVII, 6] bir ödül, tam da bu anlamıyla alındığında, düşünülemez. O halde böyle bir inanç, eğer hiçbir anlama gelmeyecekse, insanın ahlâki doğasına dair baskın bir önem idesinden ibarettir. Bunun koşulu, insanın bu doğaya bütün Tanrı'yı memnun edici bütünlüğü içinde sahip olmasıdır, bu da Tanrı'nın elindeki tüm diğer nedensel sebeplerden daha büyük olur; o halde bu temelle emin olabiliriz ki, şimdi ya da gelecekte, olmamız gerektiğini ve (sürekli bir yaklaşmayla) olabileceğimizi düşündüğümüz şey olursak, doğa bizim dileklerimize kulak vermek zorunda kalacaktır. Ne var ki bu koşullar altında, söz konusu dilekler, aynı sebeple, asla mantıksız olmayacaktır.

Kiliseye giderek ulaşılmak istenen eğitime gelecek olursak, burada da kamusal bir dua aslında kesinlikle bir ihsan aracı değildir. Yine de, ister birlikte iman ilahisi söylemekten, isterse rahibin ağzından tüm cemaat adına çıkan ve insanın tüm ahlâki kaygılarını kucaklayan doğrudan Tanrıya yönelik bir hitap şeklinde olsun, ahlâki bir törendir. Böyle bir hitap, söz konusu kaygıları, her bireyin dileğinin aynı amaçtaki (Tanrı'nın krallığına girme amacındaki) tüm diğerlerininkiyle birleştirilmesi gereken toplu bir tasa olarak sunduğundan, hisleri ahlâki bir yücelik noktasına getirmekle kalmaz (hâlbuki bireysel dualar, bu yüce ideyle birlikte dile getirilmediklerinden, alışkanlık sebebiyle, yürekteki etkilerini yavaş yavaş kaybederler); aynı zamanda içinde, bireysel duanın, resmi bir hitap şekliyle duanın ruhunu oluşturan ahlâki dileği kaplamak için kullandığından daha rasyonel bir temel de içerir – üstelik de bunu, ne En Yüce Varlığı mevcutmuş gibi göstererek, ne de bu retorik aracın özel gücünü, bir ihsan aracıymış gibi düşünerek yapar. Çünkü burada, kamusal bir tören aracılığıyla her bireyin ahlâki güdüleyici güçlerini daha etkin bir biçimde tesis etmek adına özel bir amaç vardır. Yine bu amaç, Tanrı krallığı için insanların ortak bir arzu uğruna birleştiklerini gösterir ve bu, söz konusu krallığın Lideriyle, gerçekten de orada mevcutmuş gibi konuşmaktan daha uygun bir biçimde dile getirilemez.

yıflatır. Böylelikle ilahi yaratışın en küçük şeylerdeki derin bilgeliğini ve büyük olanlardaki görkemini düşünmek – esasen geçmişte insanlar tarafından tanınmış, ancak daha yakın dönemde en yüce hayranlığa dönüşmüş olan – bu tefekkür, sadece aklı, adına perestiş denen ve insanları bir bakıma kendi gözlerinde hiçleştiren çöküntü haline götürememekle kalmaz; kendi ahlâki belirlenimi bakımından öyle ruh yüceltici bir güçtür ki, karşılaştıracak olursak, niyaz eden (tüm o mucizelerin çok azını bilen) kral Davut'a ait olsalar bile, ister istemez boş bir ses olarak geçip gitmeleri gerekirdi, zira Tanrı'nın elinin böyle bir görüsünden meydana gelen his ifade edilemez. Üstelik insanlar, kalpleri dine hevesli olduğunda, sadece kendi ahlâki ilerlemelerine referansta bulunan şeyi, saygın bir hizmete dönüştürmeye meyil gösterirler. Bu hizmet dâhilinde aşağılanmalar ve övgüler genellikle ne kadar akıcı biçimde dile gelirse, ahlâki bakımdan o kadar az hissedilir. O halde (halen metne ihtiyaç duyan) çocukların içinde dua formları oluşturmak için, bunu onlara dikkatli bir biçimde öğretmek daha gereklidir. Öyle ki dil (içten konuşulan dil bile, hatta aklı, sezgiye yaklaştırılması gereken Tanrı idesinin kavranışına alıştırma girişimleri bile) burada kendi içinde hiçbir değere sahip olmayacak, sırf Tanrı'yı hoşnut edici bir yaşam biçimine yönelik eğilimi canlandıracak, yani bu sözcükler sadece muhayyileye yardım etmiş olacaktır. Aksi takdirde tüm bu içten korku kanıtları, Tanrı'ya pratik bir hizmet – asla yalnızca hislerden oluşmayan bir hizmet – ortaya çıkarmak yerine, O'na ikiyüzlü bir itibarı meydana getirme tehlikesini içinde taşır.

2. Kiliseye gitme; genel olarak Tanrı'ya bir kilisede törensel ve kamusal bir hizmet düşüncesi olan kiliseye gitme,

inananlar cemaatinin duyusal bir temsili gibi düşünüldüğünde, sadece her birey tarafından kendi eğitimi için[83] değerlendirilecek bir araç değil, aynı zamanda onları, burada, yeryüzünde ortaya çıkacak ilahi bir devletin yurttaşları olarak, toplu halde doğrudan yükümlü hale getiren bir ödevdir. Bunun koşulu, söz konusu kilisenin putperestliğe varabilecek hiçbir formalite içermemesi ve böylece vicdanı, örneğin bazı dualar aracılığıyla, Tanrı'nın sonsuz merhametini bir insanda kişileşmiş gibi göstererek yük altında bırakmamasıdır – çünkü Tanrı'nın böyle duyusal bir temsili, aklın emriyle çelişir: "Putların önünde eğilmeyecek, onlara tapmayacaksın vs."[84] Ancak onu, sanki böylelikle Tanrı'ya doğrudan hizmet ediliyormuş ve O bu (dinin evrenselliğinin duyusal bir temsilinden ibaret olan) dinsel törenin ifasına özel ihsanlar iliştirmiş gibi, kendi içinde bir lütuf aracı olarak kullanmayı istemek bir yanılsamadır. Bu yanılsama esasen siyasi bir devletteki iyi bir yurttaşın düşünce yapısına uygundur; ancak Tanrı krallığında yurttaş olan bir insanın kişiliğine hiçbir şey katmadığı gibi, onu alçaltır ve yanıltıcı bir gösteriş aracılığıyla, kişinin yaratılışının kötü ahlâki içeriğini başkalarının, hatta kendi gözlerinden bile gizlemesine hizmet eder.

---

[83] Bu ifadeye uygun bir anlam arayacak olursak, muhtemelen en uygun olanı, onun özveri yoluyla öznede ortaya çıkarılan ahlâki sonuç olarak anlaşılmasıdır. Söz konusu sonuç, dindar oldukları iddia edilen (ve dolayısıyla sofu olarak anılan) çoğu insan tarafından hislerle tamamen özdeşleştirilse de, hislere dayanmaz (zaten özveri kavramının içinde oluşmuştur); dolayısıyla terbiye etme [*Erbauung*] sözcüğü, insanın fiili gelişimindeki özverinin sonucuna işaret etmelidir. Ama bu gelişim ancak insan sistematik biçimde çalışırsa, iyi anlaşılmış kavramlarla bağdaşan sağlam temel ilkeleri kalbinin derinliklerinde tutarsa, bunun üzerine söz konusu ilkelerle ilişkili ödevlerin değişen ağırlığıyla ölçülebilir niyetler dikerse, onları güçlendirir ve ihtiras saldırılarına karşı korursa ve böylelikle, bir bakıma Tanrı'nın mabedi olarak yeni bir insan inşa ederse mümkün olabilir. Ancak insanlar, aslında hiçbir şey inşa edilmiş [*gebauet*] olmasa da, hatta hiçbir işe el sürülmese de, (dinleme, okuma ya da dua, ilahi söyleme yoluyla) fazlasıyla terbiye edildiklerine [*erbaut*] inanırlar. Sanırım buna inanmalarının sebebi, söz konusu ahlâki terbiyenin, Thebai'nin duvarları gibi, iç çekişler müziğine ve özlem dolu dileklere kendiliğinden ulaşacağını ümit ediyor olmalarıdır.
[84] Bkz. Mısır'dan Çıkış, XX, 4.

3. Sadece bir kez yapılan kiliseye-cemaate kabul töreni; yani, kişinin bir kilisenin üyeliğine (Hıristiyanlıkta vaftiz aracılığıyla) kabulü, bizzat inancını açıklayabilecek konumdaysa kabul edilen kişinin, yoksa onun bu inancı öğrenmesiyle ilgileneceklerini vaat eden tanıkların üzerinde ciddi bir yükümlülük oluşturan son derece kayda değer bir törendir. Kutsal bir şeyi (bir insanı ilahi bir devletin vatandaşı haline getirmeyi) amaçlar, ancak başkalarının gerçekleştirdiği bu eylem kendi içinde kutsal ya da kutsiyet yaratıcı değildir ve söz konusu bireyi ilahi lütuf için elverişli hale getirmez; dolayısıyla, her tür günahı bir anda temizlediğine inanılan erken dönem Yunan kilisesinde, kendisine gösterilen itibar ne kadar abartılmış olursa olsun, bir ihsan aracı değildir – ve günahları temizleme yanılsaması burada açık bir biçimde, onun neredeyse putperest bir batıl inançtan bile daha kötü bir şeye benzediğini ortaya koyar.

4. Aynı masa etrafına birlikte yerleşme formalitesi aracılığıyla sıkça tekrarlanan (söz konusu kilise cemaatinin eşitlik yasaları altında yenilenmesini, devamını ve yayılımını sağlayan bu toplantı, ya da gerçekten de böyle bir kilisenin Kurucusu örneğini takip ederek, üstelik de onu anarak yerine getirebilen bu) tören, insanların özellikle de dini konulardaki dar, bencil ve kapanık düşünce yapısını kozmopolit bir ahlâki cemaat idesine doğru götürerek büyük bir şeyi ihtiva eder; ayrıca bir cemaati temsil ettiği kardeşçe sevginin ahlâki niyeti için canlandırmak için iyi bir araçtır. Ancak Tanrı'nın bu törene özel iyilikler tesis ettiğini iddia etmek ve en nihayetinde kiliseye ait bir eylemden ibaret olan bu törenin bir ihsan aracı olduğu önermesini imanın şartları içine dâhil etmek dini bir yanılsamadır ve tek yapacağı şey, dinin ruhuna

karşıt biçimde çalışmaktır. Bu durumda kilise nüfuzu, genel anlamda rahiplerin insanların kalbi üzerinde egemenlik kurması olur. Söz konusu kalpler, sadece rahiplere ait olduğu düşünülen ihsan araçlarının mülkiyetine atfedilen itibar yüzünden haksız bir iddiayla gasp edilir.

* * *

Dini konulardaki tüm benzer kendini kandırmaların ortak bir temeli vardır. İnsan, üç ilahi ve ahlâki özellik olan kutsiyet, merhamet ve adalet arasından, kutsiyetin gerektirdiklerine uyum sağlamaya yönelik yasaklayıcı koşuldan uzak durmak için, doğrudan merhamete yönelmeye alışagelmiştir. İyi bir hizmetkâr olmak yorucudur (çünkü bu durumda kişi sadece ödevlerden haberdardır); dolayısıyla insan, yaptığı birçok şey görmezden gelinen, ya da ödevi kötü bir biçimde ihlal etmişse, en yüksek düzeydeki herhangi başka biri aracılığıyla tüm yaptıkları telafi edilen makbul biri olmak isteyecektir – bu sırada insan her zamanki kadar köle ruhlu bir düzenbaz olarak kalır. Ancak niyetinin uygulanabilirliği bakımından birtakım hakikat boyalarıyla kendini tatmin etmek adına, insan kavramından (hatalarıyla birlikte) anladığını bir Ulûhiyet'e aktarma alışkanlığına sahiptir. Ve ırkımızın en iyi hükümdarında bile yasa koyucu sertlik, iyiliksever ihsan ve dürüst adalet (olmaları gerektiği gibi) ayrı ayrı işlemeyip, karar vermekte olan insan hükümdar düşünüldüğünde hepsi birbirine karışmıştır. Bu nedenle bir insanın, diğer ikisine riayet için bir belirlenimde bulunmak adına tek yapması gereken, bu özelliklerden birinden, insan iradesinin yanılan bilgeliğinden kaçıp kurtulmaktır. Bu şekilde bile insan, sadece Tanrı'nın ihsanına başvurarak, O'nun başardıklarıyla aynı şeyi başaracağını umar. (Bu nedenle düşünülen özelliklerin, ya da Tanrı'nın insanla olan ilişkilerin, birde üç olan bir kişilik idesi aracılığıyla birbirinden ayrılması din için önemliydi. Bu birde üç olan kişilik içinde, her bir özelliğin ya da ilişkinin özel olarak tanınır hale gelmesi için, Tanrı bu ideyle benzeşik olarak düşünülecektir.) İnsan bu amaçla, ilahi emirlere ne büyük bir saygı duyduğunu belirtmek için tasarlanmış her olası formaliteyle ilgilenir, böylelikle söz konusu emirlere itaat etmek zorunda kalmayacak ve asılsız dilekleri aynı zamanda bu emirlere itaatsizliğinin telafi edilmesini sağlayacaktır. "İlahi Babasının isteğini yerine getirmek" zorunda kalmamak için, "Tanrım, Tanrım" diye haykırır. Böylece aslen pratik niyetleri canlandırmak için bazı araçların kullanıldığı törenleri, kendi içlerinde birer ihsan aracıymış gibi düşünür; hatta böyle olduklarına dair inancın, dinin özsel parçalarından biri olduğunu beyan eder (sıradan insan bunu gerçekten de dinin bütünü olarak görür) ve kendini daha iyi bir insan haline getirme işini bütünüyle lütufkâr Tanrı'ya bırakarak, bu sırada (kişinin, saygı duyduğu ödevi yerine getirmek için kendi güçlerini tatbiki olan) erdem yerine, (Tanrı'nın yasasına edilgen bir saygı olan) dindarlıkla ilgilenir – ve en nihayetinde, bir kişinin tanrısallık (hakiki dini niyet) sözcüğüyle neyi kastettiği konusunda bize fikir verebilecek olan tek şey, dindarlıkla birleştirilmiş erdemdir.

Bu varsayılan cennet gözdesinin yanılsaması, bağnaz bir biçimde kendi içinde (ya da hatta Tanrı ile aralarında hayali bir esrarengiz görüşmenin gerçekleştiğini iddia ettiği yerde) özel ihsan işlerinin bulunduğunu hayal etmesine kadar varırsa, erdem en sonunda bilfiil nefretini uyandırır ve onun için bir aşağılanma nesnesi haline gelir. Dolayısıyla dinin insanların gelişimine halen çok az katkıda bulunduğuna ve bu gözde olanların, yani (savlarını göz önünde bulundurarak, haklı olarak talep edilebilecek) bu kişilerin, rakipsiz biçimde, dini kendileri için, kendini iyi bir yaşam biçimindeki iyi eylemler aracığıyla ortaya koyan erdemli yaratılışın bir yedeği değil, daha ileri götürülmesi olarak gören diğer dürüst insanların üzerindeki ("tahıl ölçeği altındaki"[85]) manevi ışıklarının iyi işlerde parlamadığına dair şikâyetlerin açıkça dile getirilmiş olması şaşırtıcı değildir. Yine de İncil'in Öğretmeni, insanları verdikleri meyvelerle bilebileceğimizi ve her insanın kendini bilebileceğini [söyleyerek], dışsal deneyime ait bu dışsal kanıtları bir mihenk taşı olarak bizzat elimize sunmuştur. Ancak şimdiye kadar, kendi kanısına göre olağanüstü biçimde ihsan bağışlanmış (seçilmiş) olanların, herhangi bir işte ya da sorunda, toplumsal ilişkide güven duyabileceğimiz ve doğası itibariyle dürüst insanı bir parçacık bile geride bıraktığını görmemişizdir; tam aksine, bir bütün olarak ele alındığında, seçilmişler onunla karşılaştırılmaya tahammül edemezler; çünkü bunun sonucunda doğru yolun ihsandan erdeme değil, erdemden bağışlayıcı ihsana giden yol olduğu ortaya çıkar.

---

[85] Bkz Matta, V, 15.

www.ingramcontent.com/pod-product-compliance
Lightning Source LLC
LaVergne TN
LVHW040046080526
838202LV00045B/3504